黔东南经济地理

蒋焕洲　尚海龙　　编著

西南交通大学出版社
·成　都·

图书在版编目（CIP）数据

黔东南经济地理 / 蒋焕洲，尚海龙编著. —成都：西南交通大学出版社，2022.5
ISBN 978-7-5643-8668-9

Ⅰ. ①黔… Ⅱ. ①蒋… ②尚… Ⅲ. ①区域经济地理－黔东南苗族侗族自治州 Ⅳ. ①F129.973.2

中国版本图书馆 CIP 数据核字（2022）第 073141 号

Qiandongnan Jingji Dili
黔东南经济地理

蒋焕洲　尚海龙　**编著**

责任编辑　吴启威
封面设计　原谋书装

出版发行　西南交通大学出版社
（四川省成都市金牛区二环路北一段 111 号
西南交通大学创新大厦 21 楼）
邮政编码　610031
发行部电话　028-87600564　028-87600533
网址　http://www.xnjdcbs.com
印刷　四川森林印务有限责任公司

成品尺寸　185 mm × 260 mm
印张　16
字数　333 千
版次　2022 年 5 月第 1 版
印次　2022 年 5 月第 1 次
定价　49.00 元
书号　ISBN 978-7-5643-8668-9

课件咨询电话：028-81435775
图书如有印装质量问题　本社负责退换

Preface 前　言

经济地理学是研究经济活动区位、空间组织及其与地理环境相互关系的学科。人类经济活动，包括生产和再生产过程中的生产、交换、分配和消费等活动，这些经济活动都是在具体的地域范围内进行的，因此，以地域为单元研究世界各国、各地区经济活动的系统和它的发展过程，成为经济地理学研究的特殊领域。

《黔东南经济地理》是一部从地理学视角系统阐述黔东南苗族侗族自治州经济地理的学术著作，对于科学认知和系统研究该区域发展战略、民族团结进步与民族经济地理具有重要意义。本书不仅仅是一部比较全面系统介绍黔东南经济地理资源、环境、产业及其产业布局的著作，而且也是进行黔东南研究的参考书。全书分三篇，由二十一章构成。具体内容包括：（一）导论，阐明研究的对象、意义、内容和方法，以及区域发展的主要理论。（二）自然地理资源，梳理黔东南行政区划的历史演变，分析黔东南自然区位与经济位置、自然环境与资源，分析对黔东南经济地理的产业发展和布局有较大影响的主要条件。（三）人文社会资源，通过调查收集和研究数据，综合、归纳分析劳动人口资源、社会经济条件以及技术条件等，探讨区域经济发展的基础和产业布局的成因。（四）各县市经济地理，阐述黔东南苗族侗族自治州 16 个县市的自然区位与经济位置、自然环境与资源，分析对黔东南经济地理的产业发展和布局有较大影响的主要条件；通过调查收集和分析数据，研究劳动人口资源、社会经济条件以及技术条件等，探讨产业布局的成因；分析各县市第一产业、第二产业、第三产业的生产与布局；探讨各县市城镇化体系概述、城镇化发展现状、城乡融合发展对策建议。（五）黔东南主要区域问题与新时期区域经济发展战略，阐述黔东南存在的重大区域问题，主要包括频繁的自然灾害、脆弱的生态环境；研究提出新时期黔东南区域经济发展战略，主要包括工业结构和地域布局、现代农业发展的地域组合、城镇体系的规划和建设、生态文明建设、全域旅游发展等产业发展战略。这些内容自成体系，又相互关联，构建了黔东南经济地理的完整体系。

本书是 2017 年贵州省区域内一流大学建设“经济地理学一流课程”重点建设项目的研究成果之一，该成果 2020 年 12 月通过贵州省教育厅验收。本书借鉴经济地理学的相关理论，以黔东南苗族侗族自治州为研究案例，研究成果具有一定特色和创新，在一定程度上丰富和发展了区域经济地理学。

本书无论是对区域经济地理的学习、研究者，还是对县域经济领域的实际工作者，以及中学生学习黔东南乡土地理都具有一定的参考价值。黔东南经济地理研究和《黔东南经济地理》撰写是一项任务艰巨的工作，得到了相关领导的支持和刘蓉、刘丽蓉、吴寿菊、沈廷栋的大力协助，同时参考和借鉴了有关专家、学者的研究成果，在此表示诚挚的感谢！全书由蒋焕洲统稿，由于时间及作者水平有限，书中难免存在疏漏与不妥之处，欢迎广大读者给予批评指正！

编 者

2021 年 8 月

Contents 目 录

第一篇 总论

第二篇 分论

第三篇　专　论

第一篇 总论

第一章 导 论

第二章 自然地理资源

第三章 人文社会资源

第一章 导 论

区域经济地理学是经济地理学的分支学科。其研究具体区域的生产布局、条件、生产部门与地域结构特点以及生产的地域体系。所研究的区域可大可小，大至一个洲、一个国家，小至一个省、一个县。其基本内容一般包括：区内发展条件的经济评价；区域经济结构与生产布局特点；经济专业化与综合发展；生产地域综合体与经济中心的形成与发展；经济发展方向的探讨等。区域经济地理学以自然地理学为地理基础，以经济学为理论基础，并与人文地理学、部门经济地理学等多门学科有着密切的联系。

第一节 黔东南经济地理研究

一、何为经济地理

经济地理学是地理科学体系中的一个重要分支，它是介于自然、经济、技术三者之间的边缘学科。经济地理从兴起即关注事物为何、在哪里生产以及何时被生产的问题。早在 2 000 多年前，人类就开始研究生产活动的分布问题。早期国内外代表性地理著作如中国的《淮南子》和《徐霞客游记》、意大利的《马可波罗游记》和古希腊斯特拉波的《地理学》等以记录各地的地理、风俗、物产等经济地理内容为主。由此可见，经济地理是一门古老的学科。15 世纪的地理大发现，促进经济地理的发展，学科思维渐趋形成。1760 年，俄国科学家罗蒙诺索夫（M. F. Lomonosov）在他的《地理考察》笔记中首次提出“经济地理学”这一学科名词。1882 年，德国的地理学家葛茨（W. Götz）在《柏林地理学会会志》上发表《经济地理学的任务》，标志着经济地理学成为一门独立的学科。其后，西方经济地理学者把杜能（J. H. Thünen，1826）的农业区位论、韦伯（Alfred Weber，1909）的工业区位论、克里斯泰勒（W. Christaller，1933）和廖什（A. Losch，1940）的中心地理论等从经济学引入经济地理学，经济地理学相关理论日趋发展成熟。20 世纪 90 年代，以克鲁格曼（P. Krugman）为首的西方主流经济学家注意到地理、区位对经济的影响，开始运用主流经济学建模手段来解释经济的区位问题，被主流经济学家称为“新经济地理学”，它实际上是“新地理经济学”。迄今，经济地理学已经演变成为一个包括通论经济地理学、区域经济地理学、部门经济地理学、公司（企业）地理学在内的完整学科体系。但是，任何学科的研究对象都不是一成不变的，随着经济社会的发展、科技的进步和人们认知水平的提高，经济地理学的研究领域在不断拓展，学术界对其研究对象的认识也在不断深化，甚至也会出现一些分歧。

欧美学者认为，经济地理学研究经济活动的空间侧面。经济活动不仅仅包括生产，也包括流通，包括非实体经济的金融、文化等活动；经济活动空间侧面包括区位和分布、空间组织和空间关系。同时其研究可从地方、区域、国家，到全球性的不同尺度来进行，如今地方和全球性尺度研究显得越来越重要。

苏联学者和我国学者的观点，概括起来，关于经济地理研究对象的表述主要有四种：① 第一种观点认为其是研究生产（力）布局规律的科学；② 第二种观点认为其是研究生产地域综合体的科学；③ 第三种观点认为其是研究生产力布局和生产地域综合体的科学；④ 第四种观点认为其是研究产业结构和产业布局演变规律的科学。

综上所述，经济地理学是研究特定区域经济活动区位、空间格局及其与地理环境相互关系的科学。

二、黔东南经济地理的研究对象

基于上述认识，本书认为，黔东南经济地理就是研究黔东南经济活动的区位、空间组织及其与地理环境的相互关系。其研究对象的基本内涵包括：

（一）黔东南经济活动

经济活动是以满足人的需求为目的，在一定的社会组织与秩序之下，人类为了求生存而经由劳动过程或支付适当代价以取得及利用各种生活资料的一切活动。从生产过程看，包括生产、流通、分配和消费；从产业角度看，包括第一产业、第二产业、第三产业等，它们均属经济地理的研究范畴。因此，黔东南经济地理对经济活动的研究主要包括黔东南及所含 16 县市的自然地理资源、人文社会资源、三大产业发展状况、城镇化等，分析黔东南经济地理系统自然要素、社会文化、经济活动数量特征、质量特征、空间特征、动态变化特征及其相互作用关系等。

（二）黔东南经济活动区位

区位（location）是人类活动（人类行为）所占有的场所。经济地理学研究经济活动在什么区位（场所）发生，以及为什么在这些区位（场所）发生。区位既是经济要素资源高度集聚的地区，也是经济发展较快的地区。经济活动区位的兴起与发展将有效带动周边地区的经济发展。黔东南经济地理经济活动区位主要研究黔东南 16 县市经济活动空间布局的形成、发展条件、特点和规律，如小城镇发展、工业园区，等等。

（三）黔东南经济活动空间组织

经济活动空间组织是指一定地域范围内经济要素的相对区位关系和分布方式，是经济活动的空间表现方式，反映经济活动的区位特征。即在一定的自然资源、技术条件下，在地理空间中因地制宜，确定经济活动的位置、强度和关系等，使经济活动与地理环境呈现相宜和谐、可持续发展的状态，是将经济活动落实到具体地理空间的过程，基本组织方式有用地选择与用地平衡、组团布局与功能分区、关系优化与结构优化等。主要研究对象包括黔东南经济地理的集聚与分散、地区专门化与地域综合化发展等。

（四）黔东南经济活动与地理环境的关系

经济地理研究的经济地理环境包括自然环境、社会文化环境、经济环境等，经济活动与这些地理环境的关系密切。研究黔东南经济活动与地理环境的关系包括三个层次：一是从微观视角研究区内企业区位与环境的关系；二是从中观角度研究区域经济高质量持续发展；三是从宏观上研究国家、省经济社会发展，以及经济全球化对黔东南经济发展的作用及影响等。

三、学科性质与特性

（一）学科性质

学科的性质既是学科的本质属性，也是一个学科与其他学科关系与区别的根本标志。关于经济地理学的科学属性问题，学术界经历了多次讨论，存在不同的看法。一直以来都认为，经济地理学研究的产业布局规律是一种社会现象，故经济地理学应属于社会科学。1961 年的全国经济地理学术会议上，多数学者认为经济地理学是社会科学领域的“边缘科学”，是一门特殊的社会经济科学。如今，多数学者则认为，经济地理学的科学性质是介于自然、经济、技术三者之间的边缘学科，因为经济地理学的对象的发展是受这三方面的因素所制约的。因此，经济地理学学科价值在于综合运用地理规律和经济规律，充分借鉴经济学的理论和方法阐述经济地理事实，并在此基础上研究产业布局与经济地理组织形式，通过创造性的改造形成地理理论与规律（陈才，2008）。

（二）学科特性

地域性和综合性是经济地理学的根本特性。

1. 地域性

地域性，是地理学的根本特性，也是经济地理学的根本属性。经济地理学所研究的经济现象必然与一定的地表空间相结合，必须落实到一定的地域上，这就是经济地理学的地域性。离开了地域性，实际上是失去了地理性。经济地理学只有做好地域性分析，才有可能独立存在，在实际工作中彰显其学科的特殊价值。

2. 综合性

综合性，对于经济地理学来说具有特殊的意义。首先，经济地理学的边缘学科性质要求对自然、经济、科学诸条件进行综合，即对自然地理规律、经济规律和地理科技进行综合；其次，经济地理学地域性要求对特定地域内的经济活动诸要素进行综合，综合分析地域之间的差异与分工。只有做好这两个方面的综合分析和归纳，才可能得到正确的结论。因此，综合性是经济地理学的特性之一。

第二节　黔东南经济地理的研究内容与方法

一、研究内容

本书运用经济地理学的分析框架，遵循“资源禀赋—现有基础—存在问题—政策建议”的逻辑思路来展开研究，其主要内容如下：

（一）导论

导论包括黔东南经济地理研究对象、研究意义、研究内容和方法、区域发展的主要理论等。

（二）自然地理资源

梳理黔东南行政区划的历史演变，分析黔东南自然区位与经济位置、自然环境与资源，分析对黔东南经济地理的产业发展和布局有较大影响的主要条件。

（三）人文社会资源

通过调查、收集、分析研究数据，综合、归纳分析劳动人口资源、社会经济条件以及技术条件等，探讨区域经济发展的基础和产业布局的成因。

（四）各县市经济地理

分析黔东南州 16 个县市的自然区位与经济位置、自然环境与资源，分析对黔东南经济地理的产业发展和布局有较大影响的主要条件；通过调查、收集、分析研究数据，分析劳动人口资源、社会经济条件以及技术条件等，探讨产业布局的成因；分析各县市第一产业、第二产业、第三产业的生产与布局；探讨各县市城镇化体系概述、城镇化发展现状、城乡融合发展对策建议。

（五）黔东南主要区域问题与新时期区域经济发展战略

分析黔东南存在的重大区域问题，主要包括频繁的自然灾害、脆弱的生态环境；研究提出新时期黔东南区域经济发展战略，主要包括工业结构和地域布局、现代农业发展的地域组合、城镇体系的规划和建设、生态文明建设、全域旅游发展等产业发展战略。

二、研究方法

（一）调查统计法

调查统计法是指通过谈话、问卷、查阅有关资料等方式收集资料，运用统计的方法来处理数据，得出事物变化、发展的特点与规律的方法。黔东南经济地理研究内容涉及全州16个县市的自然地理资源、人文社会资源和产业经济地理等资料，因此需要运用调查方法去收集繁杂的资料，为了验证材料的真伪，还需要对调查对象的口头或问卷回答咨询进行分析，再根据调查的结果进行统计，来开展研究。

（二）定性分析法

由于经济地理学具有复杂、多要素综合的特性，涉及一些不可度量的因素，所以需要对有关要素进行综合定性分析。从宏观上看，黔东南经济地理研究要从国家宏观发展战略大局如国家主体功能区、“一带一路”、长江经济带等出发，分析黔东南经济地理问题；其次，运用微观分析法，掌握各县市自然资源、社会文化资源，实地调查三次产业中各细分行业的生产布局，综合分析其经济地理的产业布局规律，研究优化策略。

（三）实证研究法

20世纪70—80年代计量革命的兴起，使地理科学逐渐走向数学化和模型化研究，因此，黔东南经济地理研究需要运用数学方法，从时间维度研究区域经济发展条件和经济发展的演变；其次，运用经济地理学的相关理论和模型来实证研究区域经济的布局问题。

第三节 黔东南经济地理的研究意义

我们认识黔东南的州情，离不开认识黔东南的经济地理。黔东南经济地理的基本条件，为全州发展开辟了广阔的前景，是经济腾飞的本地要素。黔东南经济地理在全州人民的生产和生活中具有坚实的存在感，日益发挥出重要的基石作用。因此，编著《黔东南经济地理》不仅必要且具有重要的理论和实践意义。

一、理论意义

（一）丰富县域经济地理理论体系

伴随各区域经济活动与区域社会、自然环境矛盾的日益突出，区域经济地理学科实践领域变得更加广泛而复杂，如何研究和指导现代区域发展是本学科面临的重大问题。本书以黔东南 16 个县市为例，通过收集和分析大量的基础数据资料，以生产力的优化布局为研究目标，分析黔东南州 16 县市的产业布局、人口状况和城镇化发展等规律，在一定程度上能够推动县域经济地理领域的理论发展，为西部民族区域在制定区域产业转型与经济高质量发展、新型城镇化与城乡融合发展、区域合作与区域协调等发展战略提供理论参考。

（二）拓展新经济地理理论内涵

本书着力探索黔东南区域经济集聚发展，研究民族地区县域经济的空间特征，分析其影响机制，这正是传统经济地理研究缺乏关注度之处，恰是新经济地理的创新与突破。因此，本书拓展了经济地理理论的实证分析和研究。

二、实践意义

（一）有利于了解区情，摸清家底

区情是指一个地区相对稳定的，对经济发展起决定性作用的限定因素。认清区情，是制定正确的发展战略、拟定科学发展目标的客观依据。目前学术界针对黔东南经济地理的研究成果鲜见，《黔东南经济地理》是一部研究黔东南经济地理的比较完整的工具书，有利于深刻认清区情，知晓它的优势和不足，厘清它的有利条件和限制因素，从而扬长避短，制定出切合区情实际的社会经济发展战略。

（二）有利于制定科学的区域经济社会发展战略

针对不同区域特殊的地理因素科学提出各区域发展战略，成为地方政府亟待解决的关键问题，这也是区域经济地理研究新的热点。为科学制定黔东南区域经济社会发展战略，本书系统分析了黔东南州 16 县市的地理资源、产业发展和布局的区域发展“本底”，从而有利于科学调整黔东南区域经济结构，破解区域可持续发展、区域经济的转型等重大现实问题；使黔东南区域发展符合国家主体功能区划要求，走生态优先和绿色发展之路，实现区域人口、经济与地理环境的耦合协调发展。

第四节 区域发展的主要理论

一、部门理论

部门理论所揭示的是在技术变化条件下区域结构变化的一般规律，也即区域不同产业部门的转换规律。该理论系根据大多数欧洲国家区域发展的历史进程而总结出来的，对其系统的阐述反映在美国区域经济学家埃德加·胡佛（Edgar M. Hoover）与约瑟夫·费雪（Joseph L. Fisher）所发表的题为《区域经济增长研究》（1949）的论文中。部门理论认为，任何区域的发展都存在着“标准阶段次序”，这种标准阶段次序可以表述为下列几个过程：① 在大多数区域经济发展过程中，第一阶段往往是自给自足型的经济。在这一阶段中，当地居民几乎完全与生活必需品的供给联系在一起，基本上没有贸易上的投资，人口是按照维持自给自足经济所必需的资源基础而分布的。② 随着交通运输的日益发展，贸易往来和地区专业化生产也在区域中发展起来。第二阶层的人口开始出现，他们进行着简单的手工业生产，为当地农民服务。由于乡村手工业生产所需要的原材料、市场和劳动力全部是由农业人口提供的，所以手工业分布与基本阶层农业人口分布直接相关。③ 随着区际贸易的日益发展，区域也开始趋向于从原来粗放的畜牧业转向发展系列农作物产品，如种植水果、生产日用农产品和发展蔬菜农场等。④ 随着人口的增长及农业生产和采掘业生产效益的下降，区域被迫开始实施工业化。区域工业化的早期阶段建立在农林产品的基础之上，主要发展食品加工、木材产品加工和纤维纺织业等。工业化的后一个阶段则出现了诸如冶炼业、金属材料加工、化学工业、建材工业等。到这一时期，廉价的水力发电也开始出现了。⑤ 在区域经济发展的最后一个阶段，区域实现了为出口服务的第三次产业专业化生产。这时，区域开始输出资本、熟练技术人员和为不发达地区提供专业化服务。

据此，在部门理论看来，任何区域的发展都必须经历两个相辅相成的成长过程。一方面，区域经济必须经历由自给自足的封闭型经济向开放型商品经济转换的历史过程。在这一转变过程中，运输成本下降起着关键性作用，因为只有运输成本降低才使得区际贸易成为可能。另一方面，区域经济必然要相应地完成由第一产业向第二产业到第三产业的过渡。而其中最为关键的一步则是区域工业化战略的实施。由于部门理论是根据大多数欧洲国家区域经济发展的历史进程而总结出来的，符合大多数区域经济发展的历史过程和客观规律。但该理论的弱点也是很明显的，因为并非什么地区经济发展都必须经历这样的“标准阶段次序”。

二、增长极理论

增长极理论最早是由法国经济学家弗朗索瓦·佩鲁（Francois Perroux）于 20 世纪 50 年代最先提出的。他在著名论文《略论增长极概念》（1955）中写道：“增长并非同时出现在所有的地方，它以不同的强度首先出现于一些点或增长极上，然后通过不同的渠道向外扩散，并对整个经济产生不同的终极影响。”值得注意的是，佩鲁的原始增长极概念的出发点是抽象的经济空间而非普通的地理空间。佩鲁将经济空间定义为：“存在于经济元素之间的经济关系。”经济空间可以分为三种主要类型：作为计划内容的经济空间；受力场的经济空间；匀质整体的经济空间。其中，作为受力场的经济空间与增长极概念关系最为密切，它“由若干中心（或极、焦点）所组成。各种离心力或向心力分别指向或发自这些中心。每一个中心的吸引力和排斥力都拥有一定的场，并与其他中心的场相互交汇”（Perroux，1950）。事实上，佩鲁的增长极理论建立在熊彼特（1949）关于创新与大规模厂商作用的理论基础之上。

针对佩鲁增长极理论的这一缺陷，许多学者为把佩鲁的增长极概念转换到地理空间做出了努力。经济学家雅克·布德维尔（Jacque Boudeville）认为推进型产业或企业可以对区域经济产生两种类型的增长效应：①“里昂惕夫乘数效应”，主要通过经济中所存在的产业或企业之间的相互依存关系而发生；②“极化效应”，即推进型产业或企业的建立或产出的增加会导致原区域中未曾配置的其他产业活动的出现（Coraggio，1974）。发展经济学家艾伯特·赫希曼（Albert Otto Hirschman）进一步区分了城市中心与周围腹地之间的相互关系。他认为中心对腹地具有一系列直接的经济影响，有利的影响称为“涓滴效应”（trickling-down effect），不利的影响称为“极化效应”（polarized effect）。涓滴效应主要是通过中心对腹地的购买力或投资的增加而发生，或通过吸收腹地的隐蔽性失业人员而实现。引起极化效应的部分原因是中心效率高的生产者可以通过竞争来使腹地的经济萎缩；部分原因是选择性移民，掠走了腹地的关键技术人员、管理者以及更具有企业家精神的青年人。

三、核心-外围理论

美国城市与区域规划学者约翰·弗里德曼（John Friedmann）最早在其代表性著作《区域发展政策》（1966）中提出了核心-外围理论的基本思想，他认为，发展是经由一个断断续续而又累积的创新过程而发生，并通过一系列体制改革而展现出一个社会的创造性潜力。“核心区”是主要创新变革中心，其余所有地区都构成“外围区”，它们依赖核心区，其发展取决于核心区的制度。核心区往往是通过支配效应、信息效应、心理效应、现代化效应、联动效应和生产效应等 6 种主要反馈效应而巩固其对外围区的支配地位。核心区位于一种从省级到世界的多层级空间系统内，外围区既由于行政管理组织、又由于供给和市场联系而依赖于核心区。

四、产业集群理论

哈佛大学商学院教授迈克尔·波特（Michael Porter）在其代表性著作《国家竞争优势》（1990）中提出，国家竞争优势的产业是通过一个高度本地化过程创造和发展起来的，这些产业的竞争优势主要体现在能够进行持续的创新和升级，而产业的创新和升级关键取决于“钻石模型”：一国的生产要素条件、需求条件、相关支撑产业，以及企业战略、结构与竞争等四个方面因素的相互配合，并通过地理集中而大大得以强化。因此，集群是指在一国内一群有着纵向紧密联系的企业，它们在整个产业内的紧密协作能有效地提升整个产业的竞争力，并进而提升产业所在国家的竞争力。

波特认为，集群产生于多种因素，比如历史传统、已有的供应商渠道和相关产业（甚至集群）、一两个具有创新精神的大企业、偶然事件等。集群一旦形成，一种“自我强化循环”机制就推动其自然成长。随着集群的不断壮大，内部新的企业、产业会不断地产生和消亡，地方制度也不断完善，从而增强了集群所在地区的竞争力。

五、区位选择原理

“人们需要做区位选择”是经济地理学一切问题的出发点，源于地理学的“3个W”（what，where，why），即何事发生在何地，以及为什么。地理学家试图对这个问题做出回答，包括自然和人文现象。但是经济地理学家在对这个问题进行分析时，必须设置分析的背景，即人们面临在哪些区位之间进行选择，因为选择意味着存在放弃。在理论研究中，经济地理学家的情景设计是抽象的、概括性的。在保罗·克鲁格曼（Paul Krugman）所称的“新经济地理学”中，经济的发展是在大市场和小市场之间进行的选择，以解释核心和边缘的形成。以地理学家为代表的“新经济地理学”学派则强调经济体是在有差异的社会政治、经济制度、文化空间中进行选择，即强调所谓的经济体在社会文化中的“嵌入”。所以，区位选择的背景或区位选择的情景设计，或者说，思考人们面临什么场面的区位选择，是经济地理学研究的一个重要的原理，将其概括为“人们面临区位选择，或人们要做区位选择”。

六、区域经济差异发展理论

关于区域经济差异的理论主要有均衡发展和不均衡发展两大类别。1890年，阿尔弗雷德·马歇尔（Alfred Marshall）提出区域均衡发展理论，认为要素自由流动，带动区域之间、部门之间、产业之间均衡发展。区域经济发展差异趋同理论提出区域间出现的不平衡增长是暂时的，随着区域间经济上升，落后地区经济增速将超过发达地区，区域间差异逐渐减少直至同步。大推进理论认为只有工业化才能带来经济增长，大推进是各部门进行规模化投资，形成规模经济并相互依赖，共同发展促进经济增长。平衡增长理论认为资本是阻碍发展中国家经济增长的关键因素，但是贫困不是一成不变的，均衡发展可以扩大市场容量和诱导投资需求。循环累积因果理论提出在经济发展过程中某些基础较好的地区借助自身有利条件优先发展，其借助“循环累积”始终处于优势地位，经济增长领先，加速区域间的不平衡。

第二章　自然地理资源

黔东南苗族侗族自治州东邻湖南，南接广西，与贵州省黔南布依族苗族自治州、铜仁市、遵义市毗邻。全境东西宽 220 千米，南北长 240 千米，总面积 30 282.61 平方千米。地处云贵高原向湘桂丘陵盆地过渡地带，州境总体地势是北、西、南三面高而东部低。中部雷公山区和南部月亮山为中山地带，西部和西北部为丘陵状低中山区，东部和东南部为低中山、低山、丘陵、盆地。境内大部分地区海拔为 500 ~ 1 000 米。最高点为雷公山主峰黄羊山，海拔 2 178.8 米，最低点为黎平县地坪乡井郎村水口河出省处，海拔 137 米。州境内有大小河流 983 条，其中流域面积 50 平方千米以上河流 225 条，以清水江、㵲阳河、都柳江为主干，呈树枝状展布于各地。有自然保护区（点）19 个，其中，国家级保护区 1 个，省级保护区 1 个。自然保护区面积 23.75 万公顷①，占全州面积的 7.8%。

第一节　行政区划与历史演变

黔东南苗族侗族自治州位于贵州省东南部，是贵州省最早的文化发祥地之一。在新石器时代，就有人类活动。春秋时分属牂柯国和楚国黔中地，战国时属夜郎国和且兰国，秦代属黔中郡和象郡，汉代属武陵郡和牂柯郡，魏晋南北朝随情势而变迁。至唐代改郡为道，宋改道为路，分属荆湖北路、夔州路和广南路，元代隶属四川行省播州宣慰使司与湖广行省思州宣慰司。明洪武年间设卫，永乐年间置府，清袭明制略有变化，民国时期改府州厅为县。中华人民共和国成立后，贵州省分设 8 个专区，其中镇远专区辖炉山、黄平、施秉、镇远、余庆、雷山、台江、剑河、锦屏、天柱、岑巩、三穗 12 个县，黎平、从江、榕江、丹寨、麻江 5 县属独山专区（1952 年改为都匀专区）。1956 年 4 月 18 日，国务院批准撤销镇远专区，建立黔东南苗族侗族自治州，余庆县划归遵义专区，都匀专区的麻江、丹寨、黎平、从江、榕江 5 县划归黔东南苗族侗族自治州，全州辖 16 个县，州人民政府驻凯里。1956 年 7 月 23 日，黔东南苗族侗族自治州（以下简称黔东南州）正式成立。

① 1 万公顷=100 平方千米。

黔东南州总面积占贵州省总面积的17.2%，居全省地、州、市第二位；第七次全国人口普查数据显示，2020年全州常住人口375.86万人，居全省地、州、市第四位。全州辖凯里市和麻江、丹寨、黄平、施秉、镇远、岑巩、三穗、天柱、锦屏、黎平、从江、榕江、雷山、台江、剑河15个县，凯里、炉碧、金钟、洛贯、黔东、台江、三穗、岑巩、锦屏、黎平10个省级经济开发区。有60个乡（其中民族乡15个），129个镇、28个街道办事处，2 126个村、260个居委。

第二节 地理区位

地理区位是指一个地区与周围诸社会经济关系的总和，包括位置关系、地域分工关系、信息关系等。地理区位对一个地区经济发展的影响主要是通过地理位置、交通、信息相互作用、密切联系发挥作用的，它们决定着一个地区的可接近性。

一、自然区位

黔东南州地跨东经107°17′～109°35′；北纬25°19′～27°31′。东与湖南省怀化市毗邻，南和广西壮族自治区柳州市、河池市接壤，西连黔南布依族苗族自治州，北抵遵义、铜仁两市，有贵州“东大门”之称。西距省政府所在地贵阳160余千米。

二、经济区位

在贵州省的四个经济区，即贵阳城市经济圈、黔北综合经济区、毕水兴经济带和东南部特色经济区的经济区划中，黔东南州被划为东南部特色经济区，她依托丰富多彩的民族文化资源和良好的自然生态禀赋，成为世界知名的民族文化旅游目的地，其旅游经济异军突起。近年来，黔东南州综合经济实力显著增强，步入了高质量发展的快车道。2019年，全州地区生产总值1 123.04亿元，第一、二、三次产业增加值占地区生产总值的比重分别为19.9%、22.6%和57.5%。第一、二、三次产业对经济增长的贡献率分别为14.3%、23.5%和62.2%。人均地区生产总值3.17万元，2019年全州财税收入115.23亿元，城镇居民人均可支配收入3.27万元，农村居民人均可支配收入1.02万元。2020年与全国全省同步全面建成小康社会，撕掉了千百年来的绝对贫困标签，创造了举世瞩目的奇迹。

三、文化区位

贵州高原文化是在漫长的人文过程与自然过程时空耦合之中形成的一个复杂的文化系统，既蕴含着各民族文化，又交织着四面八方的区域文化。贵州民族文化在山地高原上形成了既有联系又有区别的五个历史文化区，分别是黔东苗疆文化区、黔西乌蒙文化区、黔南溪峒文化区、黔中苗岭文化区、黔北娄山文化区。黔东南州属于黔东苗疆文化区的重要组成部分，主要居住有苗、侗、水、瑶、布依、土家、仫佬、畲等少数民族，其中苗族人口占 43.4%，侗族人口占 30.5%，是全国 30 个民族自治州中少数民族人口比例最高、苗族侗族人口最多的民族自治州。到黔东南可领略“魏晋遗风、唐朝发型、宋代服饰、明清建筑”“侗族大歌、反排木鼓舞”的神奇。黔东南州被称为“神奇之州”“歌舞之州”“百节之乡”，被誉为“人类疲惫心灵栖息的家园”，被世界乡土文化基金会确定为“返璞归真、回归自然”旅游首选地之一和十大民族文化保护圈之一。

四、生态区位

黔东南州占据生态要塞，是长江与珠江支流上游重要的生态屏障区域。域内岩性复杂多样，岩溶区与非岩溶区并存，断裂发育，崩塌、滑坡、泥石流等地质灾害频发，生态环境地质问题突出。2020 年全州森林覆盖率达 67.98%，居全省首位，是全国重点林区之一，有“杉乡”“林海”之誉。其中黄平、施秉等 8 个县获列国家重点生态功能区，雷山县获首批国家生态综合补偿试点。黔东南独特的生态区位特点决定了其在中国生态安全格局中的重要地位。

第三节　自然地理资源

经济地理学若不依靠对具体地理环境的认识，若不能为了经济活动而运用自然界的规律，或者说不能与自然地理紧密结合，就很难发挥学科的特殊作用。因此，研究黔东南经济地理就有必要认识其自然地理特征。下面我们从自然条件和自然资源方面来分析黔东南州自然地理资源。

一、自然地理概况

黔东南州地处云贵高原向湘桂丘陵盆地过渡地带，根据地层岩石和地质外营力作用，境内可划分为岩溶地貌，剥蚀、侵蚀地貌区。境内总体地势是北、西、南三面高而东部低。中部雷公山区和南部月亮山为中山地带，西部和西北部为丘陵状低中山区，东部和东南部为低中山、低山、丘陵、盆地。境内大部分地区海拔为 500～1 000 米。最高点为雷公山主峰黄羊山，海拔 2 178.8 米，最低点为黎平县地坪乡井郎村水口河出省处，海拔 137 米。

境内以镇远—施洞口—挂丁一线分界，西北部地区，可溶性碳酸盐岩大面积分布，受大气降水及地下水长期溶蚀，形成各种形态的溶蚀地貌。该线东南部有大片碎屑岩、浅变质碎屑岩分布。在三穗—台江一带，天柱坪地、剑河南明，天柱、锦屏敦寨—黎平，黎平中潮—从江贯洞等地亦有呈带状分布的碳酸盐岩，面积小，以石灰岩为主，展现出千姿百态的溶蚀地貌。按地层岩石及溶蚀程度，岩溶地貌有强烈溶蚀地貌、强中溶蚀地貌、弱溶蚀地貌三个亚类。

二、土地资源

土地资源指可供农、林、牧业或其他各种利用的土地，是人类生存的基本资料和劳动对象。黔东南州土地面积为 3 028 234.11 公顷，占全省土地面积的 17.2%。在全州土地面积中有耕地 427 422.58 公顷，占 14.12%；园地 27 312.5 公顷，占 0.9%；林地 2 042 277.28 公顷，占 67.44%；牧草地 218 658.29 公顷，占 7.22%；城镇村及工矿用地 59 786.58 公顷，占 1.97%；交通运输用地 26 737.75 公顷，占 0.88%；水域及水利设施用地 46 086.21 公顷，占 1.52%；其他土地 179 952.92 公顷，占 5.95%。

境内土质肥沃，主要有红壤、黄壤、黄棕壤、红色石灰土、黑色石灰土、紫色土、粗骨土、沼泽土、潮土、山地草甸土、水稻土等 11 个土类，26 个亚类，6 个土属，222 个土种，分属 7 个土纲。其中红壤面积 466.92 万亩①，占全州总面积的 10.27%，主要分布在天柱、锦屏、黎平、榕江、从江等县海拔 500 米以下的丘陵盆地；黄壤面积 2 832.8 万亩，占总面积的 62.32%，主要分布在海拔 500 ~ 1 400 米的山地；黄棕壤面积 53.53 万亩，占总面积的 1.17%，分布在海拔 1 500 ~ 1 800 米的雷公山、月亮山和佛顶山等中山地带；紫色土面积为 50.24 万亩，占总面积的 1.17%，主要分布于施秉、黄平谷陇、旧州、天柱邦洞、蓝田等地；黑色石灰土面积 456.87 万亩，占总面积的 10.05%，分布在凯里、麻江、丹寨、黄平、施秉、镇远、岑巩等市县；水稻土面积 253.19 万亩，占总面积的 5.57%，全州各地均有分布，尤在海拔 800 米以下的宽谷盆地较为集中。

三、气候资源

黔东南州地处亚热带湿润季风气候区，其特点为冬无严寒，夏无酷暑，四季分明，雨水充沛，立体气候明显，年平均气温 14.6 ~ 18.5 °C，1 月平均气温 5 ~ 8 °C，7 月平均气温 24 ~ 28 °C。总的来说，州内南部气温较高于北部，东部较高于西部。年降雨量 1 010.4 ~ 1 367.5 毫米，年无霜期 273 ~ 327 天，相对湿度为 78% ~ 84%。但是，由于黔东南多山地，中山、低中山多数山体垂直和受东南季风的影响，气候多变，自然灾害频繁。在四季中倒春寒、冰雹、洪涝、夏旱伏旱、秋风绵雨、霜冻、

① 1 亩≈667 平方米。

炎冻相继出现。还有农作物病虫害、鸟兽害和畜禽疫病也时有发生，每年都在不同程度地影响着农业生产。

四、生物资源

黔东南州境内有各种植物 3 623 种，分属 214 科 1 050 属。其中野生植物资源 194 科 947 属 3 300 余种，在种子植物中，有中国特有种 45 属，占全国特有种的 2.97%。

黔东南还有“天然药库”之称。比较名贵的药物有天麻、血三七、当归等，常见的有益母草、黄连、麦冬等近百种，分布面广。州境内群山叠翠、林木葱茂，森林资源丰富，有“杉乡”“林海”之称。黔东南是全国重点林区之一，也是贵州省的主要用材林基地，全省 10 个林业重点县，有 8 个在黔东南。根据第四次森林资源规划设计调查，全州森林面积达 200.6 万公顷，活立木蓄积量为 1.69 亿立方米，为全省之冠。区内天然林主要是常绿阔叶林、常绿落叶混交林和针阔混交林，天然林面积约占林业用地面积的 35.99%，被誉为“绿色净土，生态王国”。

五、水资源

黔东南州境内有大小河流 2 900 多条，以清水江、㵲阳河、都柳江为主干，呈树枝状展布于各地。河流分属两个水系，苗岭以北的清水江、㵲阳河属长江水系，苗岭以南的都柳江属珠江水系。清水江自西向东流经丹寨、麻江、凯里、黄平、施秉、台江、剑河、天柱 9 县市，主要支流有重安江、巴拉河、南哨河、乌下江、八卦河、亮江、鉴江等；㵲阳河自西向东流经黄平、施秉、镇远、岑巩 4 县，主要支流有杉木河、龙江河、车坝河等；都柳江由西向东流经榕江、从江 2 县，主要支流有寨蒿河、永乐河、污牛河、宰便河、平正河、双江河等。

黔东南州 2015—2019 年降水资料显示，全州降水量稳定，多年平均降水量达到 1 235.8 毫米，多年平均地表水年径流量为 191 亿立方米，地下水平均年径流量为 26 亿立方米，降水量丰富，境内水能蕴藏量为 332 万千瓦，技术可开发量 270 万千瓦，河流天然落差较大，开发条件优越。

六、矿产资源

黔东南州地跨扬子准地台与华南褶皱带两个一级大地构造单元。地层从元古代的四堡群、下江群、震旦系至古生代的寒武系、奥陶系、志留系、泥盆系、石炭系、二叠系，到中生代的三叠系、侏罗系、白垩系及新生代的第三系、第四系均有出露。境内已发现的矿藏有煤、铁、金、汞、锌、铅、锑、铜、磷、石灰石、重晶石、白云石、粘土等矿种 58 种（含亚矿种），占全省已知 137 种的 42.34%。查明 362 处，其中能源矿产 22 处，金属矿产 220 处，非金属 120 处。其中重晶石矿资源量居全国同类矿产资源储量之首，玻璃用石英砂岩、锑矿列全省同类矿产资源储量的前 3 位。

七、旅游资源

生态环境优良，民族文化绚烂多彩，历史文化资源丰富，构成了黔东南州绚丽多彩的原生态民族文化景观。黔东南州现有人类非物质文化遗产 1 项（侗族大歌）；世界自然遗产地 1 处（施秉云台山）；国家级风景名胜区 3 个（㵲阳河风景名胜区、黎平侗乡风景名胜区、榕江苗山侗水风景名胜区）；国家级自然保护区 1 个（雷公山自然保护区）；国家级森林公园 4 个（雷公山、㵲阳湖、黎平、台江）；国家地质公园 1 个（贵州黔东南苗岭国家地质公园）；中国历史文化名城 1 座（镇远历史文化名城）；中国历史文化名镇 2 处（黄平县旧州镇、雷山县西江镇）；中国历史文化名村 7 处（锦屏隆里，榕江大利，黎平肇兴、堂安、地扪，从江岜沙，雷山郎德）；截至 2020 年年底，国家级非物质文化遗产有 53 项 72 个保护点，国家级传统村落 409 个，少数民族特色村寨 536 个，数量居全国市州第一；国家级重点文物保护单位 20 处；中国特色小镇 2 处（雷山西江、黎平肇兴）；国家 5A 级景区 2 个（镇远古城、西江千户苗寨）。

黔东南州境内居住着包括苗、侗、汉及布依、水、瑶等民族，民族文化资源十分丰富独特，具有打造国内外知名民族文化旅游目的地的先天优势。其民族文化资源主要有：① 民族节日，黔东南州每年有 300 多个节日，各具特色，如斗牛、斗雀、赛马、赛龙舟、赛芦笙等；② 民族发型和民族服饰，各民族拥有不同民族服饰，不同地区同民族也有不同发型与服饰，共计 80 多种；③ 民族建筑，黔东南州苗寨建筑为独特的干栏式吊脚楼等，侗寨则有六檐、八檐鼓楼等，凝聚着浓郁民族特色；④ 民族乐器及歌舞，如芦笙、牛腿琴和琵琶等，舞蹈种类非常多，如芦笙舞、侗族大歌等；⑤ 民族饮食文化及民族工艺，如侗家腌鱼和腌菜及苗家酸汤、侗族挑花工艺和倖家蜡染工艺等。

第三章　人文社会资源

黔东南州第七次全国人口普查数据显示，2020 年黔东南州常住人口为 375.86 万人。主要居住有苗、侗、水、瑶、布依、土家、仫佬、畲等少数民族，民族文化多元璀璨，文化遗产富集。黔东南是全国苗侗文化核心地，截至 2020 年年底，全州有 53 项 72 个保护点列入国家非物质文化遗产名录，居全国市州第一。侗族大歌被列为世界非物质文化遗产代表作名录。中国传统村落 409 个，少数民族特色村寨 536 个（其中国家级 126 个），均居全国市州第一。素有“歌舞之州、百节之乡”的美誉，获列国家民族文化生态保护实验区。在经济地理学文化转向、生态转向和制度转向的背景下，黔东南州以其底蕴深厚和丰富多样的人文社会生态资源，为经济发展提供了强有力的支撑。

第一节　人口与民族

一、人口特点

（一）人口增长

根据第七次全国人口普查结果，黔东南州常住人口为 3 758 622 人。全州常住人口同 2010 年第六次全国人口普查的 3 481 891 人相比，增加 276 731 人，增长 7.95%，年平均增长率为 0.77%。全州历次人口普查常住人口及年均增长率情况，如图 3-1 所示。

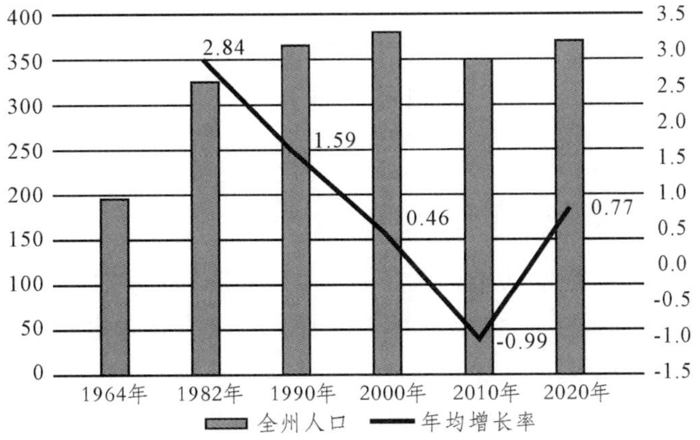

图 3-1　历次人口普查常住人口及年均增长率

从全州 16 个县（市）来看，常住人口最多的是凯里市，有 70.91 万人；第二的是黎平县，有 41.28 万人；第三是从江县，有 31.39 万人。常住人口在 20 万人至 30 万人之间的县有 3 个，分别为黄平县、天柱县、榕江县，其余的 10 个县常住人口少于 20 万人，最少的是台江县，有 12.29 万人。其中，人口居前三位的县（市）常住人口合计占全州常住人口比重为 38.20%。

（二）人口性别构成

根据第七次全国人口普查结果，全州常住人口中，男性人口为 1 938 627 人，占 51.58%；女性人口为 1819 995 人，占 48.42%。总人口性别比（以女性为 100，男性对女性的比例）为 106.52，比 2010 年第六次全国人口普查的 109.23 下降 2.71 个百分点。黔东南州历次人口普查人口性别构成，如图 3-2 所示。

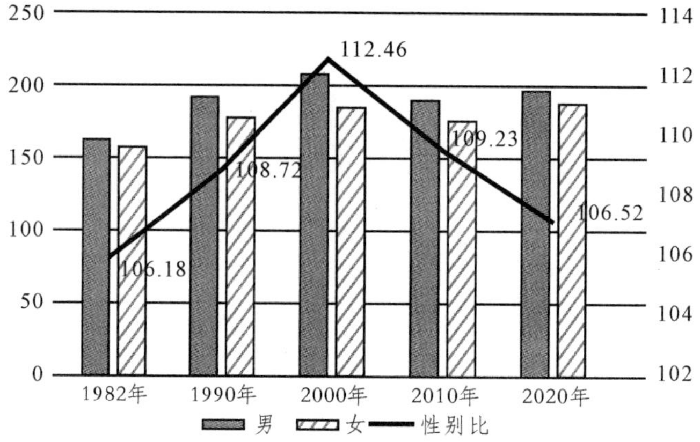

图 3-2 历次人口普查人口性别构成

（三）人口年龄构成

根据第七次全国人口普查结果，全州常住人口中，0～14 岁人口为 921 683 人，占 24.52%；15～59 岁人口为 2 194 430 人，占 58.38%；60 岁及以上人口为 642 509 人，占 17.09%，其中 65 岁及以上人口为 492 289 人，占 13.10%。与 2010 年第六次全国人口普查相比，0～14 岁人口的比重下降 0.36 个百分点，15～59 岁人口的比重下降 2.07 个百分点，60 岁及以上人口的比重上升 2.42 个百分点，65 岁及以上人口的比重上升 3.12 个百分点。

（四）人口文化构成

根据第七次全国人口普查结果，全州 3 岁以上常住人口中，拥有大学（指大专及以上）文化程度的人口为 334 110 人；拥有高中（含中专）文化程度的人口为 347 994 人；拥有初中文化程度的人口为 1 095 770 人；拥有小学文化程度的人口为 1 272 483 人（以上各种受教育程度的人包括各类学校的毕业生、肄业生和在校生）。与 2010 年第六次全国人口普查相比，每 10 万人中，拥有大学文化程度的由 4 299 人上升为

8 889 人；拥有高中文化程度的由 7 225 人上升为 9 259 人；拥有初中文化程度的由 28 680 人上升为 29 154 人；拥有小学文化程度的由 41 296 人下降为 33 855 人。

（五）人口城乡构成

根据第七次全国人口普查结果，全州常住人口中，居住在城镇的人口为 1 712 003 人，占 45.55%；居住在乡村的人口为 2 046 619 人，占 54.45%。与 2010 年第六次全国人口普查相比，城镇人口增加 793 068 人，乡村人口减少 516 337 人，城镇人口比重提高 19.16 个百分点。但是，其人口城乡构成发展不平衡。16 个县（市）中，城镇人口比重超过 50%的有凯里市，在 40%至 50%之间的有 7 个县，分别为施秉县、三穗县、镇远县、岑巩县、天柱县、锦屏县、丹寨县，低于 40%的有 8 个县。

二、主要民族

云贵高原是我国少数民族聚集地之一，黔东南州是一个以苗族、侗族为主体的多民族地区，居住着苗、侗、汉、布依、水、瑶、壮、土家等民族，少数民族人口占总户籍人口的 81.5%，其中苗族人口占 43.4%，侗族人口占 30.5%。

黔东南州最主要的两大主体民族简介如下：

（一）苗族

黔东南州是苗族较大的聚居区，史料证明，早在两千年前的秦汉时代，苗族的祖先已经聚居在湘西、黔东这个当时称作“五溪”的地区，历史上称其为“五溪蛮”。苗族历史文化悠久，苗族使用苗语，属汉藏语系苗瑶语族苗语支，现普及使用拉丁拼音文字。苗族人民创造了丰富多彩、风格独特的民间文学和艺术，民间文学主要有诗歌和传说故事，多以口头传说流传至今，如《老人开天地》《九十九个太阳和九十九个月亮》等就是讲述苗族历史的古歌，其反映了古代苗族人民与自然界的斗争情景。苗族是个喜爱歌舞的民族，音乐舞蹈和苗戏等具有悠久历史，史籍上早有男吹芦笙女振铃的记载，苗族“飞歌”、芦笙舞和板凳舞享有盛名；黔东南苗族的蜡染工艺和花纹雕凿精工的传统银饰蜚声世界，其独具特色的苗族妇女盛装，则把银饰钉在衣服上成“银衣”，头上戴着形如牛角的银质头饰，高达尺余；苗族居民住木制平房和楼房，楼房一般为两层，建筑形式多为“吊脚楼”，屋顶为双斜面。在宗教信仰上，苗族信仰万物有灵或多鬼神，祀奉祖先，崇拜自然，对自然物（大树、怪石）或人造物（水井、板凳）的崇拜和祭献，以酒、肉、鱼、鸡、鸭、糯米等作祭品。苗族的节日很多，黔东南部分地区盛行过“苗年”，在旧历九月至十一月的卯（兔）日或丑(牛)日举行，有踩鼓、跳芦笙、赛马、斗牛、“游方”等活动。此外，苗族还有龙船节、吃新节（农历六七月间稻谷成熟时）、清明节等重要节日。

（二）侗族

侗族可能是在秦、汉时期广东、广西一带聚居的“骆越”部落的一支发展而成。黔东南州的侗族主要分布在黎平、从江、榕江、天柱、锦屏、三穗、镇远、剑河等县，她们使用侗语，属汉藏语系壮侗语族侗水语支，分南、北部两个方言，原无文字，现使用拉丁字母形式的侗文方案。侗族的文化艺术丰富多彩，有“诗的家乡，歌的海洋”之美誉，叙事诗歌委婉曲折，含意深长，是侗族民间文学的一项极为珍贵的文化遗产，其中以《珠郎娘嫫》《莽岁》《三郎五妹》等流传最广。侗族音乐曲调既多又美，“侗族大歌”声音洪亮，一领众和、多声合唱的气势磅礴，节奏自由；琵琶歌，因以琵琶或加“格以琴”（俗称牛罢腿）伴奏而得名，曲调欢快流畅。侗族擅长石木建筑，鼓楼、桥梁是其建筑艺术的结晶，鼓楼为木质结构，以榫头穿合，不用铁钉，有三、五层以至十五层，飞阁重檐，形如宝塔，巍峨壮观，是族姓或村寨标志，也是公众集会的议事场所；在侗族地区的溪流上还多见“风雨桥”，风雨桥是石墩木桥，长廊桥道，桥亭重瓴联阁，雄伟壮丽。侗族人民大都穿自纺、自织、自染的侗布民族服饰，喜青、紫、白、蓝色。侗族居民的饮食特色是自行加工的“腤鱼”“腤肉”；用油茶待客，也是侗族人民的一种好客习惯。在宗教信仰上，侗族信仰多神，崇拜自然物，古树、巨石、水井、桥梁均属崇拜对象，且以女性神“萨岁”（意为创立村寨的始祖母）为至高无上之神，每个村寨都建立“萨岁庙”。侗族重要的民族节日有侗年（农历十月或十一月）、祭牛神（农历四月初八或六月初六）和吃新节（农历七月间）等。

第二节　文化与语言、宗教

一、文化资源

（一）民族建筑

1. 吊脚楼

居住在黔东南山区的少数民族大多以吊脚楼的形式居住，这是对地形限制的反映，也是为了留下更多适宜耕种的土地的体现。苗族吊脚楼是干栏式建筑，在山地条件限制下少数民族的独特创作，属于歇山式穿斗挑梁木架干栏式楼房。在平地上用木柱撑起分为上下两层，楼上住人，下层随地而建，很不规则。上层通风、干燥、防潮，是居室；下层关牲口或用来堆放杂物。房屋规模一般人家为一栋 4 排扇 3 间屋或 6 排扇 5 间屋，4 排扇 3 间屋结构者，中间为堂屋，左右两边称为饶间，作居住、做饭之用。饶间以中柱为界分为两半，前面作火炕，后面作卧室。吊脚楼周围有一条蜿蜒的曲廊，曲廊还配有栏杆。

2. 鼓楼

鼓楼是侗族独特的建筑艺术，是侗族村落的象征。作为寨子的活动中心，不仅是敲鼓、集中议事的地方，更是长辈们向后代讲述古今、诉说真相的地方，也是欢迎贵客来宾的首选之地。黎平肇兴侗寨拥有最大的鼓楼群。

鼓楼建筑结构为密檐宝塔形，一般结构为正八角形、正六角形、四边形等。楼体立面均为奇数，有一至二十一层（单层构造），顶部有悬山式、萧山式和省尖式；在保存点类型中，有双栈顶和复合栈顶。整个建筑为木结构，不用一颗钉子一颗铆钉，全部由木榫磨损、扣扣无缝，结实牢固。鼓楼的构造没有设计图，十多人的建筑队伍紧靠“掌墨师”的心中默算，在黎平、从江、榕江分布的六百余座鼓楼中，都体现着鼓楼“远似近异”的特点，充分体现了侗族民间艺人的高超技艺。

3. 花桥

花桥，又称风雨桥，是黔东南侗族方言区侗族村寨常见的标志性建筑，在建筑界被称为“廊桥”建筑形式。走廊的左右两侧都有屋顶，可以遮挡风雨，因此得名“风雨桥”。又因走廊墙上画有动物、花鸟和人物故事画，所以又称花桥。花桥的建筑艺术以其独特的无针工艺闻名中外，被称为“民族建筑艺术之瑰宝”。黔东南著名的花桥有黎平县地坪乡的地坪花桥、锦屏花桥、郎德花桥等。

对于侗族来说，花桥不仅是一条跨江、跨河通道，除了为人们提供便利的交通外，还具有象征和风水文化意义。意为“堵风水福寨”，被视为“消弭地形之弊，补风水之利”的文化设施。同时，花桥也是迎客、唱侗族歌曲的地方。因此，侗族花桥不仅具有实用性，更是代表着侗族人民热爱生活、追求完美的态度。其中，郎德花桥坐落在雷公山麓的郎德上寨，建造年代始于清咸丰、同治年间。2008 年，北京奥运火炬手穿桥而过，更是成为公众关注的焦点。

（二）民族节日

黔东南州的民族节日众多。据统计，全年大小节日 396 个，其中大型全国性节日就有 107 个，参加人数 5 000 人以上。被誉为“大节三六九，小节天天有”，素有“百节之乡”的美誉。姊妹节、芦笙节、萨玛节、龙舟节、斗牛节、吃新节、爬坡节、鼓藏节、摔跤节等节日充分显示了苗族、侗族人民丰富多彩的民族历史文化，作为民族文化载体的民族传统节日集会，传承着民族文化的生命密码，是不可多得的旅游观光资源及宝贵的研究对象。每年农历三月十五的苗族“姊妹节”又称“姊妹饭节”，是清水江中游沿岸青年特有的男女青年择偶恋爱的节日舞会。苗族姊妹节的范围较广，清水江中游沿岸的几百个村寨节日礼仪都大致相同。

1. 姊妹节

“姊妹节”以施洞最为隆重和热闹。每年农历三月十三这天，施洞附近各村寨的姑娘们，都相约上山采撷染糯米饭的各类花草树叶，连夜在家蒸煮彩色米饭。十四日前响，姑娘们都下田去捕捞鱼虾，后晌，姑娘们献出各自的食物，年龄相近者集中到一户宽敞的人家，在那里等待外来的小伙子同吃“姊妹饭”，入夜，再一同到游方场上唱歌谈情，通宵达旦。三月十五至十七日是节日的高潮，白天，身着晚装的姑娘们与男青年跳芦笙和木鼓舞，遇到心仪的小伙子，姑娘将送不同的信物，信物不同意义也不同，例如竹钩表示愿意和小伙交往，棉花则代表急于成婚等。

2. 芦笙节

黔东南苗族芦笙历史源远流长，唐代《新唐书·南诏》便有芦笙的记载，《辞海》则注为：“（芦笙）流行于中国西南地区苗族、瑶族、侗族、彝族、壮族等少数民族中，各地形制大同小异。”

在苗族地区，芦笙用于男女约会、婚嫁典礼、丧葬仪式、重要节庆等场合。长此以往逐渐形成芦笙节，也叫芦笙会。黔东南境内影响最大、规模最大的当数舟溪正月芦笙会和谷陇九月芦笙会。凯里舟溪芦笙会每年农历正月十六到二十日举行，黄平谷陇芦笙会的举办则在每年农历九月二十七至二十九日。届时，邻县自发赶来的群众都在 4 万人以上，各个阵营的芦笙队同时奏响，欢乐的芦笙舞者聚集了无数芦笙舞者。白天的芦笙场上，各式民族服饰应有尽有，斗牛、斗鸟、吹芦笙、赛马、情歌对唱，令人眼花缭乱；入夜的苗寨，酒歌阵阵，小伙姑娘们成双成对，情歌婉转，芦笙会成就有情人，成为鹊桥会。

3. 萨玛节

“萨”是侗语，意为“祖母”。“萨玛”即“大祖母”“先祖母”。“萨”是侗族地区广受尊敬的母性神仙，是远古的祖母神，她可以保佑村寨平安、人畜兴旺、五谷丰登。在侗族的每一个村寨都设有萨坛，但以榕江三宝的萨玛节规模最大，活动内容最为丰富。

榕江萨玛节定在秋季举行。祭品用一头黑毛猪和数只绿头鸭，不用刀具宰杀，猪用水溺，鸭以绳勒。参加祭奠者以已婚妇女为主，少数男性寨老辅之。祭萨时先由管理萨屋的人烧好茶水，给萨敬香献茶，然后各家各户妇女依次祭祀，每人喝一口祖母茶，摘一小支黄杨插于鬓上，三声铁炮响过，由“登萨”（此时为“萨”的化身）手持半开的油纸伞开路，参加活动的人们排到两旁迎萨出门，绕寨一圈，最后到达歌坪，大家手拉手唱“耶歌”，跳“多耶舞”，祭萨仪式结束，全寨人与前来祝贺的客人同踩歌堂，吹芦笙、唱侗戏，年轻人则在晚上“行歌坐月”，整个侗乡沉浸在欢乐的海洋之中。

（三）民族服饰

黔东南是苗族服饰种类最多、保存最好的区域，被称为“苗族服饰博物馆”侗、瑶、水、布依等少数民族服饰也极具特色，种类丰富。以下主要介绍苗族、侗族服饰。

1. 苗族服饰

苗族服饰分为苗族盛装、苗族便装两种。苗族盛装，为节日、礼宾和婚嫁时穿着的服装，繁复华丽，刺绣织锦，银饰环裹，服饰图案大胆夸张，对比强烈，花团锦簇，流光溢彩。苗族服饰被学者称为锦鸡式服饰，现多指女盛装，又以列入国家非物质文化遗产名录的雷山苗族服饰为代表。

雷山西江型盛装（又称“长裙苗”）：长款连衣裙，盛装上衣分为内层和外层，内层为手工编织布，靛蓝色染成浅蓝色，外层也为棉质，用植物染成黑色，款式为中翻领，领向后倾。衣袖、翻领、领口均为刺绣部分，图案有双头龙、蝴蝶妈妈、宗庙及各种花、鸟、鱼、虫等。下装是一条紫黑色棉布编织成的百褶裙，长度及踝后跟。裙盖有 15 ~ 25 条绣花缎带，缎带分为三段或五段。每一节都绣有各种动植物图案，并镶嵌着金银饰品。穿绣花船鞋或圆口布鞋。佩戴的银饰包括银角、银鸟、银马、银梳子和银耳环。颈部饰有扭领和平领，胸前饰有压领和银链。夹克背面饰有动植物图案的银器或吊坠。

雷山大塘型盛装（又称“短裙苗”）：俗称超短裙。上装为宽袖对襟领衣，衣料是用七彩花线精织而成彩色锦缎，花纹精致，短的那一层仅为 50 ~ 60 厘米，两层叠加，裙的前沿系上一块长方形绣片，后腰垂吊的织锦彩带有 10 ~ 20 条之多。各彩带宽 6 ~ 7 厘米，彩带花纹是几何纹，色彩鲜艳，条理分明。头饰为银鸟银花、长角梳、大耳环。颈载项圈，套筒状银手镯。一身色彩斑斓，似锦鸡般美丽。

黔东南境内苗族男女便装均较为简朴。男士上装一般为左衽上衣和对襟上衣及左衽长衫三类。以对襟上衣最为普遍。下装一般为裤脚宽盈尺的大脚长裤。女便装上装一般为右衽上衣和圆领胸前交叉上装两类，下装为各式百褶裙和长裤。

2. 侗族服饰

黔东南侗族服饰有近 100 种。南部侗族服饰选料以自制土布为主，用植物染成棕色，由上装、下装（裙、绑腿）组成。有盛装、便装之分。便装一般用黑色土布制作，只是少银饰和桃花刺绣而已。盛装则佩有银帽、银项链、银耳环、银围腰。

北部侗族服饰与南部有明显的不同，上下装用料均为天蓝色，腰系红绸宽带。便装和盛装无明显差异，盛装仅在便装基础上添加银饰。南部侗族的银围腰和北部侗族的红绸腰带，具有识别婚否的功能，有银围腰者和系宽红腰带者均为未婚。

南部侗族地区高传、信地一带，保存着原始的衣着文化。男子蓄长发，头包长帕，身着右衽父母装，束腰带，下着长裤，裹腿布。女子发髻与古代汉族妇女相似，并插银簪，戴银质耳环或耳缀，上身穿开襟胸衣，胸部罩胸围，胸围上齐脖部呈两岔，均绣花纹，并以两红带挂过肩头系于后背吊一银质饰品。

（四）民族戏曲

黔东南的戏曲以侗戏为代表，它是借用汉族的戏剧表演形式和侗族的歌唱形式加工而成的。思州傩戏傩技在东汉时期由中原传入，在少数民族地区传播过程中，加上少数民族自身的祭祀文化，形成了具有地域文化符号的艺术和杂技形式。主要有发源于黎平茅贡乡腊洞村的“侗戏”，岑巩一带流行的“思州傩戏傩技”“台江嘘花”等。

（五）民族歌舞

黔东南素有“歌舞的海洋”之称。苗族飞歌、多声部情歌、酒歌、侗族多声部大歌、琵琶歌、多耶已蜚声中外，反排木鼓舞、锦鸡舞、芦笙舞早已走出山门，登上中国中央电视台的大堂。“会走路就会跳舞，会说话就会唱歌”“饭养身、歌养心”是这里的人民对歌舞依恋程度的写照。

台江飞歌是苗族飞歌最典型的飞歌。此曲调以四声微调式民歌，调式音列为“5613”。其中“6”音很少出现。整个旋律用一个大三和弦“135”在“5～1”11度旋宽广的音域里分解进行时，习惯在“1”上停留，性格明朗，主色调强烈，特点鲜明。

侗族大歌是侗族歌曲的佳作，也是我国少数民族音乐中罕见的多声部民歌。主要流传于南侗地区黎平县大部分地区和从江、榕江等柳江以北的部分地区。2003年，侗族大歌被文化部列入中国首批非物质文化遗产保护名单。

（六）民族医药

黔东南州的民族医药汇集了苗族、侗族、水族等少数民族的医学成就，是中医药宝库中的一朵奇葩。近年来，黔东南州的民族医药研究在对苗族、侗族医药的收集、发掘、整理和研究等方面取得了巨大成就。先后出版了《苗族药物集》《侗族医学》等图书，还建立了举世瞩目的民族药物标本库。苗医诊病方法名目繁多，手法独特，既不同于中医，与民间医也有区别。常用有望、号、问、触（即看望、号脉、问诊、触摸）“四诊”。侗医诊病有望、划、号、问等诊断方法。

（七）民族竞技

黔东南民间传统体育形式独特，内容丰富。登山、游泳、舞龙、舞狮、踩高跷、垂钓、斗鸟等表演项目，斗牛、木制龙舟、侗族摔跤、扳钳、扭杆、抢花炮、拼山沟等竞技项目更是独树一帜。自1982年全国第二届少数民族传统运动会将民族传统体育列为表演和竞赛项目后，黔东南的芦笙舞、木鼓舞等表演项目和赛龙舟、斗牛、抢花炮和侗族摔跤等竞技项目大放异彩，为黔东南的民族体育运动增添了荣誉。

（八）民族工艺

1. 银饰

苗族银饰历史悠久，风格独特，具有精美与粗犷结合的特点。黔东南苗族银饰品种繁多，主要有银角、银冠、银项圈、围腰链、手镯、银衣片等100多种。

苗族银饰全系手工打造，有30多道工序，形成自己独有的铸炼、锤打、焊接、编弦、洗涤的一套工艺流程。银冠堪称银饰的代表作，而银角是形体最大的银饰品之一，它犹如一对展开的大小牛角，两翼伸展度近一米。银饰还有丰富的文化内涵，如“玉勾”旋涡纹图案，就是纪念蝴蝶妈妈的神话传说。因此，苗族银饰实际上已记录了苗族漫长的历史。

2. 蜡染

蜡染是我国古老的民间传统印花工艺，而苗族蜡染早在隋朝就已有文献记载。黔东南蜡染以丹寨的扬武乡、排洞镇最为有名。蜡染工艺有点染和画蜡两种：点是以圆点排列为虚线条，再由虚线条组合成图案；画蜡则以线条的粗细曲直来勾画形象或抽象图案，从实物图案上可分为“几何纹”和“自然纹”两大类。几何纹最具代表性的“哥涡”图纹，是一种螺旋纹，固定在女装的肩背、衣袖处。而丹寨蜡染的作者们更喜爱以自然纹为主的大花纹，她们以花鸟鱼虫作素材，富于夸张，流畅传神，乡土气息浓郁。

丹寨扬武、排调两地蜡染由于地域的封闭，靠苗族妇女的世代传承和集体智慧，形成了独有的风格，具有很高的历史学、民族学、民俗学和美学研究价值，同时也成为众多中外游客的旅游纪念品和收藏品。

3. 刺绣

刺绣艺术是中华大地花苑中的一朵鲜花，而苗族刺绣以其独有的原生态文化冲击力，在花苑中占有了一席之地，吐露出特有的芬芳。而台江施洞一带的刺绣，以其丰富的思想文化内涵、独特的构图形式和巧妙而强烈的色彩对比一枝独秀。刺绣技艺主要包括：挑花、刺绣、织花、剪纸绣等。挑花是苗族妇女刺绣的专用工艺，针法有平绣、十字绣两种。刺绣有平绣、编绣、打子、堆花、贴花等技艺。织花技艺，其花纹多属连续的几何图形。剪纸则是各种刺绣的花样，蓝本的第一道工序，经二次加工后，剪纸的艺术性就在刺绣上表现出来。

苗族刺绣有很强的思想性，又有极高的艺术性，每一张袖片、领片、衣襟、背带都有其完整的构图艺术，而每一幅图片都记载着一个完整的故事并承载了相应的思想内涵。

4. 锡绣

在剑河县的南寨、敏洞、观么等乡镇生活着一支苗族同宗，属下江苗的一支。相传他们的祖先最初居住在东方，为躲避战乱从江西经湖南迁徙过来，沿沅江、清水江逆水而上，来到现在居住的地方。苗族先民来到清水江两岸居住后，由于当地盛产木材，且水路运输非常便利，当地人就放排下水做木材生意。当时有人发现锡与银子的颜色相似，并且不易被氧化。于是就把锡带回来，融化后，制成薄片，镶在刺绣上，这便是所谓的锡绣。锡绣制品的光泽度好，质感强烈，深受当地苗族同胞喜爱。

锡绣以藏青色棉织布为载体，先用棉纺线在布上按传统图案穿线挑花，然后用金属锡丝条绣缀于图案中，再用黑、红、蓝、绿四色蚕丝线在图案空隙中绣成彩色的花朵。银白色的丝绣在藏青色布料上，对比分明，闪光明亮，酷似银衣，与银帽、银耳环、银项圈、银锁链、银手镯相配，极其华丽富贵。锡绣制品工艺独特，做工精细，图案清晰，工艺复杂，用料特殊，具有极高的收藏和鉴赏价值。苗族锡绣与其他民族刺绣工艺品不同之处在于它是用金属丝条在藏青色棉布挑花图案上刺绣而成，目前在其他苗族支系或其他民族中尚未发现这种刺绣方式。

二、语言

贵州高原的原住居民应该是那些最早来到这里的少数民族同胞，到目前为止，以“六山六水”为代表的少数民族聚居区仍占贵州全境的 80%，这是导致贵州方言特色形成的另一个重要因素。在黔东南州，影响当地汉语方言形成的少数民族语言主要是苗族和侗族的少数民族语言，“夹苗夹侗”是当地汉语方言基本特征的形象概括。黔东南西部居住着苗族，东部居住着侗族。不同的居住区受不同的民族语言和语音的强烈影响，形成了黔东南西部方言区和黔东南东部方言区。

三、宗教

黔东南州宗教场所基本情况：依法登记开放宗教活动场所 42 个（其中寺观教堂 14 处，其他固定活动处所 28 处），涉及 13 个县市（其中佛教 23 处、道教 2 处、天主教 3 处、基督教 14 处），登记备案宗教教职人员 41 人，全州共成立 4 个宗教团体（州级宗教团体 3 个，即黔东南州佛教协会、黔东南州基督教三自爱国运动委员会、黔东南州基督教协会，市级宗教团体 1 个，即凯里市天主教会）。

第三节 经济社会发展

一、经济发展

“十三五”时期，区内产业结构不断调整优化。2020 年黔东南州地区生产总值 1 191.52 亿元，比上年增长 4.5%。分产业看，第一产业增加值 244.81 亿元，增长 6.3%；第二产业增加值 258.53 亿元，增长 3.3%；第三产业增加值 688.18 亿元，增长 4.4%。第一、二、三产业增加值占地区生产总值的比重分别为 20.5%、21.7%和 57.8%。在三次产业中，第一、二、三产业对经济增长的贡献率分别为 28.1%、17.6%和 54.3%。

从工业经济来看，主要以初级产品生产为主，工业经济占比 20%以下，主要以资源粗加工和高耗能产业为主，产业层次偏低、产品附加值不高，呈现工业化初级阶段特征。

从农业来看，其基础设施建设滞后，抵御自然灾害的能力仍然较弱，产业化水平较低，产业融合程度不高，呈现农业2.0初期阶段特征。2020年黔东南州农林牧渔业总产值427.27亿元，比上年增长6.4%。其中，种植业总产值240.82亿元，增长8.2%；林业总产值66.94亿元，增长4.0%；畜牧业总产值91.17亿元，增长3.1%；渔业总产值9.81亿元，增长10.2%。

从旅游经济来看，“十三五”期间黔东南州旅游总收入累计达4 200.05亿元，是“十二五”旅游总收入累计总量1 342.25亿元的3.1倍，呈现“井喷式”增长。但旅游产业链配套不健全，旅游收入主要呈现为“门票经济”，吃住行游娱购增值业务少，呈现过路经济特征，重点景区景点之间关联度和通达力不高，处于由量变到质变的阶段。

从服务业来看，生活性服务业基本满足日常需求，逐步向品质提升和业态多样化发展，同时伴随农业产业化、工业现代化进程加快，现代物流、信息服务等生产性服务业不断完善。服务业种类有限、总体水平偏低，处于生活性服务业品质提升逐步向生产性服务业拓展阶段。

二、生态文明建设

“十三五”期间，黔东南州牢牢守住发展和生态两条底线，深入实施大生态战略行动，加快发展绿色经济，推动生态文明建设取得显著成效，是全国率先探索创建生态文明示范州的地区之一。

生态环境明显改善。空气质量优良天数比例等8项约束性指标全面完成，生态环境质量指数稳居全省第一；2019年，全省7个生态环境质量“优”县中，黔东南州占了6个。2020年，国家地表水考核断面水环境质量在全国地级以上城市排名第五，位居全省首位；锦绣黔东南的天越来越蓝、山越来越绿、水越来越清，“颜值”和“气质”不断提升。全年环境空气质量优良天数比率达到96%以上，空气负氧离子含量是全国平均水平的22倍，是名副其实的“天然氧吧”。

生态保护稳步推进。完成石漠化治理262.4平方千米，治理水土流失832.7平方千米，人工造林228万亩，森林覆盖率达到67.98%，有国家森林公园5个、国家自然保护区1个；“两江一河”流域综合治理稳步推进，地表水水质达到或优于Ⅲ类水质；城镇（县城）污水处理率从67.89%提高到86%，建制镇污水处理设施实现全覆盖。雷山县获批全国生态保护与建设示范区；创建国家级环境优美乡镇3个、国家级生态村5个。雷山县、剑河县先后获批全国生态文明示范工程试点。

三、交通运输

黔东南州位于大西南地区东进长三角、南下粤港澳大湾区的咽喉，贵广、沪昆、厦蓉高铁高速穿境而过，是国家交通大通道的重要组成部分。

2020年末，全州公路总里程30 055千米，其中：高速公路1 114千米，国道1 452千米，省道2 720千米，县道5 178千米，乡道6 808千米，村道12 783千米。按照公路技术等级划分，高速公路 1 114 千米、一级公路 239 千米、二级公路 1 402 千米、三级公路 579 千米、四级公路 22 516 千米、等外级公路 4 205 千米。公路密度达到 99.07 千米/百平方千米，建制村通油路率达 100%，全州行政村通客运班车率达 100%。全州公路货物周转量 93.77 亿吨千米，比上年下降 60.8%；旅客周转量 44.45 亿人千米，比上年下降 60.7%。

四、城镇化发展

城镇化是现代化的必由之路。新型城镇化是以人的城镇化为核心，它要求合理引导人口流动，有序推进农业转移人口市民化，稳步推进城镇基本公共服务常住人口全覆盖，不断提高人口素质，促进人的全面发展和社会公平正义，使全体居民共享现代化建设成果。“十三五”末期，黔东南州城镇化率达到 51%，区域性中心城市集聚和辐射效应依然不明显，城市承载能力弱，城乡要素流动不畅，但以县域经济为主体的小城镇化特色凸显，农村人口市民化进程加快，城镇化总体处于加速发展阶段。

五、邮政通讯

2020 年，黔东南州邮政行业业务总量累计完成 5.74 亿元，比上年增长 6.3%；邮政行业业务收入累计完成 6.28 亿元，增长 13.4%。快递服务企业业务量累计完成 1 252.99 万件，增长 6.2%；快递业务收入累计完成 2.68 亿元，增长 27.3 %。全州电信业务总量 514.49 亿元，比上年增长 31.5%；电信业务收入 28.73 亿元，增长 6.5%。

六、教育科技

黔东南州现有高等教育学校 3 所，其中，本科院校 1 所，高等专科学校 2 所；中等职业技术学校 25 所；普通高中 45 所；初级中学 155 所。

2020 年贵州省人民政府批准设立黔东南高新技术产业开发区，2020 年新增省级以上科技创新平台 10 个；高新技术企业总数达到 49 家；73 家企业入库国家科技型中小企业评价系统；技术合同登记完成 344 项，合同交易金额达 14.56 亿元，技术交易金额为 14.41 亿元；获省级创新项目立项 17 项，获补助金额 446.59 万元；全社会 R&D（Research and Development，研究与发展）经费投入 3.47 亿元；州级综合科技进步水平指数达到 59.2%以上。

七、扶贫脱贫显成效

“十三五”期间，黔东南州委州政府以脱贫攻坚统揽经济社会发展全局，践行精准扶贫基本方略，扎实推进“大扶贫”战略行动，向绝对贫困发起总攻。截至 2020 年底，全州 15 个贫困县全部实现减贫摘帽，1 853 个贫困村脱贫出列，130 多万农村贫困人口实现脱贫，撕掉了千百年来的绝对贫困标签，创造了历史奇迹。

第二篇 分论

第四章 凯里市经济地理

凯里市地处云贵高原向中部丘陵过渡地段的苗岭山麓，地跨北纬 26°24′~26°48′，东经 107°41′~108°12′，东西长 54.2 千米，南北宽 44 千米。凯里位于清水江畔；东接台江、雷山两县，南抵麻江、丹寨两县，西邻福泉市，北接黄平县。地势西南高，东北低，属中亚热带温和湿润气候区，是典型的季风气候。全市总面积 1 570 平方千米，占全州总面积的 4.3%。凯里市有“苗岭明珠”之称，是黔东南州府所在地，是全州的政治、经济、文化中心。

第一节 资源禀赋

一、自然禀赋

（一）地质与矿产

凯里市处在扬子准地台贵定南北向构造变形区与华南褶皱带的过渡带上，地层发育较齐全，自晚元古宙形成地台基底后，古生代多次接受海相沉积，尤以早古生代地层发育，海相地层的层序较连续，化石较丰富。晚元古地层凯里市最老地层，出露面积小，分布于东南角的脚高、平乐一带。地层组织主要是陆源碎屑岩及远源火山碎屑岩少量碳酸岩，属陆海源海相活动类型沉积。自下而上有一套岩群（下江群）和震旦系。下江群仅出露番召组和清水江组。震旦系分布于舟溪，范围小，呈南北展布，但地层发育较全，具江南区与扬子江之间的沉积类型和岩相环境，属过渡地层区，具扬子与江南两区过渡色彩，属海相活动至稳定沉积类型。震旦系在区内分上、下两统。下统称南沱组，上统分陡山沱组和灯影组。早古生代地层包括寒武纪、奥陶纪和志留纪地层。奥陶系出于中部和西部，呈北东向带状展布。缺失中上统，下统自下而上分为桐梓组、红花园组、大湾组。志留系分布基本同奥陶系，普遍发育不全，仅有中下统，以翁项地名命名为翁项群（下统称下翁项群，中统称上翁项群）。晚古生代地层包括泥盆纪、石岩纪和二叠纪地层，缺失石炭纪地层。泥盆系零星分布于石板寨、万潮、洛棉、白银等地。泥盆系之上直接沉积二叠系，分布在苦李井、鱼洞和木佬寨等地，主要由灰岩、燧石灰岩、硅质岩和页岩组成，发育不全。中生代地层零星出露白垩系。新生代地层第四系，分布广而分散，主要于宽阔盆地、河谷地带及梯形斜坡上。其地貌主要是山原、山地、低山丘陵和河谷盆地。

境内主要矿产资源有铝土矿，总储量约 1 454.9 万吨，占全州总储量的 53.34%。铁矿 3 个矿床总储量 10 929.5 万吨，居全州首位。煤矿床（点）4 处，总储量 7 146 万吨。重晶石矿床点 12 处，黄铁矿点 3 个，石灰岩矿床点 8 处，白云岩矿床点 2 处，耐火黏土矿床点 4 处，砂岩矿矿床点 3 处。

（二）气候资源

凯里市属中亚热带温和湿润气候区，是典型的季风气候，具有冬无严寒、夏无酷暑、雨热同季的特点。冬季常出现持续阴雨、低温雪凝和霜冻天气。春季冷暖空气交替，常造成大风、大雨、低温阴雨、冰雹天气。初夏，往往大雨、暴雨。盛夏，往往连晴、少雨或无雨。秋季，经常连晴、秋旱。全市年平均气温在 14.1 ~ 16.5 °C 之间，北部和东北部的湾水、旁海最高，达 17.5 °C；西北部大田最低，为 13.2 °C。最热月是 7 月，平均温度为 23.9 ~ 27.2 °C；最冷月是 1 月，平均温度为 2.1 ~ 7.9 °C。凯里和炉山多年平均日照时数分别为 1 288 小时和 1 233 小时。降水量西北部和东南部较多，北部较少。出现的灾害性天气有夏旱、春旱、暴雨、冰雹、倒春寒、低温雨雪冰冻（又称凌冻、凝冻和雨凇）等。

（三）水资源

凯里市境共有河流 56 条（含溪流 35 条），属长江流域沅江水系，其中流域面积大于 20 平方千米的一、二级支流有 21 条，分属清水江、重安江、巴拉河。集水总面积 1 569.72 平方千米，年集水量 40.13 亿立方米。境内多年平均降水量 1 240 毫米，降水总量 15.78 亿立方米。地下水源年排水量约 1.4 亿立方米。有枯水流量大于每秒 1 升流量的泉水 200 余处。

（四）土地资源

凯里市总面积 1 570 平方千米。土壤类型有黄壤、石灰土、紫色土、水稻土 4 个土类，15 个亚类，36 个土属，77 个土种。土地分为八级，除第八级为难用地、居民点、城镇建设用地、裸岩山、公路、河流外，一至七级可作为农、林、牧用地，其占总面积的 94.35%。区内山地多、平地少，人地矛盾比较突出。

（五）生物资源

区内森林覆盖率 56%。属于中亚热带常绿阔叶林植被带，全市森林共有 4 个植被类型组和 11 个植被类型。植被类型组是自然植被的针叶林、阔叶林、灌丛和灌草丛等 3 个。栽培植被的木本类型 1 个。植被类型是自然植被的暖性针叶林、暖性针混交林、落叶阔叶林、常绿落叶阔叶混交林，常绿阔叶灌丛、落叶阔叶灌丛、灌草丛等7个，栽培植被的针叶林型、阔叶林型、灌木林型、其他木本类型等4个。市境有野生树种67科200余种。有药用植物数百种。有国家重点保护珍稀树种13种。其中属二级保护的有银杏、喙核桃、鹅掌楸、杜仲、木瓜红、福建柏等6种。属三级保护的有楠木、青檀、翠柏、华南五针松、毛油杉、厚朴、紫茎等7种。

境内有野生动物7类15种，鸟类11类20种，其中有国家一级保护动物白颈长尾雉，二级保护动物猕猴、穿山甲、鸳鸯、白鹇、勺鸡、大鲵、鸢、松雀鹰、赤腹鹰、秃鹰、啄木鸟、短耳鸮等。

二、人文禀赋

（一）人口变化

1. 人口增长

根据凯里市第七次全国人口普查结果，2020年全市常住人口为709 057人，同2010年第六次全国人口普查的479 011人相比，增加230 046人，增长48.03%，年平均增长率为4.00%。从户别人口看，全市共有家庭户240 281户，集体户17 361户，家庭户人口为642 258人，集体户人口为66 799人。平均每个家庭户的人口为2.67人，比2010年第六次全国人口普查的3.08人减少0.41人。其历次人口普查常住人口及年均增长率见表4-1。

表4-1 凯里市历次人口普查常住人口及年均增长率

普查年份	常住人口/人	年均增长率/%
1990	382 026	2.34
2000	433 220	1.27
2010	479 001	1.01
2020	709 057	4.00

2. 人口构成

（1）人口性别结构。2020年凯里市常住人口中，男性人口为363 758人，占51.30%；女性人口为345 299人，占48.70%。总人口性别比（以女性为100，男性对女性的比例）为105.35，比2010年第六次全国人口普查的109.50下降4.15个百分点。

（2）人口年龄结构。2020年凯里市常住人口中，0～14岁人口为148 783人，占20.98%；15～59岁人口为463 539人，占65.38%；60岁及以上人口为96 735人，占13.64%，其中65岁及以上人口为73 461人，占10.36%。与2010年第六次全国人口普查相比，0～14岁人口的比重上升0.15个百分点，15～59岁人口的比重下降1.18个百分点，60岁及以上人口的比重上升1.03个百分点，65岁及以上人口的比重上升 1.87 个百分点。

（3）人口受教育程度。根据第七次全国人口普查结果，全市 3 岁以上常住人口中，拥有大学（指大专及以上）文化程度的人口为 116 197 人；拥有高中（含中专）文化程度的人口为 102 493 人；拥有初中文化程度的人口为 214 145 人；拥有小学文化程度的人口为 178 470 人（以上各种受教育程度的人包括各类学校的毕业生、肄业生和在校生）。与 2010 年第六次全国人口普查相比，每 10 万人中，拥有大学文化程度的由 10 593 人上升为 16 388 人；拥有高中文化程度的由 12 821 人上升为 14 455 人；拥有初中文化程度的由 30 928 人下降为 30 201 人；拥有小学文化程度的由 31 429 人下降为 25 170 人。与 2010 年第六次全国人口普查相比，全市常住人口中，15 岁及以上人口的平均受教育年限由 8.96 年提高至 9.85 年。

（二）社会文化

1. 饮食文化

苗族人民主食大米，辅食小麦、玉米、红薯等杂粮。多数用甑子蒸饭，少数地方用鼎罐煮饭。糯米饭是逢年过节、走亲访友和红白喜事的礼品、祭品，每年各户均栽种一定的糯稻。苗族喜食酸味菜肴。酸汤是用干净的淘米水发酵而成。煮酸汤时，用青（白）菜和瓜豆混煮，有的还放一把米和适量的西红柿、木姜子（花）等佐料，味道鲜美可口。酸辣子菜、酸汤鱼、酸菜、面辣、冻鱼、腌韭菜根和火葱果、猪庖汤、鸡稀饭、灰菜鲊肉等均为苗族逢年过节必备的菜肴。

2. 民族文化

凯里最具特色的是其浓郁的民族风情，由于一年中有 130 多个民族节日，所以，凯里素有“百节之乡”的美称。在这片土地上，聚居着苗族、侗族等众多少数民族，每个民族都有他们独特的节日，如下列苗族的部分节日。

（1）苗年。农历十二月初一至十五，苗族一年中最隆重的节日，具体举行时间在各个地方不尽相同。主要活动有踩鼓、吹唢呐、跳芦笙、赛马、斗牛、游方、对歌、爬竿等。节日前期，每家每户都备有丰盛的酒肉菜肴，缝制新衣，节日期间互相走村串寨探亲访友，互相祝贺节日。

（2）舟溪芦笙节。农历正月十八至二十，先由凯里、麻江、丹寨、雷山等地举行小规模的芦笙会，最后到舟溪举行总会。届时小伙子们在自己的芦笙上插上几根野鸡毛，堂内外几百只芦笙同时吹奏，姑娘们盛装起舞，场面非常壮观。

（3）姊妹节。农历三月十五左右，清水江畔的苗家少女们，身着华丽的苗族盛装，手挽装着五彩糯米饭的竹篮，与小伙子们郊游踩鼓、“游方”（苗语“谈恋爱”之意）对歌。姑娘们在彩色糯米饭里包小筷子、小木钩，或者大蒜、辣椒等，来表达对小伙子们的喜欢。因此，姊妹节也被称为“最古老的东方情人节”。

（4）苗族龙船节。居住在贵州凯里的苗族有过龙船节竞渡龙舟的风俗，农历五月二十四至二十七，清水江上百舟竞技，苗族人民欢庆过节。

（5）苗族爬山节。农历六月二十九，又称“爬坡节”，居住在凯里的苗族人每年此时欢聚在香炉山上，对歌联欢，男女青年唱着歌沿着山间小路向山顶攀登，最先达到山顶的被称为“爬山英雄”。

3. 苗族宗教信仰文化

传统地讲，苗族往往认为一些巨型或奇形的自然物是一种灵性的体现，因而对其顶礼膜拜，祭供酒肉。其中比较典型的自然崇拜物有巨石（怪石）、岩洞、大树、山林等。在一些苗族地区，人造物崇拜有土地菩萨、土地奶、家神、祭桥、水井等。

图腾崇拜方面。东部地区许多苗族与瑶族共同崇拜盘瓠（一种神犬）。他们世代传说着“神母犬父”的故事，把盘瓠视为自己的始祖。中部地区一些苗族认为他们的始祖姜央起源于枫木树心，因而把枫树视为图腾。另有一些地区的苗族以水牛、竹子等为自己的图腾崇拜对象。祖先崇拜在苗族社会中占有十分重要的位置。他们认为祖先虽然死去，其灵魂却永远与子孙同在，逢年过节必以酒肉供奉，甚至日常饮食也要随时敬奉祖先。许多地区定期或不定期地举行祭祖盛典，在湘西有“敲棒棒猪”“椎牛祭祖”，黔东南有“吃牯脏”，黔中地区叫“敲巴郎”，黔西北、滇东北有打老牛习俗。

此外，大多数苗族人还虔信巫术、蛊术等。

第二节 产业经济地理

2020年，凯里市全市地区生产总值281.76亿元，比上年增长（按可比价计算）3.0%。其中：第一产业增加值19.69亿元，同比增长6.3%；第二产业增加值52.44亿元，同比下降5.7%；第三产业增加值209.63亿元，同比增长5.3%。第一、二、三产业对经济增长的贡献率分别为10.85%、-43.78%、132.93%，三次产业占比为7.0∶18.6∶74.4。人均生产总值39 949元，同比增长1.6%。按年末汇率折算约合6 123美元。2020年全市城镇居民人均可支配收入36 552元，农村居民人均可支配收入14 184元。由此可见，各产业发展势头强劲，市域经济发展呈现出良好的发展态势。

一、第一产业发展与布局

（一）种植业生产及发展方向

1. 种植业生产

种植业是大农业的重要基础，也是大农业的重要组成部分之一。它是通过栽培各种农作物以及取得植物性产品的农业生产部门。不仅是人类赖以生存的食物与生活资料的主要来源，还为轻纺工业、食品工业提供原料，为畜牧业和渔业提供饲料。从凯里市地形、气候、水分、土壤的组合条件和经济社会发展的需求来考虑，区内种植业适宜生产粮食、油料、中草药、蔬菜及食用菌。2020 年，凯里市农作物总播种面积 39 308 公顷，同比增长 3.7%。其中：粮食播种面积 17 343 公顷，同比上升 1.7%，经济作物面积 21 965 公顷，增长 5.2%。粮食总产量 87 758 吨（折粮），比上年增加 183 吨，同比增长 0.2%；水果产量 58 947 吨，增长 17.1%；蔬菜产量 451 062 吨，增长 2.6%；油料产量 4 169 吨，下降 9.3%。“凯里生姜”国家地理标识通过国家农业农村部评审。

2. 发展方向

（1）加大坝区农业产业结构调整，以 200 亩以上坝区为重点，推进产业规模化、标准化发展，打造达标样板坝区 10 个以上；从种植业结构来看，要以种植辣椒、生姜、香葱、大蒜、西红柿等酸汤系原料作物和蔬菜种植为主，要以百香果、蓝莓、桃、葡萄、猕猴桃精品水果种植为主，要以种植银杏、香樟和泓森槐苗木花卉种植为主，推动农业提质增效。

（2）健全农产品质量安全监管体系，实施地理标志、绿色食品、有机食品产品认证，提高农产品市场竞争力。

（3）培育农产品精深加工龙头企业，实现农产品就地加工。

（4）强化产销对接，拓宽线上线下销售渠道，助力“黔货出山”。

（二）林业生产及发展方向

1. 林业生产

林业生产指林木栽培、林产品采集、竹木采伐等生产活动的总称。包括苗圃生产、林下种养殖、用材林（如杉、松、毛竹等）生产和经济林（如油茶、油桐等）成林以后的产品生产。当前凯里市森林覆盖率为 56.6%，为发展林业生产提供了良好条件。2019 年，凯里市实施林下经济重点项目 15 个，规划建设东西两线林下经济产业示范带 6 万亩，累计利用林下经济面积达 25.5 万亩。种植中药材 1.3 万亩、食用菌 2 200 亩、林下养鸡 94 万羽、林下养蜂 1.2 万箱。建有“百千万”工程镇级千亩示范点 13 个，村级百亩示范点 163 个，户均增收 5 000 元以上，林下产业取得明显成效。

2. 发展方向

大力发展林下经济，做大做强东西两线林下经济产业示范带，打造林下经济博览园；推进林下中药材种植、食用菌种植、林下养鸡、林下养蜂项目建设，拓展林下种植和养殖面积；全力推进国储林建设；大力发展森林生态旅游业，使其成为凯里市林业产业新的经济增长点；充分搞活林业服务业，把凯里市培育成为林产品综合集散中心。

（三）畜牧业生产及发展方向

1. 畜牧业生产

畜牧业生产指渔业养殖以外的一切利用动物生活机能，通过饲养、放牧、繁殖，取得畜产品或役用牲畜的生产。包括牛、马、猪、羊、鸭等家畜禽饲养业和鹿、麝、貂、狐等经济兽类的饲养业。2020 年，凯里市完成肉类总产量 14 561.87 吨，下降 1.3%；禽蛋 1423 吨，增长 1.9%。肉猪出栏数 110 939 头，下降 8.6%，年末生猪存栏数 94 203 头，增长 8.4%，大牲畜年末存栏数 32 287 头，增长 7.9%。其畜牧产业生产有效满足了市场的需求。

2. 发展方向

建成以凯里市现代高效生态畜牧业示范园区为代表的现代农业园区是凯里市畜牧业发展的主要方向。其推进畜牧业的发展主要从建立土地流转机制，积极解决养殖用地问题；拓宽融资渠道；抓好市场平台建设，促进畜牧产品流通；做好废弃废物的资源化利用，促进生态循环发展；建立农畜产品信息网络销售体系，助力“黔货出山”等几个方面去努力实施。

二、第二产业发展与布局

（一）工业发展条件

1. 交通便利

凯里市是贵州省建设的 27 个经济强县（市）之一，是黔东南州政治、经济、文化、人才、物流、信息中心，紧邻湖南、广西，是东部沿海地区进入西南，四川、云南两省通往华东、华南的交通要地。凯里处在西南三省承接长三角、珠三角产业转移的第一梯度上，有地缘之利。近年来，凯里市凭借优越地理位置、优势区位，积极抢抓国家加大基础设施投入的机遇，全力推进交通建设，着力构筑铁路、公路、航空三位一体的现代立体交通格局，成为西南连接华东、华中、华南的重要交通枢纽。有湘黔铁路、株六复线铁路、沪昆高速 G60（贵州段为凯麻高速公路、凯玉高速公路）和国道 320 线贯穿全境；境内建有凯里黄平机场、沪昆高速铁路、厦蓉高速公路、贵广高速铁路。

2. 矿产资源

凯里是一片古老神奇、美丽富饶的绿色土地，自然资源丰富多样，矿产资源主要有煤、铁、铅、锌、铝土矿、硅石岩、石英砂岩、石油和天然气等。保有储量：煤矿 8 142 万吨、铁矿 361 万吨、铅锌矿 46 万吨、铝土矿 1.98 亿吨、重晶石 300 万吨。石油和天然气有矿点一处。

3. 水资源

境内河流属长江流域沅江水系，有清水江、重安江、巴拉河等大小河溪 153 条，其中长 10 千米以上、集雨面积 20 平方千米以上的中等河流 13 条，有溪沟 35 条。河流径流总量 39.89 亿立方米，水能资源理论蕴藏量 5.4 万千瓦，可开发 3.6 万千瓦。

（二）主要工业的生产与布局

1. 主要工业的生产

一是突出发展铝及铝加工产业，加强产业延链补链强链，推动年产 50 万吨氧化铝技改扩能项目加快建设。

二是发展新型建材产业，全力推动黔玻永太新材料公司玻璃项目、贵州海生公司玻璃项目建设，建成凯里玻璃产业园。

三是发展电子信息产业，建好振华、中昊、晶磁等现有电子企业，推动电子信息产业向百亿级产业发展。

四是壮大以酸汤为主的特色食品产业，以黔酸王、亮欢寨等为依托，重点推进年产 2 万吨酸汤粉生产线项目建设。

五是实施工业经济三年倍增计划，2021 年新增规模以上工业企业 20 户以上，工业投资同比增长 15%以上，规模以上工业增加值增长 12%以上，规模以上工业总产值突破 85 亿元，单位工业增加值能耗年均降低 3%，加强园区水、电、气、路以及环保等基础设施配套，着力降低电价、物流等要素成本。

2. 工业发展的布局

（1）做大做强工业经济，推动以玻璃、陶瓷为主的新型建材和以酸汤为主的特色食品两个产业首位发展。

（2）重点发展玻璃、铝及铝加工、电子信息三大百亿级支柱产业。

（3）发展壮大银饰刺绣、民族医药等特色产业，大力培育发展新兴产业。

（4）加快炉碧经济开发区扩区调位，建设黔东南高新区大数据产业园，推动黔东南高新区提档升级，加快申报国家级高新区步伐，积极承接东中部产业转移。

三、第三产业发展与布局

（一）旅游业的发展与布局

1. 旅游业的发展

凯里市以提升文化旅游产业发展质量和整体水平为重点，以创建“国家全域旅游示范区”“国家康养旅游城市”为目标，推促将凯里市建成独具苗侗风情的国际旅游目的地，精准发力，实现文化旅游产业高质量发展。截至 2019 年年底，凯里有国家 4A 级景区 2 个（云谷田园、下司古镇），3A 级景区 7 个，旅游景点 18 个，旅游村寨 7 个。下司古镇、云谷田园入列全省 100 个重点旅游景区工程名录，南花村、洛棉村、曼洞村、三棵树镇入列全省名村名镇建设工程名录，16 个村寨入列国家级、省级少数民族特色村寨。凯里的民族风情浓郁、民族文化神秘独特，素有“百节之乡”之美称，重要民族节日有芦笙会、苗年节、吃新节、爬坡节、姊妹节、木鼓节、牯藏节等。旅游接待和服务能力也得到进一步优化提升。2019 年凯里市接待游客 4 776.34 万人次，实现旅游综合收入 519.62 亿元。

2. 旅游业发展战略布局

（1）推进国家全域旅游示范区创建，合理布局全域旅游路径，持续推进旅游产业发展“十一项工程”，丰富下司古镇、云谷田园等现有景区景点业态，争创国家级旅游度假区、国家 5A 级景区。

（2）加快清水江沿岸山水景观和民族文化资源开发利用，做精、做特、做优一批精品旅游线路。

（3）培育壮大旅游市场主体，创新旅游产品业态，做好“+旅游”文章，推动康旅、农旅、商旅、体旅等融合发展。

（4）加快发展特色旅游产业，打造民族工艺品集散地。

（5）全面提升旅游服务质量，完善旅游集散中心、酒店、旅游厕所、停车场等配套设施。

（二）金融业的发展

金融作为一种重要的经济资源，金融资源的区域成长差异及其导致的区域分布差异会给区域经济增长、区域间收入差异和福利差异带来影响。

现驻凯里市银行业金融机构共 11 家（含大型国有商业银行 5 家、政策性银行 1 家、邮政储蓄银行 1 家、农村金融机构 2 家、城市商业银行 2 家）。非银行业金融机构 7 家，其中融资性担保公司 2 家，小额贷款公司 3 家，证券公司 2 家。全市金融机构各项存款余额 540.17 亿元，同比增长 15.94%，增加 74.25 亿元。银行业金融机构贷款余额 539.31 亿元，同比增长 10.0%，增加 49.24 亿元。要进一步加快现代金融发展，推进“引金入凯”工程，着力发展绿色金融、普惠金融、科技金融。

（三）物流业的发展

物流业涵盖了交通运输、邮政、供销、商贸、快递、流通加工、包装、装卸和货代等产业，它是推动区域社会经济发展的重要动力。

2020 年，凯里市交通运输、仓储和邮政业增加值 12.74 亿元，比上年下降 5.4%。全市境内公路通车里程 1 867.4 千米，其中高速公路 166.1 千米、国道主干线 151.9 千米、省道 118.6 千米、县道 249.8 千米、乡道 425.5 千米、村道 755.5 千米。全社会公路货运周转量 5 033 万吨千米；旅客周转量 313 411.4 万人千米。货物运输量

267 339 万吨，旅客发送量 367.7 万人。要通过打造凯里都市圈物流集散中心、凯里现代物流园，促进物流业的提质升级。

第三节　城镇化

一、城镇体系概述

凯里市，是黔东南自治州的州府，简称“凯”，别名“苗岭明珠”。“凯里”系苗语音译，意为“木佬人的田”，苗语称木佬人为“凯”，田为“里”，“凯里”即“木佬人的田”。春秋时期属牂柯，战国、秦、汉、两晋、南北朝属且兰，隋、唐属宾化县，宋属合江州。明、清时期置清平堡、司、卫、县或凯里司、卫、县。民国 3 年（1914）改称炉山县，1958 年复称凯里县，1983 年设立凯里市。

城镇是县域经济发展的重要引擎和增长极，因此，在城镇化进程中需要科学构建县域城镇体系。城镇体系是兼有自然、经济、政治、文化等多种层面的社会系统。城镇体系是由城镇、城镇间交通连廊和城镇间联系流、相互联系区域等多个要素按一定规律组合而成的有机整体。凯里市是黔东南苗族侗族自治州州府所在地，是全州政治、经济、文化中心，是中国西部百强县和贵州省经济强县。辖区面积 1 569.69 平方千米，城区规面积 792 平方千米，常住人口 70.9 万人，少数民族占户籍人口的 81.6%，是一个以苗族为主、多民族聚居的新兴城市，被誉为“苗侗明珠”。近年来，先后荣获“中国优秀旅游城市”“国家卫生城市”“国家节水型城市”和“苗侗医药养生之乡”“中国酸汤美食之都”“全国绿化模范城市”“中国绿水青山生态强县”等称号。入列全国中小城市综合改革试点、第三批国家新型城镇化试点、国家公交都市建设第一批创建城市，入选全国首批创新型县（市）建设名单。2020 年荣膺全国文明城市。凯里市现辖 11 镇 9 个街道，其“凯里市城区—重点（中心）镇——般镇—村庄”四级城乡等级结构体系已经形成，并日趋完善。

二、城镇化发展现状

（一）人口城镇化水平较高

城镇化是现代化的必由之路，城镇化的发展与工业化、现代化的发展是密不可分的。根据凯里市第七次全国人口普查结果，2020 年凯里市常住人口中，居住在城镇的人口为 519 243 人，占 73.23%；居住在乡村的人口为 189 814 人，占 26.77%。与 2010 年第六次全国人口普查相比，城镇人口增加 244 321 人，乡村人口减少 14 275 人，城镇人口比重提高 15.84 个百分点。其城镇化的历史进程大致经历了萌芽、初创、成长和城市扩展等发展阶段。根据 Northam 城镇化发展的阶段理论，凯里市已进入城镇化高速度发展阶段的后期。

（二）城镇体系尚不完善，城乡“二元”结构依然存在

凯里市域内中等城市、大中型城镇、小城镇之比为 1∶0∶8。凯里中心城区规模偏小对周边地区经济拉动力有限。同时缺乏大中型城镇，没有形成“金字塔”式的城镇体系框架，可以说目前是一种不够稳固的城镇体系，显示出凯里市城镇体系分工不十分明确，“小城市、大农村”并存的二元结构特征十分明显，主要体现在：① 经济总量小，缺少优势支柱产业，财政支持能力弱，城市、工业反哺农村能力弱，每年对农村基础设施和公共设施有投入，但比重较小、提供就业岗位能力较弱。② 城乡分离体制的长期存在，造成城乡规划管理体制、管理力度迥然不同，对村庄规划建设的指导和调控不足，不少村庄建设布局混乱，土地浪费严重，环境“脏乱差”的局面得不到根本改变。③ 城镇社会发展滞后于经济发展，社会保障、就业、教育和户籍等政策有待进一步完善。

三、城乡融合发展

凯里的特色城市化发展，重点是要解决“二元”结构统筹城乡一体化，推进新型城镇化；以推进新型工业化、农业现代化和文化旅游产业化为基础，走中心城区与中小城镇协调发展，以及绿色城镇化道路，提升城镇化发展质量，从而促进凯里市经济社会的持续健康协调发展。

（一）拓展城市发展空间，提升凯里城市首位度

城镇化发展规律表明，中心城市的发展应置于整个区域的首要地位。中心城区无论是在经济产业发展还是城镇空间布局方面，都对整个凯里市起着辐射带动作用，因此，中心城区的发展要以促进全市经济、社会、人口、资源与环境的协调发展为目标。围绕凯麻同城化、凯都一体化，构建“一城、两轴、三区、多点”城乡空间发展格局，着力提升凯里城市的首位度。推动城市“西进”、工业“北移”，加快推进凯里新城开发建设，科学布局生产、生活、生态空间，突出山地特色，健全城乡融合发展体制机制，形成优势互补的区域经济发展格局，加快走出一条山地特色新型城镇化发展新路。

（二）提升城市内涵品质，建设宜居宜业宜游城市

提升城镇品质，就是要统筹经济需要、生活需要、生态需要、安全需要，加快补齐城镇基础设施、公共服务及生态环境等短板，打造宜居城市、韧性城市、智能城市，提升城镇宜居宜业宜学宜养水平，完善城镇功能，增强综合承载能力。为此，

凯里市规划打造民族特色公园城市，推进三山（苹果山、罗汉山、大阁山）公园景观升级改造，建设民族文化主题公园、东出口公园、东湖湿地公园，建设生态城市。推进建设大凯里半小时经济圈，增强凯里城市的辐射能力，提升城市宜居宜业指数。推动龙里片区清江大道、凯里东出口至一中城市主干道建设以及城区至凯棠、旁海、湾水等公路修复项目建设，进一步完善城市快速路、主次干路、支路等路网建设。积极推动凯里客运站、城南客运站、苗都客车站外迁。加强城市更新和存量住房改造，推动二六二、老四小等片区棚户区改造。运用大数据手段推进城市智慧治理和社会网络化管理，强化“两违”建筑等问题整治，巩固国家卫生城市、全国文明城市创建成果，增强人民群众的获得感。

（三）破解城乡“二元”结构，促进城乡融合发展

党的十八届三中全会强调，让广大农民平等参与现代化进程、共同分享现代化成果。要赋予农民更多的权利，就要解决好城乡“二元”结构这个障碍。首先，凯里市要通过统筹城乡规划建设，推进城乡基本公共服务均等化，破解城乡“二元”结构，实现生产要素双向流动，促进城乡融合发展。其次，要发展以人为核心的新型城镇化，持续深化户籍制度改革，推进外来人口零门槛落户凯里。再次，要加强对农业转移人口、易地扶贫搬迁人口就业创业培训和服务，维护进城落户农民宅基地使用权、土地承包权、林权、集体收益分配权，加快农业转移人口市民化。

（四）提升村容村貌，建设美丽乡村

振兴乡村与建设城镇之间并不矛盾，两者是相辅相成的，推进手段也是一致的和互补的。因此，凯里市建设美丽乡村，要从以下几个方面加以推进。一是加强乡村建筑风貌引导，引导群众建房时，注意突出乡土风情、民族特色和地域特点，防止千村一面；加强传统村落和历史文化名村保护。二是推进“美丽家园”建设，重点从保护、提质、增绿等方面，针对不同类型乡村的特点开展村庄绿化美化。三是开展村庄人居环境整治和庭院硬化，清理私搭乱建、乱堆乱放，拆除残垣断壁，不断提升村庄公共空间和庭院环境。四是充分利用自然条件、环境消纳能力等重点推进农村改厕和生活污水还田还绿利用，严控农村生活污水乱排乱放，助力乡村振兴“十百千”示范工程、农村人居环境整治试点示范，持续推进农村环境综合整治，促进村容村貌的提升。

第五章　麻江县经济地理

麻江县位于贵州省中部，黔东南苗族侗族自治州西部，清水江上游。全县总面积 960 平方千米，辖 4 镇 1 乡 2 街道，与福泉市、贵定县、都匀市、丹寨县及凯里市接壤，处于云贵高原向湘桂丘陵过渡的斜坡地带，位于东经 107°18′～107°53′、北纬 26°17′～26°37′。麻江县是清末状元夏同龢故里，是全国林业生态建设先进县、全国造林绿化百佳县，是中国南方最大的蓝莓基地县、中国红蒜之乡、中国锌硒米之乡。区内自然人文资源丰富，交通便利。沪昆铁路、沪昆高速公路、兰海高速公路和沪昆高速铁路客运专线过境。

第一节　资源禀赋

一、自然禀赋

（一）地质与矿产

麻江境内地层，自前震旦系至第四系均有不同程度的发育，绝大部分属海相沉积。上元古代前震旦系下江群至震旦系地层仅出露于基东背斜轴部。古生代寒武系、奥陶系主要沿基东背斜两翼与宣威背斜轴部成近南北向延伸。泥盆系、石炭系分布于县城以西自南向北的乐蚌、贤昌、大粮田一带。中生代二叠系、三叠系地层在县城北部呈带状展布。新生代第四系见于河流两侧阶地，成不同高度斜坡的堆积物。① 前震旦系。前震旦系下江群清水江组（又称平略组）在县境出露不全，仅见于基东乡。② 震旦系。震旦系出露于基东乡的黄莺、瓮袍和龙山乡的老户庙以及回龙乡的花桥、羊跳一带，分上、下两统。③ 寒武系。寒武系在县境内极发育，沉积厚度大、分布面广，分上、中、下三统。④ 奥陶系。奥陶系县内缺中、上统，下统出露于谷洞、景阳、乐蚌、坝芒一点。⑤ 志留系。志留系出露于县境西部景阳、坝芒和乐坪一点的高寨田群，与中部碧波、又诗一带的翁项群是同时异相的产物。⑥ 石炭系。石炭系下统为大塘组、摆佐组，上统为黄龙群和马平群。出露于乐蚌乡的摆沙及贤昌至高枧、大粮田一带。⑦ 二叠系。二叠系下统为梁山组、栖霞组、茅口组。梁山组为陆相碎屑岩夹煤，由铝土页岩、铝土岩、石英砂岩组成，是县内铁、铝、煤沉积矿的主要产区。⑧ 三叠系。三叠系县境内的地层属贵州南部盆地相区，呈南北走向。下三迭统下为罗楼组、紫云组。⑨ 第四系。在河流两岸的阶地斜坡上有零星沉积，有砂土、粘土、砾土，厚 0 ~ 8 米。该县地处云贵高原向湘桂丘陵过渡的斜坡地带，地势西高东低、南高北低，地貌类型为山地、低山、低中山、丘陵、河谷及盆地。

县内主要矿藏分为金属矿产和非金属矿产。金属矿产有赤铁矿、菱铁矿、褐铁矿、铅锌矿等矿产；非金属矿产有煤、重晶石、大理石、陶瓷土、石灰岩、白云岩、硅石、磷、氟石等矿产。

（二）气候资源

麻江属于黔中北亚热带湿润季风气候区，四季分明、冬少严寒、夏无酷暑、雨热同季、雨量较为充沛、阴雨日多、日照较少、湿度较大的气候特点。由于县境地势西高东低，南高北低，相对高差大，且受地形地貌、季风和冷暖气流的影响，自然灾害时有发生。倒春寒、冰雹、春旱、伏旱、洪涝、秋雨连绵、凝冻天气等灾害给工农业生产带来一定的影响，特别是对农业生产造成不同程度的危害。

麻江年平均气温 14 ~ 16 °C，低海拔的东部地区气温高，高海拔的西部地区气温低，呈自东向西逐步减小的形势。年平均气温以东部的龙山最高，为 16.5 °C；西部的坝芒和景阳最低，为 14.2 °C。因此麻江县东西热量资源差异较大，形成了明显的立体气候。年降水量 1 200 ~ 1 600 毫米，降水量十分丰富。降水量主要集中在 4—10 月，约占年降水量的 82%。年降水平均相对变率为 11.6%，稳定性较好，水资源利用价值高。年平均日照时数为 1 068.1 小时，年日照百分率为 24.2%。日照时数主要集中在 5—9 月，约占年日照时数的 58%。多年平均无霜期为 277 天，最多年份 337 天，最少年份 232 天。初霜日主要出现在 11 月份，终霜日主要出现在 3 月份上半月。年平均相对湿度为 80%左右。

（三）水资源

麻江县境内河流属清水江干流和重安江支流，属长江流域的沅江水系。区内共有河流 228 条，总长 712.9 千米，流域面积 1 201.4 平方千米，年平均径流深 658 毫米。其中，流域面积大于 20 平方千米的 1、2 级河流有 11 条，全长 238.24 千米。主要河流有羊昌河、龙山河、回龙河、下坝河、三道河、白河等 6 条。

（四）土地资源

麻江县行政面积 960 平方千米。土壤类型有山地黄棕壤、黄壤、石灰土、紫色土、潮土、水稻土等，共 91 个土种。根据 2014 年土地变更调查统计，全县农用地占土地总面积的 92.45%，建设用地占土地总面积的 3.44%，其他土地占土地总面积的 4.11%。区内因山地多、平地少，人地矛盾突出。

（五）生物资源

1. 野生森林植物

区内野生森林植物总计有 932 种，其中，大型真菌 35 科 78 属 137 种，苔藓植物 42 科 75 属 110 种 2 亚种 3 变种，蕨类植物 21 科 35 属 61 种 2 变种 1 变型，树木（含竹类）127 科 352 属 616 种。

2. 经营林种树种

引进经营林种树种 13 种，分别是雷竹、苍溪雪梨、金秋梨、蓝浆果、杜鹃花、灰毯毛忍冬、车桑子、白花木莲、金丝柳、红叶檀木金缕、沙田柚芸、广玉兰、玉兰等。

3. 野生动物

全县野生动物总计有 467 种，其中，鸟类 13 目 36 科 132 种，兽类 8 目 21 科 39 属 47 种，鱼类 4 目 9 科 30 属 35 种，昆虫 7 目 46 科 129 种，蜘蛛类 12 科 31 属 46 种，爬行类 23 目 46 科 78 种。

二、人文禀赋

（一）人口变化

1. 人口增长

根据麻江县第七次全国人口普查结果，2020 年全县常住人口为 131 081 人。同 2010 年第六次全国人口普查的 124 030 人相比，增加 7 051 人，增长 5.68%，年平均增长率为 0.55%。该县历次人口普查常住人口总量及年均增长率见表 5-1

表 5-1　麻江县历次人口普查常住人口及年均增长率

普查年份	常住人口/人	年均增长率/‰
1953	111 670	—
1964	104 489	−6.02
1982	174 047	28.75
1990	186 866	8.92
2000	203 545	8.58
2010	167 641	−19.22
2020	131 081	5.54

2. 人口构成

（1）人口性别构成。2020 年麻江县常住人口中，男性人口为 68 150 人，占 51.99%；女性人口为 62 931 人，占 48.01%。总人口性别比（以女性为 100，男性对女性的比例）为 108.29，比 2010 年第六次全国人口普查的 107.95 上升 0.34 个百分点。

（2）人口年龄构成。2020 年麻江县常住人口中，0 ~ 14 岁人口为 29 750 人，占 22.70%；15 ~ 59 岁人口为 76 233 人，占 58.16%；60 岁及以上人口为 25 098 人，占 19.15%，其中 65 岁及以上人口为 19 783 人，占 15.09%。与 2010 年第六次全国人口普查相比，0 ~ 14 岁人口的比重下降 0.24 个百分点，15 ~ 59 岁人口的比重下降 2.68 个百分点，60 岁及以上人口的比重上升 2.92 个百分点，65 岁及以上人口的比重上升 4.17 个百分点。

（3）人口受教育程度。2020 年麻江县 3 岁以上常住人口中，拥有大学（指大专及以上）文化程度的人口为 10 473 人；拥有高中（含中专）文化程度的人口为 11 053 人；拥有初中文化程度的人口为 34 166 人；拥有小学文化程度的人口为 52 541 人（以上各种受教育程度的人包括各类学校的毕业生、肄业生和在校生）。与 2010 年第六次全国人口普查相比，每 10 万人中，拥有大学文化程度的由 3 520 人上升为 7 990 人；拥有高中文化程度的由 7 339 人上升为 8 432 人；拥有初中文化程度的由 24 955 人上升为 26 065 人；拥有小学文化程度的由 47 695 人下降为 40 083 人。与 2010 年第六次全国人口普查相比，全县常住人口中，15 岁及以上人口的平均受教育年限由 7.19 年提高至 7.95 年。

（二）社会文化

麻江是汉族、苗族、布依族、仫佬族、瑶族、畲族等 30 个多民族聚居的县，少数民族人口 13.66 万人，占全县总人口的 80.8%。各民族在共同发展中，创造了众多的特色文化，主要有仫佬年、牛寿节、瑶族吃新节等。

1. 仫佬年

仫佬年是仫佬族人的隆重节日。每年农历十月的第一个“卯”日（即兔场天）仫佬族杀年猪。仫佬族人过年，要打糯米糍粑、酿酒、杀鸡、宰鸭、蒸鱼，有的几户合杀一头猪，有的上街买肉。过年的头天，村寨要淘洗水井，晚上要灭尽炉火。过年当天清晨，各户要挑水、包火种，同时要祭祖先、祭山神、祭田神，祈求老幼平安，五谷丰登。男女老少都穿上新衣服。一般休息一至两天，亲友之间走访问候，互相拜年。男女青年到村寨附近的山上聚会，唱歌游玩，谈情说爱。近年来，宣威基东、下司棉索等地的仫佬族人还举办各种文体活动，欢庆仫佬年。

相传，仫佬族人选择在“卯”日（兔场天）过年有两个方面的含意：一是仫佬族人的祖先曾以兔子作为定亲礼物，成亲之日恰是农历十月的第一个兔场天，后人因此定这天过年，具有凭吊祖先、继承传统之意；二是九月秋收结束，十月过年，有庆贺丰收、感谢祖先庇佑之意。仫佬族人把“仫佬年”视为良辰吉日，不少仫佬族人结婚都在这天举行，不需另择日期。

2. 牛寿节

农历四月初八，称为牛寿节，县内布依族、畲族、汉族均有信奉。农民在这天要让牛休息，并特意照顾好它的生活。各家各户将糯米用枫叶、杨梅皮、虎杖根（农村叫酸汤根）、紫饭叶、黄饭花等多种植物的水泡染成各种颜色，蒸出五颜六色的花米饭。先将“花米饭”喂牛然后人们才食用。

3. 瑶族吃新节

以农历七月“午（马）”日或八月第一个“寅（虎）”日为吃新节（若七月糯谷成熟，则为“午”日，未成熟则延至八月第一个“寅”日）。节日当天，各家用当年新出的“田埂米”“早熟香”糯米蒸成糯米饭，用当年新黄豆磨成豆腐，杀鸡宰鹅鸭，邀请亲戚朋友共度佳节，喝自家酿制的糯米酒，主客尽情享用。酒后要唱歌、划拳，尽兴方休。

第二节　产业经济地理

2020 年，麻江县全县地区生产总值 43.99 亿元，比上年增长 5.6%。其中，第一产业增加值 10.66 亿元，增长 6.5%；第二产业增加值 8.07 亿元，增长 13.4%；第三产业增加值 25.27 亿元，增长 2.6%。第一、二、三次产业增加值占地区生产总值的比重分别为 24.2%、18.3%和 57.5%。与上年相比，第一产业比重上升 0.5 个百分点，第二产业比重上升 0.8 个百分点，第三产业比重下降 1.2 个百分点；人均地区生产总值 35 136 元，城镇和农村居民可支配收入达到 33 290 元和 10 714 元，同比增长 5.3%和 8.8%。可见，县域经济实现了持续健康的发展目标。

一、第一产业发展与布局

（一）种植业生产及发展方向

1. 种植业生产

从麻江县地形、气候、水分、土壤的组合条件和经济社会发展的需求来考虑，区内种植业适宜生产粮食、油料、烤烟、蔬菜及食用菌。2020 年，全县粮食作物种植面积 1.39 万公顷，比上年增长 2.0%；油菜籽种植面积 1 912 公顷，下降 21.2%；烤烟种植面积 372 公顷，下降 7.7%；蔬菜及食用菌种植面积 1.18 万公顷，增长 24.3%。全年全县粮食总产量 7.84 万吨，比上年增长 1.5%；油菜籽产量 3 259 吨，下降 20.7%；烤烟产量 691 吨，下降 7.3%；蔬菜及食用菌产量 22.54 万吨，增长 35.5%。全县农业总产值 11.60 亿元，增速 7.8%；增加值为 7.23 亿元，增长 7.5%。其农业经济运行良好。

2. 发展方向

今后大力发展锌硒米、蔬菜、红蒜、烤烟、优质果品“五大种植产业”，发展规模化种植基地，提高种植业产业化程度，加快农业经济转型。提高粮食综合生产能力，持续推进农村产业革命，加大农业科技推广，推进国家现代农业产业园创建。加强品牌创建，积极参与打造全州“苗侗山珍”区域公共品牌，推动本土“麻小莓”公共品牌成长。

（二）林业生产及发展方向

1. 林业生产

2020年，麻江县森林覆盖率达60.3%，林业用地占全县面积的60.66%。在有林地中，林木和灌木林地面积约为55 673.65公顷，占林地面积约为95.88%；竹林占地面积约为87.45公顷，占有林地面积的0.21%。林业经济和林下经济实现快速发展。2020年，林业总产值0.87亿元；增速4.6%；林业增加值0.56亿元，增长4%。

2. 发展方向

要推进林种结构调整，发展壮大现代林业经济，高质量建成现代山地特色高效林业产业集聚区。发展林业经济要把“绿水青山就是金山银山”理念贯穿到产业发展、招商引资、项目建设等全过程，打造绿色园区、绿色企业、绿色项目，大力发展绿色生态林业经济。

（三）畜牧业生产及发展方向

1. 畜牧业生产

2020年，麻江县生猪出栏9.61万头，比上年下降7.2%；牛出栏0.48万头，下降25.3%；羊出栏0.47万只，增长48.6%；家禽出栏94.22万只，增长30.2%；四肉总产量1.08万吨，下降4.2%；禽蛋产量865吨，增长15.2%。2020年，全县牧业总产值5.30亿元，增速4.0%；畜牧业增加值2.65亿元，增长3.9%。此外，渔业生产也呈现出良好的发展势头。

2. 发展方向

今后要着力实施畜厩改造、畜牧养殖小区等生态绿色畜牧业项目工程，打牢畜牧产业发展基础。打造集生猪规模化养殖、粪污资源化利用等为一体的生猪产业链。

二、第二产业发展与布局

（一）工业发展条件

1. 经济区位优势明显

麻江县经济区位优势明显，麻江县位于“凯麻同城化”“凯都同城化”的核心区域，大凯里的辐射拓展、两高特色产业示范带的规划布局、炉山循环经济区的建设，以及周边区域经济联系的日益加深，给麻江县工业经济发展带来了十分有利的条件。

2. 具有一定的工业基础

麻江县工业发展具有一定的基础，县内的和兴金属、明达水泥、宏凯化工、明洋食品等企业规模较大，贵州正源、农丰宝、蓝瑞等新兴企业也正在发展壮大，为推进新型工业化奠定了良好的基础。

（二）主要工业的生产与布局

1. 主要工业的生产

2020 年麻江县规模以上工业企业有 6 家，主要生产钢筋、水泥、水泥熟料、商品混凝土、辣椒制品、碳酸钡、电力。全县全年工业增加值比去年增长 10.1%，其中，规模以上工业增加值增长 22.3%。在规模以上工业中，分轻重工业看，轻工业增加值下降 12.2%，重工业增加值增长 30.3%；分行业看，规模以上制造业增加值增长 32.7%，规模以上电力、热力、燃气及水生产和供应业增加值增长 0.4%；规模以上工业企业产品产销率为 99%，增长 1.6%；全社会用电量增长 0.1%，工业用电量增长 0.3%。

2. 工业发展布局

（1）改造提升传统产业。推进实施明达公司危废协同处置、和兴公司产能置换、麻江县资源综合利用——废钢铁加工配送、麻江县日产 2 000 吨活性石灰回转窑生产线等项目，稳步提升产品质量与产能效益。

（2）扶持培育新兴产业。依托炉碧工业园区扩建机遇，在杏山良田至贤昌高枧国道 210 线沿线、在金竹街道沿县城至国道 320 线沿线规划建设基础材料、建材等工业产业带，发展壮大新兴产业。

（3）培育生态特色食品加工产业。全力抓好冷链物流、仓储、信息等设施建设，推进蓝莓加工原料供给贮运交易中心功能完善。

（4）突出明洋食品公司引领作用，大力推进产业链全面发展的酸汤产业体系。

三、第三产业发展与布局

（一）旅游业的发展与布局

1. 旅游业的发展

麻江县旅游发展秉承“农文旅融合发展”的思路，在东、中、西部分别打造三大精品旅游线路，深入推动农工一体、工旅互动、农文旅融合发展，大力提升“魅力麻江田园康旅”的品质内涵。创建了 4A 级景区 1 个、3A 级景区 5 个、乡村旅游村寨 20 个。2020 年，全县共有国家级旅游景区 3 个。其中，4A 级旅游景区 1 个，

3A 级旅游景区 2 个。接待游客 338 万人次，比上年增长 3.4%，旅游综合收入 22.6 亿元，比上年增长 4.2%。

2. 旅游空间布局

在东部，麻江县依托国家现代农业产业园、旖旎的山水田园风光和浓郁的民族风情，重点推出串联“药谷江村景区—乌羊麻苗寨景区—蓝莓生态旅游景区”的“田园健康之旅”精品旅游线路。这一路，游客们可以徜徉千亩绚丽花海，畅游万亩有机蓝莓园，驻足质朴神奇苗寨，探秘康养旅居胜地，开启农业休闲、运动健身、康复疗养之旅，尽享农文旅工康融合发展魅力。

在中部，麻江县依托夏同龢状元文化产业园和乡贤文化，重点推出串联“马鞍山生态体育公园—后坝民族民俗文化博览园—同龢状元府景区”的“翰墨文化之旅”精品旅游线路。这一路，游客们可以挥洒山地运动的惬意与激情，可以感受民族非物质文化遗产的博大精深，可以感悟夏同龢浓浓的家国情怀与状元文化的深厚底蕴，让心灵得到放松、心智得到启迪、灵魂得到滋养，尽享文体旅融合发展魅力。

在西部，麻江县依托高科技蔬菜示范园区和地理资源优势，重点推出串联“坝芒高科技蔬菜示范园区—仙人桥省级森林公园—老蛇冲自然保护区—牛皮坳风力发电场—泥河草场—乐坪油菜花海”的“亚高原野趣休闲之旅”精品旅游线路。这一路，游客们可以与家人朋友体验农耕、野外徒步露营，尽情欣赏神奇秀美的山水风光，回归自然，让疲惫的心灵得到放松，尽享农康旅融合发展魅力。

（二）金融业的发展

2020 年，麻江县金融业增加值 2.28 亿元，比上年增长 7.7%；年末，全县金融机构人民币各项存贷款余额 115.22 亿元，增长 11.78%；其中：各项存款余额 51.77 亿元，增长 4.7%；各项贷款余额 63.45 亿元，增长 18.3%。保费收入 9 255.9 万元，增长 15.96%。金融业发展势头良好，有效地支撑着县域产业的发展。

（三）物流业的发展

2020 年，麻江县境内共有公路 157 条 1 168.047 千米。其中：过境高速公路 1 条 8 千米；过境高等级公路 1 条 26 千米；国道 2 条 67.6 千米。全年公路客运量 208 万人，旅客周转量 15 980 万人千米，分别比上年下降 30.2%、37.9%。货物运输 266 万吨，货物周转量 29 362 万吨千米，分别比上年下降 31%、27.9%。电信业务总量 19.5 亿元，增长 35.2%。邮政业务总量 194.27 万元，增长 10.2%。全县 4G 网络基站 551 个，5G 网络基站 36 个；固定电话用户数 6 712 户，移动电话用户数 14.09 万户，互联网宽带接入用户 3.35 万户。

第三节 城镇化

一、城镇体系概述

麻江是苗语“玛哈”的译音，意为水上之疆。麻江之名为历史上的麻哈、麻峡的音转。据传说，因安抚司故地东有麻哈湾，南有抵麻，西南有广麻，并有麻喇等寨，故以地命名。秦汉时期属且兰县辖地。隋、唐属宾化县。南宋置乐坪平夷宣抚司和麻哈平蛮安抚司。元代设麻峡县。明、清设麻哈州。民国 3 年（1914）废麻哈州置麻哈县，民国 19 年（1930）改称麻江县。1949 年 11 月 14 日麻江解放，23 日成立麻江县人民政府，隶属独山专区。1956 年，改隶黔东南苗族侗族自治州。1959 年 1 月，撤麻江县并入凯里市。1961 年 8 月 18 日，复麻江县建制至今。2019 年 4 月 24 日，贵州省人民政府正式批准麻江县退出贫困县序列。

麻江县下辖 2 个街道、4 个镇、1 个乡，分别是杏山街道、金竹街道、谷硐镇、宣威镇、龙山镇、贤昌镇、坝芒布依族乡。麻江县人民政府驻地杏山街道。其“中心城区—重点镇——般镇—村庄”四级城乡等级结构渐趋形成。

二、城镇化发展现状

（一）人口城镇化水平较低

根据麻江县第七次全国人口普查结果，2020 年麻江县常住人口中，居住在城镇的人口为 51 117 人，占 39.00%；居住在乡村的人口为 79 964 人，占 61.00%。与 2010 年第六次全国人口普查相比，城镇人口增加 16 865 人，乡村人口减少 53 425 人，城镇人口比重提高 18.56 个百分点。其城镇化的历史进程大致经历了萌芽、初创、成长和城镇扩展等发展阶段。根据 Northam 城镇化发展的阶段理论，该县已进入城镇化的加速度发展阶段。

（二）县城的居住环境明显改善

县城居住环境的改善主要采取以下举措：实施老旧小区改造。2019 年以来，麻江县全面实施城镇老旧小区改造工作，目前，已完成 11 个小区改造，涉及 414 户，总投资约 2 500 万元，主要解决小区基础设施老旧、功能欠缺、乱搭乱建及安全问题，小区居民生活环境明显提升、小区功能逐步完善，小区安全隐患得到消除。实施背街小巷改造，让城市“深处”靓起来。2021 年以来，麻江县启动实施背街小巷 3 条，总长度约 910 米，覆盖受益群众约 800 户，主要对背街小巷供排水功能、完善基础设施及公共服务设施，道路周边消防、绿化、亮化、文化、美化实施打造，打造一批环境优美、功能完善的背街小巷。实施城市棚户区改造，优化居民的生活环境，提升县城的宜居度。

（三）凯麻同城化发展的建设资金紧张

凯麻同城化建设资金主要以财政投资、贷款融资和国债项目为主，社会资本投入机制尚未建立，导致融资渠道不宽，资金来源有限，难以满足同城化基础设备建设需要，凯麻同城化持续健康快速发展的动力不足。

三、城乡融合发展

（一）优化城镇空间布局

按照州委提出的空间布局规划，站在凯麻同城化、凯都产业带和黔中经济区发展的全局和高度，合理调整产业布局，积极培育产业形态，以产业融入实现城镇融合，推动形成凯里都市圈优势互补高质量发展的区域经济布局。同时完善县城文化娱乐、健康休闲、生活服务、产业聚集和生态体验的城市功能，将县城打造成具有山地公园特色的旅游城市。按照省级示范小城镇的标准要求，加快补齐乡镇污水垃圾、停车场、供水、绿化、集贸市场等配套设施短板，重点培育谷硐、宣威两个重点城镇，着力建设贤昌、龙山、坝芒三个特色小城镇。

（二）大力发展城镇经济

依托马鞍山生态体育公园，在县城大力发展体育文化城镇经济。大力发展民族工艺品、电子元器件加工业，将官井湖社区打造成“产业特而专、形态小而美、功能聚而拢、机制新而活”的产业社区示范样板。依托良好的基础设施和产业基础，大力发展旅游休闲、健康养生、商贸服务、现代物流等城镇经济，培育“康养小镇”“酸汤小镇”“蓝莓小镇”。 城镇化使生产资料、产业、人口等要素集聚。

（三）提升城镇内涵品质

科学布局生产、生活、生态空间，突出山地特色，打造特色小镇，实施城市更新行动，不断提升城镇功能品质。通过实施县城 1 号路和 2 号路延伸段等项目建设，完善县城路网，提升连接通达水平。有序推进老旧小区改造，通过改造形成设施齐全、生活便利、环境优美的新型社区。加快推进燃气门站选址并启动建设。推进城市管理法制化，大力清理整治城镇“两违”建设行为，清理存量、遏制增量。

（四）加快推进乡村振兴

推动人才、土地、资本等要素在城乡间双向流动和平等交换，形成工农互促、城乡互补、全面融合、共同繁荣的新型城乡发展格局，推进城乡融合发展，推进乡村建设行动，加强村庄规划建设和风貌管控，推进农村人居环境整治和“厕所革命”，创新农村管理体制机制。加强传统村落和少数民族特色村寨保护，坚决遏制乱占耕地建房行为，推进乡村全面振兴。

（五）加快农业转移人口市民化

全面落实“三挂钩”政策。落实居住证制度，积极引导易地扶贫搬迁人口落户城镇。规范发展公共租赁住房，将城镇中等偏下收入住房困难家庭、新就业无房职工、稳定就业外来务工人员纳入租赁补贴范围。

第六章　丹寨县经济地理

丹寨县位于贵州省东南部，地处东经 107°44′～108°08′、北纬 26°05′～26°26′，东与雷山县接壤，南靠三都水族自治县，西与都匀市、麻江县交界，北抵凯里市。全县总面积 940 平方千米，辖 4 镇 2 乡 1 个街道 1 个省级经济开发区。丹寨面向珠三角、背靠大西南，厦蓉高速公路和贵广高铁穿境而过，国道 321 线和凯羊高速公路穿城而过，县城距省会贵阳市 110 千米，距凯里市 50 千米、都匀市 30 千米。丹寨县已深度融入“凯里半小时经济圈”和“贵阳 1 小时经济圈”，是贵阳、重庆等地通往珠三角及东南沿海的“桥头堡”。

第一节　资源禀赋

一、自然禀赋

（一）地质与矿产

在大地构造位置上，丹寨位于扬子板块的南缘，扬子板块与华夏板块的过渡带。在经典大地构造分区上，丹寨属于扬子准地台南缘，黔南台陷的贵定南北向构造变形区。丹寨地区出露上元古界、早古生界、晚古生界系统地层及少量第四系，包括前震旦纪上元古界、震旦系、寒武系、奥陶系、志留系、泥盆系、石炭系、二叠系和第四系九大岩系。全境地处苗岭山系东段雷公山西南麓、贵州高原向广西丘陵过渡的斜坡地段，地势东高西低，地貌类型有 4 类，以低山地貌为主，占 47.12%，低中山、低山丘陵地貌次之，中山地貌仅占 2.38%。

境内矿产资源主要有：汞、金、重晶石、硒等 15 种矿产资源。汞矿主要产于扬武、金钟两乡之间的大发洞及扬武乡朱砂厂等地，累计探明汞金属储量 13 069.4 吨，累计保有储量 277.3 吨；金矿在四相厂汞矿体发现含金矿，厚 2～3 米，含金 4～11 克/吨，最高达 16 克/吨。

（二）气候资源

丹寨县为亚热带季风温湿气候，春秋短，冬夏长，春季回暖迟，秋季降温快。

光照日少，辐射弱，雨雾日多，降雨时空分布不均。平均日照时数 1 159.4 小时，日照百分率 26%。平均气温 14.5 °C，无霜期 252 至 358 天；年平均降雨量 1 342.90 毫米，但地域分布不均，西部的龙泉镇、长青乡地区偏多，东部的排调镇、北部的南皋乡、兴仁镇地区偏少。气候分布除具有水平地带性变化外，还具有明显的垂直气候差异。

（三）水资源

境内分为两大水系，长江流域的清水江水系，流域面积 362.71 平方千米，占全县总面积的 38.59%，分布于县西北部，包括南皋河、摆泥河等，河道总长 119.5 千米；珠江流域的都柳江水系，流域面积 577.293 平方千米，占全县总面积的 61.41%，分布于县东南部，包括排调河、马场河等，河道总长 247.8 千米。境内大部分地区属板溪群地层，地下水贫乏，多以裂隙泉和冲沟源头片状渗流，排出地表。集中出露流量大于每秒 1 升的井泉较少。境内地下水年总量 1.8 亿立方米，保证总量为 0.84 亿立方米。

（四）土地资源

丹寨县境内土壤类型有红壤、黄壤、黄棕壤、紫色土、黑色石灰土、水稻土 6 个土类，分为 13 个亚类、38 个土属、85 个土种，土壤性状多呈酸性。全县土地总面积 94 202.43 公顷，林地 54 080.62 公顷，占 57.4%；耕地 15 415.91 公顷，占 16.4%；草地 13 297.05 公顷，占 14.1%；园地 1 534.12 公顷，占 1.6%；城镇村及工矿用地 1 977.1 公顷，占 2.1%；其他土地 7 897.63 公顷，占 9.0%（据 2019 年资料）。县域内因山地多、平地少，人地矛盾比较突出。

（五）生物资源

丹寨县境内属亚热带常绿阔叶林植被华西或华南类型区。东部地区森林植被分布广，且在牛角山、泡木山和猴子河沿岸保存原生常绿阔叶林植被较好，其余多演变为次生植被；西部地区森林植被少，而草被面积大。植被垂直地带谱明显。在海拔 800 米以下地区，多以壳斗科的栲属、石栎属，樟科的润楠属，木兰科的木莲属、含笑属等常绿阔叶、针叶林为主要建群树种；在海拔 800 ~ 1 300 米地区，以壳斗科、金缕梅科等常绿落叶、阔叶混交林为主要建群树种；在海拔 1 300 米以上地区，常见壳斗科的水青冈属和禾本科的箭竹属等主要建群树种。草坡，在低山地区以硬秆草、莎草、白茅、野青茅等为主要建群种；在低中山地区，以白箭秆草、鸭嘴草、五节芒等为主要建群种；在中山地区，以扭黄茅、莨草、黄背茅等为主要建群种。

二、人文禀赋

（一）人口变化

1. 人口增长

根据丹寨县第七次全国人口普查结果，2020 年全县常住人口为 138 642 人。同 2010 年第六次全国人口普查的 122 430 人相比，增加 16 212 人，增长 13.24%，年平均增长率为 1.25%。历次人口普查常住人口变化见表 6-1。

表 6-1 丹寨县历次人口普查常住人口及年均增长率

普查年份	常住人口/人	年均增长率/%
1990	140 778	-0.39
2000	135 400	-1
2010	122 430	2.5
2020	138 642	1.25

2. 人口构成

2020 年丹寨县常住人口为 138 642 人，男性人口占比 52.4%，女性人口占比 47.6%；年龄结构中 0 ~ 14 岁占比 24.73%，15 ~ 59 岁占比 58.07%，60 岁以上占比 17.2%，65 岁以上占比 13.28%；少数民族人口 158 669 人，占全县总人口的 89.3%。其中，苗族人口 140 073 人，占总人口的 78.9%；水族 13 177 人，占总人口的 7.4%。

（二）社会文化

丹寨县境内世居有苗族、汉族、水族、布依族、侗族、彝族 6 个民族。丹寨县因少数民族文化而闻名，拥有蜡染、锦鸡、芒筒芦笙、古法造纸等少数民族特色文化。丹寨是少见的非物质文化遗产富集地，这里汇集了 7 个国家级非物质文化遗产，它们分别为：苗族蜡染、古法造纸、苗族锦鸡舞、苗族苗年、苗族服饰、苗族芒筒芦笙祭祀乐舞、皮纸制作技艺。另外，苗族古瓢琴舞、翻鼓节、苗族历法、苗族百鸟衣、苗族芦笙词、四滴水芦笙制作技艺、苗族婚俗、苗族丧葬习俗等 16 项被列为省级非物质文化遗产。

1. 丹寨蜡染

丹寨蜡染被称为“东方第一染”。蜡染可追溯到远古的丹寨县苗族、水族妇女制作的蜡染制品，大多取材于大自然的花卉、虫鸟、鱼虾和民族的图腾龙、凤等，造型夸张，极富想象力，广泛用于壁挂、窗帘、桌布、背包、服饰等，既有很高的艺术性，又有很好的实用性，是收藏和馈赠亲友的好礼品。排莫村苗族保存着完整的鸟图腾部落，至今依然保持着制作蜡染工艺的传统习俗，在他们的蜡染作品中，融入了苗族人民对自然、对动物和人本身的感悟，鸟图腾以种种不同的图案隐射出来，焕发出夺目的光彩。中央电视台曾到排莫拍摄了《最后的鸟图腾部落》专题片。排莫等地的“白领苗族”擅长蜡染工艺，并将古朴的工艺与现代手法相结合，作品具有很浓厚的现代气息。

2. 古法造纸

丹寨县石桥文化旅游景区位于凯里和丹寨之间，是国家级非物质文化遗产“皮纸制作技艺”的传承地，石桥手工造纸是南皋乡石桥村特有的民族传统工艺，从唐朝中期开始沿传至今，已有2 000多年的历史，且传统工艺保持完好，被誉为古法造纸“活态博物馆”“活化石”，南皋乡石桥村也被称为“中国国纸之乡”。造纸术是我国古代四大发明之一，是中华民族对世界人类文明的一大贡献。而利用树皮为原料造纸，在我国有悠久的历史，在贵州省丹寨县南皋乡石桥村，至今还完整地保留着我国古代造纸的民间工艺。

3. 苗族锦鸡舞

锦鸡舞发源于丹寨县排调镇境内，流传于苗族“嘎闹”支系中穿麻鸟型超短裙服饰的亚族群。他们居住在麻鸟、羊先、也改、党早、加配、羊物等村寨，方圆约50平方千米。锦鸡舞在十二年一次的祭祖活动中担当重要职责，节日娱乐是锦鸡舞表演的最大内容。婚庆、迎客礼仪、青年男女的“跳月”，都依托锦鸡舞来进行。锦鸡舞的伴奏芦笙，苗语称“更拉”，又称“四滴水”。表演锦鸡舞时，男性吹芦笙作前导，女性随后起舞，排成一字形，沿着逆时针方向转圆圈跳。下肢动作多，上肢动作少，左右手垂直于短裙边放松，随舞姿自然摆动，脚步尾尾律动，回环复沓、优雅流畅，含情脉脉，细腻委婉，酷似锦鸡在行乐觅食。

4. 苗族苗年

苗年是清水江、都柳江流域苗族一年中最为重要的节日。自古以来，这一地区的苗族就使用着与汉族“农历”不同的历法——苗历。苗历的岁首即苗年。过“苗年”的日子，有经协商按顺序进行的习惯。时间在农历的十月、十一月期间，这种习惯，也使得这些不同的苗寨在各自不同的“苗年”里，轮流成为该苗族区域的狂欢中心。“苗年”对于苗家，是庆祝丰收的日子，是一年里劳作的结束与欢乐的开始。到了苗年，芦笙和鼓就可以搬出来尽情欢跳。从这天开始，苗族群众便开始了一寨又一寨的芦笙盛会和一个又一个的喜庆节日，走村串寨，你迎我往，一直欢乐到春天二月里的“翻鼓节”。“苗年”的主要活动，包括杀年猪、打糯米粑、祭祖、吃“团年饭”、喝“串寨酒”、跳芦笙等，部分地区还举行斗牛、斗鸟、赛歌等活动。

第二节　产业经济地理

2020年丹寨县生产总值为41.69亿元，按可比价格计算，比上年增长4.7%，增速高于全州0.2个百分点。其中，第一产业增加值为9.4亿元，增长6.1%；第二产业增加值为8.7亿元，增长5.3%；工业增加值为4.89亿元，增长1.6%；第三产业增加值为23.59亿元，增长3.8%。三次产业结构比为22.5∶20.9∶56.6。由此可见，其产业结构不断得到优化。

一、第一产业发展与布局

（一）种植业生产及发展方向

1. 种植业生产

从丹寨县地形、气候、水分、土壤的组合条件和经济社会发展的需求来考虑，区内种植业适宜生产粮食（盛产富硒大米）、油料、中草药、蔬菜及烤烟。丹寨县2020年全年全县粮食种植面积9 908.1公顷，比上年增长2.43%；油料种植面积1 226.9公顷，增长17.16%；烤烟种植面积62.4公顷，下降21.28%；蔬菜种植面积5 551.4公顷，增长11.87%；药材种植面积2 977公顷，增长21.93%；瓜果类种植面积280.9公顷，增长7.32%。

2. 发展方向

因地制宜种植发展蓝莓，通过引进企业建设高标准、高质量、高效益蓝莓产业发展模式，逐步探索打造和培育出拥有自己名片的品质蓝莓，使蓝莓产业走上了一条科学发展道路。丹寨将进一步在扩大规模的基础上提质增效，充分利用蓝莓盛产期长、产量高、效益好的优势，将蓝莓种植业与旅游业有机结合，打造高知名度的蓝莓品牌，将丹寨蓝莓产业做大做好做强。同时，雅灰乡紧紧围绕“创新、协调、绿色、开放、共享”五大发展理念，按照“守底线、走新路、奔小康”的总要求，结合雅灰乡实际，因地制宜地发展优势产业，提高贫困农户产业发展参与程度和受益水平。

（二）林业生产及发展方向

1. 林业生产

2020年，丹寨县完成森林抚育6 800亩，退耕还林工程1.25万亩，森林覆盖率达70.67%。全县发展林药3.17万亩、林禽33.36万羽、林蜂1.25万箱，林业发展水平在全州领先。

2. 发展方向

丹寨县依托有利的地形地貌和丰富的林地资源，积极响应习近平总书记提出的“绿水青山就是金山银山”发展理念，从林下经济、特色产业入手，通过发展高效生态产业，绿了青山、富了农家，在巩固脱贫攻坚成果的同时，为推动乡村振兴奠定了良好基础。特别是丹寨县通过引进龙头企业、合理租用荒山、动员参与务工、给予群众产业分红等产业发展模式，有效调动了群众参与产业发展积极性，快速推进绿色高效产业发展进程，走出了一条生态保护和经济发展的双赢之路。

（三）畜牧业生产及发展方向

1. 畜牧业生产

2020 年，丹寨县肉类总产量 10 129.55 吨，比上年下降 4.62%。其中，猪肉产量 7 801 吨，下降 9.33%；牛肉产量 712 吨，增长 15.77%；羊肉产量 57 吨，增长 5.56%；禽肉产量 1 469 吨，增长 19.72%。禽蛋产量 770 吨，增长 130.54%。水产品产量 2 258 吨，增长 3.58%。年末猪存栏 68 391 头，增长 8.82%；牛存栏 14 138 头，增长 1.92%；羊存栏 3 639 头，下降 17.33%；活家禽存栏 616 443 只，同比增长 6.46%。年末猪出栏 89 773 头，下降 7.45%；牛出栏 5 358 头，增长 9.64%；羊出栏 3 455 头，增长 10.03%；活家禽出栏 825 702 只，增长 17.06%。

2. 发展方向

在畜牧业上，丹寨县围绕“打造牧业强县”这一目标，加快传统牧业向现代高效牧业转变，大力发展生态畜牧业和山地畜牧业。

二、第二产业发展与布局

（一）工业发展条件

1. 交通便利

丹寨县地处贵州黔东南西部，东与雷山县接壤，南靠三都水族自治县，西与都匀市、麻江县交界，北抵凯里市。全县辖 4 镇 2 乡 1 个街道 1 个省级经济开发区和 1 个省级农业园区，丹寨金钟经济开发区位于县城东南部的国营金钟农场，距县城 3 千米，工业区总规划面积 31.36 平方千米，核心区面积 10.85 平方千米。县城距全国优秀旅游城市凯里 70 千米，距都匀 50 千米，距省会贵阳市 110 千米。厦蓉高速公路、贵广快速铁路、凯羊高速公路、国道 321 线均穿境而过，是贵阳、遵义、铜仁等地出海的重要通道和黔东南的重要交通枢纽。

2. 资源丰富

丹寨县有汞、金、重晶石、硒等 15 种矿产资源；境内河道总长，水能蕴藏量为

3.47 万千瓦；野生植物资源丰富，已定名的木本植物 91 科 239 属 519 种，全县森林覆盖率达 60.31%，是全国造林绿化百佳县和全国生态项目建设县。盛产韭菜根、薇菜、生姜、木姜等农副产品和绿色产品，以富含硒锌为主要资源依托的农业综合开发前景看好，硒精米、硒茶以及畜牧水产品等项目开发已初具规模。

3. 基础设施建设完善

开发区完成 20 千米路网、30 千米供排水管网建设，建成 110 kV 变电站及园区 10 kV 供电线路，燃气站和主供气管网投入使用，园区核心区基本实现“八通一平”。园区在全省 100 个产业园区绩效考评中排名第 7 位，并被列为全省知识产权试点园区、省级新型工业化示范基地。

（二）主要工业的生产与布局

1. 主要工业生产

工业主要有食品业（硒锌精米加工、茶叶加工等），采掘业（煤矿）、金属制品业（铅锌冶炼、镁锑产品等）、建材工业、化学工业（松香生产等）。2020 年丹寨县全年全部工业增加值完成 48 878 万元，比上年增长 1.6%。规模以上工业增加值增长 9.1%，规模以下工业增加值增长 2.9%。为坚定不移纵深推进“工业强县”战略，加快推进新型工业化，实现两化融合水平、科技实力、经济效益全面提升、资源消耗和环境污染全面下降的发展，以推进装备制造、生态特色食品加工、民族医药、旅游商品等产业提质升级，工业经济主要指标实现倍增，做大做强工业总量，提升工业质量，实现工业“大突破”“大提升”。丹寨县以装备制造业和特色食品为主导产业，着力推进骨干企业培育，重点打造亿元骨干企业。在巩固兴富祥亿元企业的基础上，力争将茅台生态、龙润实业等企业培育为亿元企业。狠抓兴富祥、茅台生态、鑫力弹簧、万井科技等存量企业满负荷生产。

2. 工业的地域组合

丹寨县依托当地优势条件，建设丹寨金钟经济开发区。丹寨金钟经济开发区成立于 2011 年 1 月 1 日，2011 年 7 月 23 日即被贵州省人民政府批复为省级经济开发区，实行省级经济开发区的政策，规划面积 51 平方千米（其中省级经济开发区 10.85 平方千米），截至 2016 年 6 月，园区建成面积已达 8 平方千米，建成通车道路里程 30 千米，核心区实现“八通一平”目标。

自成立以来，开发区着力提升传统制造业，大力发展高新技术产业和战略性新兴产业，大力促进制造业与现代服务业相互融合、共同发展。经过五年多的建设发展，开发区形成了以高端装备制造和大健康产业为主，电子应用及电子商务等大数据产业同步推进的产业发展格局：高端装备制造业以兴富祥、欧泰等企业为龙头，形成了“冶炼—铸造—机加—钣金—光机—装配—专用设备”的完整产业链；以茅台集团、俊建食品为龙头的特色食品加工业，以欣紫鸿、昌昊金煌为龙头的民族医药加工业，正在以迅猛的势头推动丹寨县脱贫攻坚工作；大数据产业正以宏天电子等电子应用和京东电子商务为龙头加快发展。

三、第三产业发展与布局

（一）旅游业的发展与布局

1. 旅游业的发展

为打造全国知名民族文化旅游目的地，丹寨县不断强化全域旅游发展，旅游经济不断增长。受疫情的影响，2020 年全县旅游接待游客 720.8 万人次，同比增长 -2.59%，实现旅游综合总收入 50.73 亿元，同比增长-11.44%。全县拥有乙级乡村旅游村寨 1 个，标准级乡村旅游村寨 1 个；五星级乡村旅游经营户 2 家，四星级乡村旅游农家乐 5 家，三星级乡村旅游农家乐 13 家；精品级乡村旅游客栈 3 家，优品级乡村旅游客栈 2 家，标准级客栈 4 家。三个标准化建设在丹寨县基本实现全覆盖。

2. 旅游业的布局

（1）乡村旅游业。近年来，丹寨县利用农村环境优美、民风淳朴的优势发展起了乡村旅游业，农家乐已成为不少农村劳动力返乡创业的新亮点，不少在外务工农民纷纷回到家办起了农家乐。为了进一步加快新农村试点村寨建设步伐，着力打造美丽乡村建设、农家乐产业发展及乡村休闲旅游样板点，积极探索出群众致富路子，争取让群众早日脱贫致富奔小康。排调镇组织部分领导干部，巫起村、也改村第一书记、驻村干部、村组干及村民代表到凯里市和雷山县美丽乡村、农家乐产业及乡村旅游发展示范村寨考察学习。通过考察学习，理清发展思路，寻找乡村旅游新的发展方向。

（2）文化旅游业。丹寨县加快推进民族文化旅游发展，全力打造丹寨成为知名民族文化旅游目的地，推动全县旅游实现井喷式增长。丹寨县坚持围绕“四新”抓“四化”，把大力推进旅游产业化作为高质量发展的重要支撑，充分发挥丹寨县丰富的民族非遗文化、良好的生态环境、便利的区位交通等优势，借助丹寨万达小镇平台，不断丰富全县旅游业态，加快推进“旅游+”“+旅游”融合发展，打造多业态的旅游产业集群，推动旅游产业提质增效。要聚焦全域旅游发展目标，充分挖掘县域民族非遗文化、工业遗址、自然风光等旅游资源和旅游开发潜力，发展和打造一批旅游产业项目，加快推动旅游业与民族文化、农业产业、新型城镇化、乡村振兴等融合发展。要坚持市场化思维，进一步加大旅游产业招商力度，集中资源力量加强旅游项目策划和宣传营销，充分吸引市场主体，尽快促成新的景区景点项目落地，实现旅游业高质量发展。

（二）金融业的发展

2020 年，丹寨县 500 万元以上固定资产投资 177 273 万元，同比下降 1.6%，其中，第一产业投资持平；第二产业投资增长 100.2%；第三产业投资下降 16.8%。建筑安装工程投资 140 783 万元，同比下降 12.2%。工业投资 12 402 万元，同比增长 131.5%。产业投资占固定资产投资比重 25.4%。金融业的健康发展有效支撑了其产业发展。

（三）交通物流业的发展

2020 年，丹寨县境内公路线路里程 1 419.562 千米。公路运输完成客运量 68.76 万人次，下降 70.80%；客运周转量 739.06 万人千米，下降 94.47%；货物运输量 75.07 万吨，下降 7.79%；货运周转量 6 800.76 万吨千米，下降 20.51%。2020 年全县邮政业务总量 1 795.65 万元，比上年增长 2.64%。邮政业主营业务收入 2 007.65 万元，增长 0.21%。电信业务总量 194 522.15 万元，增长 31.24%。年末电信固话用户 5 380 户，增长 30.14%；年末手机电话用户 183 663 户，增长 18.05%；互联网宽带接入用户 43 642 户，增长 23.57%。

第三节　城镇化

一、城镇体系概述

丹寨隋朝属牂柯郡，唐朝属黔中道应州地，宋朝为夔州路绍庆府所领羁縻州南部东段地带，元代始有建置。元至元年间，今县境为都云安抚司和定云府间地。至正十三年（1353），境内始有建置，朝廷在坝干置夭坝长官司，管理今县境及巴槲、阳基等地苗疆土务。民国 30 年（1941），国民政府撤丹江县（雷山），其西南部并入八寨，取丹江与八寨各一字，称“丹寨”至今。1949 年 12 月 4 日，丹寨县城解放。6 日，建立丹寨县人民政府，隶于独山专区（1952 年 11 月改称都匀专区）。同时建立城关办事处和扬武、兴仁区人民政府及龙泉镇人民政府。

丹寨县地处黔东南州西部，全县面积 940 平方千米，辖 4 镇 2 乡 1 个街道 1 个省级经济开发区和 1 个省级农业园区，其“中心城区—重点镇——般镇—村庄”四级城乡等级结构渐趋形成。

二、城镇化发展现状

（一）人口城镇化发展较快

根据丹寨县第七次全国人口普查结果，2020 年丹寨县常住人口中，居住在城镇的人口为 57 263 人，占 41.30%；居住在乡村的人口为 81 379 人，占 58.70%。与 2010 年第六次全国人口普查相比，城镇人口增加 32 632 人，乡村人口减少 16 420 人，城镇人口比重提高 21.18 个百分点。丹寨县城镇化的历史进程大致经历了萌芽、初创、成长和城镇扩展等发展阶段。根据 Northam 城镇化发展的阶段理论，该县已进入城镇化高速度发展的阶段。

（二）产城融合发展成效明显

丹寨县坚持以产城互动、产城融合发展方式，以县城为核心，带动龙泉山、东湖区域一体化发展，不断完善县城基础设施，大力推进金钟经济开发区和金泉街道建设，促进丹寨万达小镇丰富业态提档升级，助推新型城镇化建设发展。依托万达小镇平台，带动农家乐、住宿、餐饮、民族手工、农产品、乡村旅游产业等 20 个大行业和 50 个子行业发展，解决就业岗位 2 000 多个，直接带动 6 400 多名、间接带动 12 900 多名丹寨群众增收，有力助推产城融合发展。

近年来，丹寨县将万达小镇作为提升全县城镇生活品质的中心，借助万达小镇平台资源和万达集团品牌效应，引进万达影院、宝贝王、肯德基和多彩演艺、泓文教育、医疗康养、网红酒店、卡丁车、游船、玻璃栈道等 100 多家知名企业和项目入驻小镇，锦秀演艺剧场、会议中心、游客集散中心、温泉康养酒店、环湖步道、丹寨图书馆、会议中心（扩建）等项目建成运营，排牙芦笙馆、斗牛场、非遗文化街区、青少年拓展营地等项目正在建设中，通过项目建设，不断推动县城、万达小镇一体化发展，促进城镇服务品质不断提升。

（三）土地城市化快于人口城市化

丹寨县城镇化、工业化进程加快的同时，征用了大部分地势平坦、土壤肥沃、适合开展种植养殖的农用地，大量农民失去经济来源，只能向城镇流动。但由于失地农民综合素质低、职业技能单一，在如今技术密集型企业中无法找到稳定的工作，使得社会不稳定现象偶有发生，给经济发展带来了一定压力。

（四）生态问题突出

丹寨县是典型的喀斯特山区，在国家政策支持和贵州省大力扶持下，城市化进程加快，但由于丹寨县特殊的自然条件，存在水土流失严重、土地石漠化，矿产资源开发不合理、破坏生态环境等问题，导致生态问题突出，在一定程度上阻碍了城市社会经济可持续发展。

三、城乡融合发展

（一）打造产城融合示范区

坚持提质扩容与凸显特色并重。围绕“东至扬武、北至长青、南达两夹坡、西抵龙泉山脚”思路，大力推进开发区、移民社区、扬武镇区与县城融合一体发展，进一步做大县城规模。按照景区建设要求，采取“新区建景点，老区改景观”的方式，完善城市路网，提升城市功能配套，统筹推进海绵城市、智慧城市、绿地系统、公共停车场、地下综合管廊等建设，启动老旧小区改造，大力发展旅游地产和城市商业综合体。积极推进“智慧丹寨”建设，实施“互联网+”便民服务行动，推行“旅游通”“健康通”“医务通”“出行通”等管理服务，全面提升县城城市品质。推动金钟经济开发区信息化建设，在研发、加工制造、物流、交通、投资等方面充分运用大数据成果，用互联网促进行业跨界融合。大力提升经济开发区与县城的产城融合度，提升县城要素吸附力、资源转化力和内生动力，全面提升县城首位度，将丹寨建设成为宜居宜业宜游的魅力新城、产业新城和产城景人融合发展示范区。

（二）统筹推进新型城镇化

打造县域两大副中心城镇。依托绿海蓝星省级农业产业园和获批创建省级现代农业产业园的优势，培育和壮大新型农业经营主体，推动农业全面升级。巩固提升全省特色小城镇成果，着力把兴仁镇打造成为县域北部农业产业城镇。依托金钟大道，推进金泉街道—经济开发区—扬武镇区融合一体发展，着力把扬武镇打造成为县域东部产城融合示范镇。建设产城景融合新型城镇带。以凯里至羊甲高速等公路为主轴，以县城为核心，以兴仁农业产业城镇、石桥景区等为支撑，以美丽乡村为延伸，构建山水林田为景、交通干线串联式的城镇发展轴带，做大做强城镇经济。积极培育打造特色型小城镇。结合乡镇资源禀赋、产业基础等，因地制宜建设一批具有地域特色、宜居宜业宜游的特色小城镇。着力打造一批农文旅融合型特色小镇、旅游康养型特色小镇、非遗文化型特色小镇。加强政策扶持，以开发旅游业为突破，着力改善民生，在“三变”改革、投融资体制、社会保障、管理效能等方面探索建立创新机制，为特色小镇发展注入新的动力活力。

（三）着力完善城镇功能提升城镇品质

按照城市景区化、道路景观化、管理智慧化、运营绿色化的要求，统筹好规划、建设、管理三大环节，不断提升城镇品质品味。提升城市文化品质。积极创建国家文明城市、国家卫生城市等品牌，以品牌标准促进城市功能、环境、内涵提升。提升绿色城镇品质。建设一批街头绿地、城市绿道、湿地公园，与全域旅游创建良性互促。提升基础设施品质。完善城乡生活垃圾收运处理设施和体系，抓好学校、医院、停车场、公共厕所等设施建设，抓好物业规范化管理，推进城镇基本公共服务常住人口全覆盖。有序推进农业转移人口市民化。落实户籍制度改革，全面落实城乡统一的户籍制度。统筹推动园区、城区、移民区“三区”互动发展，促进农村人口有序向城镇转移。切实维护进城落户农民土地承包权、宅基地使用权、集体收益分配权等权益。建立健全农业和外来人口市民化成本分担机制，明确政府、企业、个人共同参与的农业转移人口市民化成本分担责任，推进农业转移人口市民化。

第七章　雷山县经济地理

雷山县位于黔东南苗族侗族自治州西南部，地处东经 107°55′～108°22′，北纬 26°02′～26°34′，东临台江、剑河、榕江县，南抵黔南自治州的三都水族自治县，西连丹寨县，北与凯里市接壤。雷山县总面积 1 218.5 平方千米，是个“九山半水半分田”的山区农业县。区内有黑熊、麝羊等 23 种二类保护动物和天麻、杜仲等 200 多种名贵野生中药材，素有“天然绿色聚宝盆”之称。雷山县生产的银球茶、清明茶等茶产品多次获省优、部优荣誉。“银球茶”被评为“贵州十大名茶”。

第一节　资源禀赋

一、自然禀赋

（一）地质与矿产

雷山县地处扬子准地台上次级构造江南台隆的北西部，出露地层全为元古界下江群。震旦系和新生界的第三、四系仅有零星出露。雷山县处于云贵高原向湖南、广西丘陵盆地过渡的斜坡地带，境内出露地层古老，地质历史上运动繁多。由雪峰运动引起了下江群岩石的变化，产生了一些断裂；加里东运动形成了境内主要地质构造骨架；燕山运动和喜马拉雅山运动的行迹叠加其上。多次旋回造山运动的结果，形成了雷公山地区的地形。雷公山位于雷公山广复式背斜轴部的一个次级向斜中，为县内最主要山脉。因其向斜构造保存完整，地势高耸，海拔多在 1 800 米。又由于河流侵蚀强烈，形成主要为深切割的中山、次为低中山和高中山形态的地貌特征。沟谷纵横，山峦重叠，地形复杂。相对高度悬殊，从南部背略亚麻河口最低海拔 484 米到中部雷公山顶最高海拔 2 178.8 米，相对高度 1 694.8 米。区内矿产资源有锑、铅、锌、铜等，有多金属矿点 10 个。

（二）气候资源

雷山县属热带季风湿润气候区，夏短，春秋相彼，北亚热带冬冷夏凉，四季不太分明。境内大部分地区年均气温为 14～15 °C，最高气温 35.6 °C，最低气温-8.9 °C。

年降雨量 1 310 毫米，年平均相对湿度 80%。无霜期 240 ~ 250 天，年均降水量 1 375 毫米，年均日照 1 225 小时。因境内山峦起伏，沟壑纵横，引起水热条件的变化，垂直气候差异明显。雷公山东坡，东南坡较湿润，多云，少日照，阴雨天气多；雷公山西坡、西北坡则因受南来气流影响，有下沉增温效应，气候温暖，湿度小，光照多。

（三）水资源

雷山县境内水资源丰富。全县共有大小溪河 216 条，分属清水江和都柳江水系。属清水江水系的有丹江河、望丰河、乌迷河、黄里河、白水河、乌香河、茅坪河和公统河，流域面积 760 平方千米。属都柳江水系的有永乐河、南江河、桥桑河、背略河、也卡河、孔勇河和羊乌河，流域面积 448 平方千米。丹江河、永乐河为县内主要河流。全县集水面积在 20 平方千米，长度 10 千米以上的河流有 14 条。全县年总水能理论蕴藏量为 6.804 万千瓦，可开发的水能资源为 1.913 万千瓦，开发率为 24.9%。县境内地下水资源总量有 1.1 亿立方米，多为基岩孔隙水，为地表水资源总量的 10%。主要分布于方祥、西江、乌东等雷公山中心地区，表现为浸水田或补给河流。

（四）土地资源

雷山县境内土壤共分 7 个土类，17 个亚类，33 个土属，74 个土种。主要土壤类型有：山地灌丛草甸土，占全县土地总面积的 4.53%；山地黄棕壤，占 12.10%；黄壤，占 74.71%；紫色土，占 0.03%；红壤，占 0.24%；水稻土，占 5.77%；其他，占 2.62%。区内因山地多、平地少，人地矛盾十分突出。

（五）生物资源

雷山县生物资源丰富，在植被中，森林覆被、灌木丛覆被、草植被覆被及农作物覆被占 97.37%。以雷公山为代表的垂直分异为：海拔 1 300 米以下为常绿阔叶林，1 300 ~ 1 900 米为常绿、落叶阔叶林混交林，1 900 米以上为山顶苔藓林，局部山顶为灌丛。雷公山植被为云贵高原向湘西和广西过渡类型的中亚热带常绿阔叶林带植被。雷山县野生动物主要有鸟类、爬行类、两栖类等，种类丰富[①]。

二、人文禀赋

（一）人口变化

1. 人口增长

根据雷山县第七次全国人口普查结果，2020 年全县常住人口为 124 835 人。同 2010 年第六次全国人口普查的 117 190 人相比，增加 7 645 人，增长 6.52%，年平均

---

① 龙向日. 雷山县志[M]. 贵阳：贵州人民出版社，1992.

增长率为 0.63%。历次人口普查常住人口变化见表 7-1。

表 7-1 雷山县历次人口普查常住人口及年均增长率

普查年份	常住人口/人	年均增长率/%
1990	126 024	1.33
2000	132 004	0.46
2010	117 190	−1.18
2020	124 835	0.63

2. 人口构成

（1）人口性别构成。2020 年雷山县常住人口中，男性人口为 67 030 人，占 53.69%；女性人口为 57 805 人，占 46.31%。总人口性别比（以女性为 100，男性对女性的比例）为 115.96，比 2010 年第六次全国人口普查的 117.75 下降 1.79 个百分点。

（2）人口年龄构成。2020 年雷山县常住人口中，0～14 岁人口为 28 580 人，占 22.89%；15～59 岁人口为 75 680 人，占 60.62%；60 岁及以上人口为 20 575 人，占 16.48%，其中 65 岁及以上人口为 16 229 人，占 13.00%。与 2010 年第六次全国人口普查相比，0～14 岁人口的比重下降 3.07 个百分点，15～59 岁人口的比重上升 1.55 个百分点，60 岁及以上人口的比重上升 1.52 个百分点，65 岁及以上人口的比重上升 3.14 个百分点。

（3）人口受教育程度。2020 年雷山县 3 岁以上常住人口中，拥有大学（指大专及以上）文化程度的人口为 10 814 人；拥有高中（含中专）文化程度的人口为 10 877 人；拥有初中文化程度的人口为 36 237 人；拥有小学文化程度的人口为 39 936 人（以上各种受教育程度的人包括各类学校的毕业生、肄业生和在校生）。与 2010 年第六次全国人口普查相比，每 10 万人中，拥有大学文化程度的由 4 191 人上升为 8 663 人；拥有高中文化程度的由 6 597 人上升为 8 713 人；拥有初中文化程度的由 25 943 人上升为 29 028 人；拥有小学文化程度的由 38 345 人下降为 31 991 人。与 2010 年第六次全国人口普查相比，全县常住人口中，15 岁及以上人口的平均受教育年限由 6.74 年提高至 7.85 年。

（二）社会文化

雷山素有“苗疆圣地”之称，被誉为“中国苗族文化展示中心”。雷山县的苗族建筑、服饰、习俗、歌舞、乐器、工艺等仍保留着传统、古老、原汁原味的丰富文化内涵，是活生生的“苗族历史文化教科书”。雷山县苗族有三大舞：铜鼓舞、木鼓舞、芦笙舞；有三大歌：苗飞歌、别福歌（苗族叙事史诗）、游方歌；三大节：爬坡节、吃新节、鼓藏（苗年）节（雷山县苗族节日繁多，其中一年一度的“苗年节”

和十三年一度的“鼓藏节”最为隆重。“苗年”和“鼓藏节”主要是祭蝴蝶妈妈〔羲和氏〕和祭姜央祖先，“苗年节”属小祭，十月岁首过头年，十一月过大年，十二月过末年。十二周年〔一木星年〕“鼓藏节”属大祭，以单数为吉数举行活动。“苗年节”一般活动三至九天，“鼓藏节”活动十三或十五天）；三大赛：斗牛、斗鸡、斗鸟；三大传统手工艺：银饰、蜡染、刺绣。走进雷山，你能见到唐代发型、宋时服饰、明清建筑、魏晋遗风，领略一部浓缩的中国农耕文明发展史。

1. 锦鸡舞

锦鸡舞是苗族芦笙舞中别具一格的一种民间传统舞蹈，发源于贵州省黔东南的丹寨县和雷山县境内，主要流传于苗族“旮弄”支系中穿锦鸡服饰的锦鸡苗族，比如丹寨县片区的排调、也改、加配、党早、麻鸟、羊先、羊告、也都、雅灰、送陇、乌湾、孔庆等苗寨，和雷山县片区的独南、乌的、桥港、新桥、掌批、排里、掌雷、南八、略显、略果、岩寨、桃江、干脑、南脑等苗寨。

2. 古瓢舞

古瓢舞是以瓢琴为伴奏的一种舞蹈，在雷山达地乡也蒙、背略、达勒等地苗寨逢年过节都跳这种舞蹈。古瓢舞多为男性在前边拉古瓢琴，姑娘们踩着琴声，双手呈抱圆形摆动并扭腰、摇胯、步伐轻盈、身上佩戴的银饰随着身姿的摆动而叮当作响，悦耳动听，别有情趣。古瓢舞与芦笙舞有些相似，有二步、四步、五步，向右转一圈循环有序，所以，可同时拉古瓢琴、吹芦笙在同一芦笙场上翩翩起舞，缓缓趋步向前，舞姿优美。简单而纯朴的古瓢琴和古瓢舞源于苗民久远的历史生活，其文化底蕴透露出苗族古老文化深厚信息。

3. 铜鼓舞

铜鼓舞是敲击铜鼓时踩着鼓点节奏跳的舞，击鼓的方法是：把铜鼓置于宽敞的鼓柱中央，用绳将鼓侧的两边系好悬挂于鼓柱挑手枋吊起来，然后鼓手右手持鼓糙击鼓面，左手持小木棒击鼓胭部，可发出两种音响，有的还需另一人手提木桶大小的助音桶（俗称回音桶），桶口对鼓胭，一人击，一人来回地“接调”“送调”，使鼓音雄浑远远传扬。铜鼓舞由于苗族支系不一，鼓点不同，其舞姿也各异。“铜鼓舞传承地”掌坳村仍保留有 11 种鼓点舞步，新桥村和郎德上寨各有异彩，舞姿经长久积累和创新改进，形成集鼓、跳、声音、歌于一体，独具热烈奔放、古朴、庄重、豁达的特点。跳铜鼓舞和跳芦笙舞有时会同时进行，男、女、老、少围成一圈又一圈，苗族姑娘们穿着节日盛装，脸眉施以淡妆，佩戴的银首饰熠熠生辉，光彩夺目。在低沉浑厚的铜鼓敲击声和清脆悦耳的芦笙吹奏声中，步履轻盈，缓急有序，婀娜多姿。

4. 芦笙舞

芦笙舞是苗族独有的民族民间舞蹈。比较常见的是《祝嘎勒》，由三、五、七、九支大中小型芦笙，用同一曲调吹奏，并由芦笙头或芦笙手吹笙领舞，然后是穿盛装的姑娘、中年妇女、年迈老妪围圈牵手跟着跳，随着芦笙的曲调，操着统一的步伐，徐徐向前移动。较其他的苗族地区来说，雷山芦笙舞有两个特点：第一是突破了女子不吹芦笙的传统习俗，女芦笙好手比比皆是；第二是突破非重大节日不吹芦笙的禁忌，在任何时候都可以听到优美的芦笙曲，看到欢快的芦笙舞。早在20世纪50年代，便有南猛青年杨炳芳把雷山芦笙曲吹响在莫斯科世界青年联欢节晚会上。

第二节　产业经济地理

2020年，雷山县地区生产总值完成42.49亿元，同比增长3.7%，前三季度增速分别为-5.0%、-0.9%、1.1%，克服新冠疫情带来的影响，呈现逐季回升趋势，扭负转正。其中：第一产业增加值9.29亿元，同比增长5.9%；第二产业增加值6.76亿元，同比增长2.5%；第三产业增加值26.43亿元，同比增长3.2%，三次产业比例为21.9∶15.9∶62.2。由此可见，其县域经济呈现持续健康发展态势。

一、第一产业发展与布局

（一）种植业生产及发展方向

1. 种植业生产

从雷山县地形、气候、水分、土壤的组合条件和经济社会发展的需求来考虑，区内种植业适宜生产粮食、油料、中草药、蔬菜及食用菌。2020年粮食种植面积17.65万亩，总产量4.61万吨。种植业实现产值105 169万元，增长7.2%。种植蔬菜12.19万亩。

2. 发展方向

雷山县加快种植业结构战略性调整，立足自身生态环境良好、原料资源丰富、气候条件适宜的优势，因地制宜、就地取材，大力发展食用菌种植、草莓种植、天麻种植、牧草种植，帮助贫困群众持续增收、稳定脱贫、长效发展。

（二）林业生产及发展方向

1. 林业生产

2020年，雷山县林地面积139.6万亩，活立木总蓄积达732.63万立方米，森林覆盖率达72.8%。全县现有公益林面积93.008万亩，占全县总面积的50.89%，占林地总面积的66.62%，其中：国家公益林面积84.008万亩，地方公益林面积9万亩。在国家公益林中，雷公山国家级自然保护区内的面积41.078万亩，保护区区外的国家公益林面积 42.93 万亩；商品林面积 46.59 万亩，其中：天然商品林 19.51 万亩，人工商品林 27.08 万亩；全县生态红线面积 96.15 万亩，林地中纳入生态红线的面积 80.87 万亩，林地中的生态红线占林地面积的 57.93%。种植林下中药材 3.59 万亩、食用菌 2 123.5 亩，林下养鸡出栏 20 余万羽，林下养蜂达 1.5 万箱；茶园总面积达到 16.24 万亩，中药材种植达 8.5 万亩；建设笋用竹产业基地 2.03 万亩，茶园套种经济苗木 6.55 万亩。

2. 发展方向

多措并举大力实施林业产业建设，在加深林业产业建设的基础上，雷山县提出由政府引导、企业建设、农民参与等建设新模式，有效建设成了以竹产业、林下天麻产业为首的一批林业产业，并成为雷山县林业产业的一张新名片。此外，雷山县以“百千万工程”为抓手，坚持一手扩规模、一手调结构，建成相对集中连片百亩基地 112 个，千亩基地 9 个，万亩基地 1 个，重点抓好以天麻为主的林药、林蜂、林鸡、林菌产业发展。

（三）畜牧业生产及发展方向

1. 畜牧业生产

2020 年，雷山县猪出栏 57 956 头，比上年增长 3.1%；牛出栏 3 355 头，增长 12.8%；羊出栏 3 298 只，增长 15.8%；家禽出栏 20.64 万羽，增长 19.5%。猪牛羊禽肉产量 5 825 吨，增长 2.2%；禽蛋产量 499 吨，增长 47.7%。2020 年，全县实现畜牧业总产值 40 291 万元，增长 3.2%。

2. 发展方向

雷山县重点发展山地生态畜牧业，推进牛羊等草食畜禽发展，调优畜牧业内部结构，提升畜禽标准化饲养水平和加工能力，完善畜牧兽医科技推广体系等方面。

二、第二产业发展与布局

（一）工业发展条件

1. 水资源丰富

雷山县地处贵州的暴雨中心，雷山县有大小溪流 216 条，总长 647 千米，年均径流量 5.3 亿立方米，可开发水能资源 1.56 万千瓦。雷山县境内水资源十分丰富，流域面积 1 218 平方千米，水力理论蕴藏量为 6.8 万千瓦。

2. 生物资源多样

雷山县有 2 000 余种生物物种，含国家珍稀保护动植物资源 50 余种。雷山县内有黑熊、麝羊等 23 种二类保护动物和天麻、杜仲等 200 多种名贵野生中药材，有“天然绿色聚宝盆”之称。

（二）主要工业的生产与布局

1. 主要工业生产

2020年，雷山县规模以上工业企业4家，完成规模工业总产值13 454万元，同比下降2.1%，规模工业增加值5 163万元，同比增长6.0%。工业投资完成2.38亿元，培育脚尧茶业公司、毛克翕茶业公司入库。“十四五”时期，雷山县将以高质量发展为统揽，以供给侧结构性改革为主线，以新型工业化为引领，聚焦绿色化、集约化，着力夯实工业发展基础，全力打造主导产业和首位产业，努力推进产业链现代化，加快构建具有雷山特色的新型工业产业体系，补齐工业发展短板，突破工业发展瓶颈。“十四五”期间全县规模工业增加值年均增长6%以上、工业固定资产投资年均增长8%以上、规模以上工业企业突破10户。

2. 工业的地域组合

雷山县工业发展以工业园区为载体，引进培育一批具有产业引领效应的龙头型、基地型企业和项目，引导优质资源、优势产业向园区集聚。“十四五”期间推动新型工业化发展。

（1）着力打造亿级特色农特产品和苗药加工产业园。以乌开绿色工业小区、螺丝山生态工业园区等为重点，大力发展茶叶、天麻、青钱柳、竹笋、鱼酱酸、食用菌、酸汤、优质红米、黑毛猪等特色农产品精深加工，提升产品附加值。同时，依托丰富的中药材和苗族医药资源，继续加大对大塘中药材智慧生态循环经济扶贫产业园建设支持，积极引进品牌龙头企业落户雷山发展中药提取、制剂、饮片、膏方、保健品等产业，推动中医药产业进一步做大做强，集中力量打造全省中药材和绿色食品供应基地、全省苗族医药医疗示范基地。

（2）着力打造亿级民族工艺品加工产业园。以龙头街道配套产业用房和西江新村为重点，千方百计从旅游中抓出工业来，大力发展以银饰、刺绣、蜡染、藤编为重点的民族工艺品、旅游商品加工业以及文化旅游装备制造业，打造民族旅游商品集散地。

（3）着力打造亿级山泉水加工产业园。以饮用水源水库为重点，加强与国内知名水企业合作，通过形象包装、渠道整合、集中推广、供应链体系、品牌价值挖掘等措施，着力打造全省天然饮用水产业发展的桥头堡和天然饮用水生产基地，推动自然“活水”变为发展“活水”。

（4）着力打造亿级新型绿色能源产业园。持续运营好大塘风电场，加快建设并运营好苗岭风电场。同步加快发展电子信息、文旅装备制造、林产品加工、新型建材、服装服饰等产业。

三、第三产业发展与布局

（一）旅游业的发展与布局

1. 旅游业的发展

雷山县全面实施“旅游名县”战略，提升国际苗族文化中心的功能定位和苗疆圣地的旅游形象定位，加强精品建设，培育特色旅游产品，加强旅游合作与公共营销，改革旅游管理体制，完善旅游服务功能，实现雷山旅游业又好又快发展。全县入选国家级“非遗”名录 15 项，入选国家级传统村落 68 个、少数民族特色村寨 59 个，是全国获得国家级非物质文化遗产名录最多、国家传统村落密度最大的县，并推出《美丽西江》《西江盛典》等一批文艺精品。境内拥有国家级自然保护区、国家地质公园、国家级森林公园——雷公山，国家 4 A 级旅游景区西江千户苗寨、郎德苗寨等景区景点，先后获得中国苗族文化中心、中国十大最好玩的地方、中国苗族银饰之乡、中国王牌旅游目的地、中国最佳魅力旅游名县、中国民宿发展示范县、中国茶文化之乡、全国休闲农业和乡村旅游示范县、世界十大乡村度假胜地等荣誉称号，推进旅游产业化可持续发展。2020 年成功创建“国家全域旅游示范区”。2020 年接待游客 754.93 万人次，实现旅游综合收入 76.42 亿元。

2. 旅游业的布局

（1）充分利用雷山生态民族文化旅游资源优势，加快雷公山国家森林公园景区景点建设，构建雷公山自然景观与森林生态旅游风景名胜区，着力打造环雷公山原生态民族文化旅游圈，积极申报国家生态旅游示范区；

（2）积极打造西江千户苗寨、郎德上寨等苗族风情旅游名胜区。将自然景观、生态景观、人文景观与生态文化、民族文化、乡村农耕文化旅游特色和休闲度假、科考探险、体验旅游等消费有机整合。使旅游业成为雷山的支柱产业，形成“一业带百业”“百业促进一业”的经济发展格局。充分融入“雷公山苗族文化原生态旅游经济圈”和“凯里城市经济圈”中，充分利用自然资源的优势，把资源优势转为经济优势，使生态环境进一步改善，努力把雷山建设成生态博物馆。

（二）金融业的发展

2020 年，雷山县财政总收入 27 733 万元，同比下降 13.2%；公共财政预算收入 15 244 万元，同比下降 5.9%；一般公共预算支出 154 008 万元，同比下降 16.9%。12 月末，金融机构存贷款余额 955 767 万元，同比增长 6.1%；其中，存款余额 480 498 万元，同比增长 2.4%；贷款余额 475 270 万元，同比增长 9.7%。要进一步完善地方金融体系，鼓励现有金融机构增设营业网点，向县域、乡村展业延伸，扩大金融地域覆盖面；建立和完善“政金企”对接长效机制。

（三）物流业的发展

2020年，雷山县完成交通运输、仓储和邮政业增加值11 175万元，同比增长3.5%。年末全县境内高速公路12.299千米，国道19.3千米，省道140.45千米，县道203.81千米，乡道234.06千米，村道716.80千米。2020年完成邮政业务总量2 191万元，比上年下降23.9%；电信业务总量完成16.3亿元。

第三节 城镇化

一、城镇体系概述

雷山县，夏属梁州领地；殷商至周初为荆州地域；春秋时属牂柯；战国时属且兰后隶大夜郎；秦代属象郡；西汉先为且兰后隶毋敛地；三国蜀汉时属牂柯郡；晋时设丹南县；唐代隶应州罗恭县；五代迄宋属绍庆府羁縻州；元隶播州客山长官司；明至清初，苗族内部自理。1950年9月26日，雷山县解放，建立了雷山县人民政府，从此走上了一条快速发展之路。星移斗转，沧海桑田，如今的雷山已经从一个经济落后的边陲地区发展成为初步繁荣的"苗疆圣地"，经济、社会面貌发生了翻天覆地的变化，人民生活水平明显提高，总体上从贫困步入了小康，各项社会事业取得全面进步。

雷山县辖丹江镇、西江镇、永乐镇、郎德镇、大塘镇、望丰乡、达地水族乡、方祥乡、龙头街道9个乡（镇、街道），154个行政村，323个自然寨，1 305个村民小组。其"中心城区—重点镇——般镇—村庄"四级城乡等级结构渐趋形成。

二、城镇化发展现状

（一）人口城镇化水平较低

根据雷山县第七次全国人口普查结果，2020年雷山县常住人口中，居住在城镇的人口为49 801人，占39.89%；居住在乡村的人口为75 034人，占60.11%。与2010年第六次全国人口普查相比，城镇人口增加22 486人，乡村人口减少14 841人，城镇人口比重提高16.59个百分点。其城镇化的历史进程大致经历了萌芽、初创、成长和城镇扩展等发展阶段。根据Northam城镇化发展的阶段理论，该县城镇化已进入加速发展阶段。但其人口城镇化水平还低于全州、全省平均水平。

（二）城镇空间格局不断优化

雷山县城规模不断扩大，建成城南易地扶贫搬迁小镇、西江营上服务片区，开发苗疆华庭等一批房地产项目，设置龙头街道，县城区面积扩大到8.68平方千米，建成区面积增加至4.2平方千米。县域城镇空间格局得到优化。紧紧围绕"一核、两极、三区”特色城镇空间布局推进新型城镇化建设。打造以县城为核心，西江、大塘为支撑，形成“西江—丹江—龙头街道—大塘”特色城镇发展轴；同步推动以郎德、永乐为区域发展中心，带动片区发展，形成南北共同发展的两极格局。

（三）城镇品质明显提升

丹江和西江分别纳入省级和国家级示范小城镇，成功创建了“全国卫生县城”，雷山县被列为贵州省第一批城市设计试点城市。坚持“农文旅”一体化发展，坚守两条底线不动摇，用好生态环境和民族文化两个宝贝，成功打造雷山银球茶、雷山脚尧茶叶、雷山鱼酱酸等国内外知名品牌，建成乌开绿色工业园区，全县景区化步伐不断加快，城镇建设对接二、三产业发展的辐射带动作用不断增强，形成产城互动的新格局。

三、城乡融合发展

（一）优化城镇建设布局，加快打造特色城镇

根据《雷山县县城总体规划（2011—2030年）》《雷山县国民经济和社会发展第十三个五年规划纲要》的要求，规划期内，雷山县将围绕“一业带三产”（旅游业带动第一、第二、第三产业发展），实施“三大战略”（生态立县、文化兴县、旅游强县），推进“一城三区一园”建设（以县城为重点的城镇建设，以雷公山景区、西江景区、郎德景区为重点的景区建设，以雷公山苗族文化产业园为龙头，重点加快完善以丰塘、黄里、乌开为支撑的雷山特色工业集聚区建设），着力进行嘎拉河旅游景区建设，努力把雷山建设成为“人文雷山、生态雷山、魅力雷山、平安雷山、和谐雷山、富裕雷山”。

深入推进特色小城镇建设。按照5A级景区标准，加快推进陶尧温泉小镇等项目建设，打造旅游城市。推进城乡经济繁荣发展，参照5A级景区标准，把县城建设成为以旅游服务、特色产品加工为主的旅游服务中心；提升西江、郎德旅游开发质量，促进一二三产业融合发展；加大方祥旅游开发力度，发展养生、度假、探险等新的旅游发展模式，提升接待能力；大力发展大塘、望丰精品生态农业，依托生态茶园产业园及现有产业基础，推进旅游与生态农业融合发展，打造旅、茶、果、畜牧全面立体发展的特色乡；着力推进永乐、达地特色产业发展，加快发展以鱼酱、酸汤、酿酒等为主的食品加工业，发展文化旅游产业，增强现有集镇发展商贸流通产业的能力与质量。

（二）发展乡村产业，推进乡村振兴

按照“生产发展、生活宽裕、乡风文明、村容整洁、管理民主”的要求，扎实推进美丽农村建设，加强乡村建设规划，统筹公共设施建设，整治乡村环境，引导

农村建设节约和集约使用土地。加大对农村教育、卫生、文化、社会保障等事业投入，提升农民生活质量。发展乡村产业，积极推进农业供给侧改革，坚持质量兴农、绿色兴农，促进一二三产业融合发展和产业结构调整；围绕“强龙头、创品牌、带农户”做优山地特色农业，助推乡村产业升级。提升乡风文明，注重传统文化的保护与开发，物质文化精神文化一起抓，破除歪风陋习、升华民族优秀传统文化、繁荣乡村文化、培育优良家风，使民风乡风美起来、人居环境美起来、文化生活美起来，把游客引进来。

（三）创新统筹推进城乡一体化建设

加快推进基础设施向农村延伸，统筹城乡发展“最后一公里”问题。加快人口转移步伐，进一步推进户籍制度改革，全面开放城镇落户限制，建立城乡统一的户口登记制度，加快制定相关配套政策，为农业转移人口提供技能就业培训和均等就业机会，提升融入城镇的素质和能力，解决子女教育、医疗卫生、社会保障等后顾之忧。完善农村公共服务基础设施建设，形成城乡一体的公共服务体系和社会保障体系，促进城乡同步推进发展。

第八章　台江县经济地理

台江县位于贵州省东南部、黔东南苗族侗族自治州中部，总面积 1 108 平方千米。境内有苗、侗、土家、布依等 15 个少数民族，其中苗族人口占 98%以上，有“天下苗族第一县”之称。台江县交通便利，区位优越。台江临近贵州、广西、湖南三省（自治区）交界处，置身泛珠江经济合作区区域中心，接受长株潭一体化发展区、黔中经济区、成渝经济区、南北钦防经济区、滇中经济区发展辐射。立体化交通网络拉近了台江与世界的距离。距省城贵阳车程 2 小时、湖南芷江机场 1.5 小时，距黄平机场 26 千米。60 号高速公路、上瑞高速、沪昆高铁和国道 320 线穿境而过，沪昆高铁距离上海 5 小时车程。贵广高速通车，距广州 4 小时车程。属“凯里半小时经济圈”，北上重庆，南下广州，东出湖南，西进贵阳的现代化交通网络已形成。全县实现村村通水泥路、通电、通水、通广播电视，城乡基础设施建设日臻完善，“苗疆文化生态旅游城”雏形初成。

第一节　资源禀赋

一、自然禀赋

（一）地质与矿产

台江县地处两个一级大地构造单元的接壤地带，大致以施洞口断裂带为界，东南侧属华南褶皱带，西北侧为扬子准地台，两者地层分布、构造形态均有明显差异。华南褶皱带范围内主要出露下江群浅变质岩，扬子准地台区分布了早古生代碳酸盐岩及粗—细碎屑岩。地质构造形态有一定差异：华南褶皱带在县境内主要是雷公山复背斜，扬子区主要是一组北东向断裂构造，地层多呈单斜构造。主要的褶皱构造（自西向东）有青冈背斜、三穗向斜（境内的台江—革东段）、新寨背斜、雷公坪向斜、提庆背斜等；主要的断裂构造有施洞口断裂、料洞断裂（施秉向县境延伸部分）、革东断裂、昂因断裂（剑河向县境延伸部分）等。境内地形地貌奇特，高山、盆地、河谷错落有致，相辅相成。

县境内经地质勘探发现的矿产有铅锌矿、水泥石灰岩、磷矿、石煤、大理石等，其矿床、矿点、矿化点。主要的有：水井寨铅锌矿、南省铅锌矿、街哨铅锌矿点、翁尧铅锌矿点、南冬铅锌矿化点、报效铅锌矿点、龙井街铅锌矿点、大塘铅锌矿点，良田（南哨）磷矿点、台江县城西郊石煤矿点。

（二）气候资源

台江县处于亚热带季风湿润气候区，总的特点是：水热同季，四季分明，冬长而无严寒，夏短而无酷暑，无霜期长，季节气候明显。冬季盛行西北风，夏季盛行东南风，雷公山脉之南北气候差异明显；南部地势高，迎南来之暖湿气流。森林覆盖率大，降水多光照少，热来迟，秋来早，常有倒春寒和秋风危害；北部地势低，背着南来暖湿气流之风，森林覆盖率小，降水少，光照多，热量高，常有伏旱。境内雨量充沛，冬无严寒，夏无酷暑，年平均气温 15.9 °C，年平均降水量 1 096.7 毫米，无霜期 289 天，宜农、宜林、宜畜、宜渔，农业发展条件十分优越。

（三）水资源

台江县境内年平均降水量为 1 096.7 毫米，年降雨总量为 14.21 亿立方米；年平均径流深为 621 毫米、径流总量为 7.51 亿立方米；清水江、巴拉河、翁密河等片区过境容量为 44.6 亿立方米。全县干流有潜水江、巴拉河、翁密河、翁你河，有支流 20 条，干流总长为 259.1 千米，流域面积为 12 206 平方千米。全县地下水年储量在 6 200 ~ 11 000 万立方米，多年平均天然储量为 8 741 万立方米左右，其中岩溶地下水年储量 2 047 立方米，占全年地下水量的 24%左右。

（四）土地资源

台江县全县土地总面积 180.9 万亩，分为 5 个土纲，6 个土类，10 个亚类，25 个土属，75 个土种。计有自然土面积 150.86 万亩，占 84.1%；旱作土面积 3.54 万亩，占 1.96%；水稻土面积 10.42 万亩，占 5.7%。台江境内土壤肥沃，群山葱绿，林木苍翠，植被保存完整，森林覆盖率达 69.34%，是贵州省十大林区县之一。区内因山地多、平地少，人地矛盾十分突出。

（五）生物资源

台江县内属于雷公山山地植被区，植被类型多种，相互交错分布，根据国内植被分类原则，分为阔叶林、针叶林、针阔混交林、竹林、灌丛灌草丛等类型。树种以松、杉为主，针、阔叶等多种珍稀树木及植物交错并存，有天然草场 7 万多亩；中药材有天麻、冰球子、人参、银耳、杜仲、灵芝、黄檗、天麻等；有取得了 A 级国家绿色食品标识证书和省优质果品称号的“苗疆牌”金秋梨种植面积 3.2 万亩，年产果品 2 000 万千克；有集中连片的绿茶、苦丁茶、枇杷、金银花种植基地数千亩。

山中有金丝猴、猕猴和蟒、蛇及穿山甲等多种动物繁衍栖息，地下有铅、锌、铜、铁等多种金属及重晶石、大理石、磷、粘土、石灰石等非金属矿产。

二、人文禀赋

（一）人口变化

1. 人口增长

根据台江县第七次全国人口普查结果，2020 年全县常住人口为 122 861 人。同 2010 年第六次全国人口普查的 112 319 人相比，增加 10 542 人，增长 9.38%，年平均增长率为 0.90%。

2. 人口构成

（1）人口性别构成。2020 年台江县常住人口中，男性人口为 63 864 人，占 51.98%；女性人口为 58 997 人，占 48.02%。总人口性别比（以女性为 100，男性对女性的比例）为 108.25，比 2010 年第六次全国人口普查的 109.65 下降 1.4 个百分点。

（2）人口年龄构成。2020 年台江县常住人口中，0 ~ 14 岁人口为 32 429 人，占 26.39%；15 ~ 59 岁人口为 71 035 人，占 57.82%；60 岁及以上人口为 19 397 人，占 15.79%，其中 65 岁及以上人口为 14 972 人，占 12.19%。与 2010 年第六次全国人口普查相比，0 ~ 14 岁人口的比重下降 1.85%，15 ~ 59 岁人口的比重上升 0.11%，60 岁及以上人口的比重上升 1.74%，65 岁及以上人口的比重上升 2.80%。

（3）人口受教育程度。2020 年台江县 3 岁以上常住人口中，拥有大学（指大专及以上）文化程度的人口为 9 417 人；拥有高中（含中专）文化程度的人口为 11 962 人；拥有初中文化程度的人口为 35 722 人；拥有小学文化程度的人口为 38 473 人（以上各种受教育程度的人包括各类学校的毕业生、肄业生和在校生）。与 2010 年第六次全国人口普查相比，每 10 万人中，拥有大学文化程度的由 3 917 人上升为 7 665 人；拥有高中文化程度的由 6 398 人上升为 9 736 人；拥有初中文化程度的由 26 857 人上升为 29 075 人；拥有小学文化程度的由 37 275 人下降为 31 314 人。与 2010 年第六次全国人口普查相比，全县常住人口中，15 岁及以上人口的平均受教育年限由 6.76 年提高至 7.86 年。

（二）社会文化

台江县境内苗族支系文化各具特色，丰富多彩，苗族姊妹节、施洞独木龙舟、反排木鼓舞等 9 项非物质文化被列入国家级非物质文化遗产名录。有国家级传统村落 36 个，被联合国列为全球一等“返璞归真、重返大自然”的十大人文旅游景区之一；这里有精美绝伦的苗族刺绣，巧夺天工的银饰盛装，瑰丽夺目的工艺制品，荣膺“中国苗绣之乡”称号；这里有荣获 2003 年度西部民歌大赛金奖的苗族大歌——反排多声部、方召情歌，是联合国教科文组织在《世界遗产公约》中新增加的“人类口头流传和非物质遗产代表作”的资源范畴；这里有令人心惊肉跳的牛斗狗争、惊险火爆的舞龙嘘花、热情奔放的笙鼓舞蹈、浩如烟海的文学歌曲、别具情趣的婚恋习俗，先后被评为“中国原生态旅游大县”“中国民俗风情旅游大县”。这里无迹不古，是贵州东线旅游线路上的一朵奇葩，有编在历史教科书上的、历经 18 年的反清英雄张秀眉领导的苗族人民起义遗迹、遗址，有留下中国革命历史深深印迹的红色沃土、建筑风格异彩纷呈的古军事重镇——施洞特色小城镇，有寒武纪时代古生物化石群遗址及博物馆、山清水秀的自然景区、岩洞群数不胜数。

1. 刺绣银饰

施洞苗族刺绣种类繁多，刺绣手法有平绣、绉绣、绞绣、破线绣、锁绣、打子和布贴等多种。手工技艺还涉及剪纸、织锦等多种工艺。苗族刺绣的图纹造型丰富多彩，施洞主要以苗族破线绣最为珍贵，具有极高的研究价值和开发价值。1994 年，施洞被贵州省文化厅授予“苗族刺绣艺术之乡”称号，2008 年，被中国工艺美术协会评为“中国苗绣之乡”。施洞苗族银饰锻造历史悠久，银饰工艺精湛，工艺品主要有银角、银冠、银花、银簪、银梳、银插针、银耳柱、银耳坠、银项圈、手镯，花片和银铃等。施洞的银饰全部用纯银制作，纯度达 97%以上，穿戴起来显得十分亮丽和贵重。施洞的盛装在世上堪称一绝，银饰现已成为装饰品、艺术品、美的标志、富有的象征。施洞镇专门从事银饰制作的有 200 余户，所生产的银饰品畅销国内外，成为主要的经济来源。

2. 苗族多声部情歌

苗族多声部情歌流传于贵州省雷公山麓，最为著名的是台江县反排苗族多声部情歌。苗族多声部情歌曲调悠扬，旋律低回婉转，强弱变化明显，娓娓动听，令人神往，是中华民族民间艺术百花园的一枝奇葩。演唱者善于使用颤音表现对情人的浓浓爱意，歌唱中有的句段用真嗓，有的句段用假嗓，随着情感的变化，假嗓与颤音并用，声音变化自然和谐，长音和下滑音使用较多，只有心上人才能品味出歌唱者的本意。这种风格独特的曲调，是苗族厚重文化的一种表现形式，其声乐技巧要求高，演唱难度大，演唱方法之独特，在其他地区尚未发现。苗族多声部情歌于 2008 年 6 月 14 日被列为第二批国家级非物质文化遗产名录。

3. 苗族独木龙舟节

苗族龙舟节是清水江流域以台江县施洞为中心的划独木舟传统民俗活动，每年在端午节后农历五月二十四至二十七举行。与其他地区的龙舟相比，苗族的独木龙舟比赛并非在端午节，而是在端午节之后，且龙舟古朴硕大，别具一格，舟身用三根高大杉木掏空而成，中间一根独木为母舟，用竹篾将子舟和母舟并列扎成一排，装上精雕细刻的五彩龙头，被誉为民族体育活动的一朵奇葩。苗族群众以划独木舟来庆祝插秧成功和预祝五谷丰登，并有驱旱求雨、祈子求嗣等意义，他们把参加龙舟竞赛视为一件光荣的事，亲友也会准备礼物在江边送行。苗族独木龙舟节于 2008 年 6 月 14 日被列为第二批国家级非物质文化遗产名录。

4. 苗族古歌

苗族古歌是贵州省台江县等苗族聚居区普遍流传着一种以创世为主体内容的诗体神话，俗称“古歌”或“古歌古词”。民间口传文学作品《苗族古歌》，是中国流传下来的唯一非宗教典籍的传世记史诗，也是集苗族历史、伦理、民俗、服饰、建筑、气候为一体的百科全书。苗族古歌于 2006 年 5 月 20 日被列为首批国家级非物质文化遗产名录。

5. 苗族姊妹节

苗族姊妹节又称“姊妹饭节”，是贵州省台江县施洞、老屯一带苗族人民的传统节日，每年农历三月十五至十七举行。苗族女青年赠送男青年五彩姊妹饭，男女青年通过游方对歌、捕鱼捞虾、穿苗族盛装踩鼓等一系列活动来传递情与爱的节日。苗族姊妹节于 2006 年 5 月 20 日被列为首批国家级非物质文化遗产名录。

第二节　产业经济地理

台江县经济总量从 2015 年的 25.46 亿元增加到 2020 年的 45.4 亿元，人均地区生产总值突破 4 万元，是“十二五”末的 1.8 倍。产业结构逐步优化，三次产业结构比从 2015 年的 23.62∶18.54∶57.84 调整为 2020 年的 20.02∶38.72∶41.26。城镇居民人均可支配收入从 2015 年的 22 230 元增加到 2020 年的 32 438 元，是“十二五”末的 1.46 倍;农村居民人均可支配收入从 2015 年的 6 171 元增加到 2020 年的 10 063 元。由此可见，其县域经济呈持续健康的发展态势。

一、第一产业发展与布局

（一）种植业生产及发展方向

1. 种植业生产

从台江县地形、气候、水分、土壤的组合条件和经济社会发展的需求来考虑，区内种植业适宜生产粮食、油料、中草药、蔬菜等。2020 年，全县农作物播种面积为 21 542.15 公顷。其中：粮食播种面积 10 323.73 公顷，增长 1.41%，其中，夏粮种植面积 3 204.53 公顷，增长 7.75%。秋粮种植面积 7 119.2 公顷，下降 1.2%；粮食总产量 85 184 吨，增长 3.04%；其中，夏粮总产量 40 378.9 吨，增长 8.41%；秋粮总产量 44 805.1 吨，下降 1.36%。棉花种植面积 2.87 公顷，棉花总产量 4.3 吨，下降 4.4%。油料种植面积 1 570.2 公顷，增长 3.9%；油料总产量 2 812.44 吨，下降 3.8%。蔬菜种植面积为 4 398.6 公顷，增长 12.87%，蔬菜总产量 90 466.82 吨，增长 15.4%。

2. 发展方向

在种植业发展过程中，台江县逐渐形成了以灰天鹅、竹鼠等特色养殖和蔬菜、葡萄、杨梅等种植业发展为主打产业，以种植养殖为主导，积极探索“基地+家庭农场+农户”的发展模式；以猕猴桃、桃子、鹅梨、生姜、太子参等特色种植和林下养鸡、鸭、鹅，稻田养鱼等养殖业为主攻方向，以现有的“合作社+基地+农户”为发展模式；以“走红军线路，寻历史驿道”“九岭十三弯”段的户外山体健身徒步旅游线路为主牵引线，同时着力发展金秋梨、西瓜等特色种植业和黑毛猪、稻田养鱼等养殖业。

（二）林业生产及发展方向

1. 林业生产

2019 年，台江县造林面积 1 500 公顷，其中：人工造林 1 500 公顷；育苗面积 90 公顷；当年四旁（零星）植树 22 万株。2020 年，造林面积 1 700 公顷，其中：人工造林 1 500 公顷；育苗面积 1 885 公顷；当年四旁（零星）植树 24 万株。有年产 30 万棒以上规模的食用菌生产基地 19 个、生产大棚 32.35 万平方米，主要出产品种包括灰树花、秀珍菇、平菇、香菇和茶树菇等。台江县地处雷公山北麓，具有典型的高海拔、低纬度、多云雾、寡日照、无污染环境气候特征，享有生产绿色有机茶叶得天独厚的生态优势，2020 年，茶叶种植面积 3 984 亩。林业生产稳步发展。

2. 发展方向

台江县把林下四大产业与“百千万工程”相结合，着力打造台盘至革一沿线州级产业带和台拱街道国有林场县级万亩产业带，重点发展林下养鸡、林下中药材、林下养蜂、林下食用菌等主导产业，实现一二三产业联动发展。结合各乡镇（街道）资源禀赋和产业基础，选择 1～2 个林下主导产业，集中精力做大做强。目前台江县林下中药材累计种植达 2.4 万亩，林下食用菌 0.02 万亩，林下养鸡 9 万羽，林下养蜂 1.064 万群，其他林下种植（果蔬牧草等）1 200 余亩，林下养殖（羊、鹅等）2 000 余只。

（三）畜牧业生产

2020 年，台江县畜禽饲养总量达到 1 105 402 羽，增长 13.71%。全年肉类总产量达 6 122 吨，下降 5.99%。牛出栏 8 226 头，增长 9.48%；牛存栏 21 328 头，下降 5.94%。羊出栏 5 714 只，增长 16.35%；羊存栏 4 123 只，增长 2.26%。猪出栏 46 171

头，下降 12.22%；猪存栏 56 502 头，增长 42.66%。活家禽出栏 545 543 只，增长 21.7%；活家禽存栏 417 795 只，增长 6.44%。台江县森林覆盖率 69.43%，负氧离子 5.26 万个/立方厘米，是一般城市的 1 600 倍以上，因此台江农畜产品往往具有肉质好、品质高的特点。此外，台江具有黑毛猪、山羊、精品牛等特色农畜资源，具有发展畜牧业的天然优势。

二、第二产业发展与布局

（一）主要工业生产

台江县工业发展快速提升，引进龙头企业天能集团对园区铅酸电池产业进行优化重组，永鑫、保诚新材料等企业新一轮重大技改提升企业产能；逐步形成了革一园区以发展新能源、冶金等重工业为主，台盘园区以发展轻工业和农文旅产业为主的“一区两园”产业发展格局。2019 年，全县实现规模以上工业企业增加值同比增长 7.6%；建筑业增加值比上年下降 9.5%。2020 年，全县实现规模以上工业企业增加值同比增长 12.6%；建筑业增加值比上年增长 9%。区内工业生产呈现向好态势。

（二）主要工业布局

2012 年 1 月，贵州省人民政府批准成立贵州台江经济开发区，规划总面积 43.87 平方千米。台江县工业主要布局于经济开发区革一园区，入驻企业有华胜、宏宇、万航、理士、天能 5 家铅酸蓄电池生产企业，鑫凯达、金龙、永鑫、火麒麟、三和 5 家再生铅企业。动力电源上下游产业链方面，锦丰塑料、茂森物流、浩华汽车拆解、鑫胜包装等公司为汽车动力电源产业提供强有力的上下游产品保障。2017 年，国家制造业 500 强、香港主板上市企业——天能集团投资 30 亿元，电池产业排名前五、香港上市企业——理士集团投资 20 亿元，正式落户贵州台江经济开发区，着力打造贵州台江经济开发区成为西南地区最大动力电源生产基地。园区坚持绿色产业的发展方向，着力发展电子商务、商贸物流、文化旅游和现代金融等第三产业。

三、第三产业发展与布局

（一）旅游业的发展与布局

1. 旅游业的发展

台江，这片苗疆腹地的沃土，青山绿水相映，多彩音符流淌。台江，历史悠久，是寒武纪远古生命的摇篮；人文荟萃，苗族人口最为集中和精彩瑰丽的民族文化，使“天下苗族第一县”享誉世界。人文景观是台江旅游的一大产品。近年来，台江生态旅游产业发展立足“山、水、情、节”4 篇文章，突出“民族、生态、文化”3 张名片，坚持全域旅游规划，打造生态旅游精品，深入实施“旅游+”战略，旅游业健康快速发展。2019 年，全县累计接待海内外游客 269.2 万人次，同比增长 39.35%，实现旅游收入 18.8 亿元，同比增长 31.07%。2020 年，全县累计接待海内外游客 275.5 万人次，同比增长 2.4%，实现旅游收入 19.3 亿元，同比增长 2.8%。

2. 旅游业的布局

（1）打造旅游节庆品牌。弘扬台江县特色美食文化、民族节日、民族产业，加快推进台江“旅游+节庆+文化+美食+扶贫”融合发展，台江以美食文化、节庆文化、民族文化为着力点，重点打造苗族文化旅游活动，如苗族姊妹节、独木龙舟节、舞龙嘘花等民族特色节庆日。

（2）乡村农文旅产业。台江县依托独具风格的苗族建筑风貌、民族文化、产业园区、林下经济、农家乐等一百余个“乡村农文旅”产业，打造施洞古镇、节日文化、乡村体验游、产业园经济带等，一批批葡萄园、枇杷园、草莓园等果园大力开发入园采摘、农场观光等农业旅游项目，让游客赏田园景、住农家屋、吃农家饭、干农家活、享农家乐，逐步形成“以农促旅、以旅兴农”的绿色发展格局。

（3）旅游产业新路。随着旅游产业升级明显加快，走出一条“旅游发展+现代农业”“产品经济+观光经济”的产业新路。站在新的起点，台江县努力奔跑，奋力追梦，用美丽风景书写出动人故事，用发展新篇唱响新时代赞歌，台江县被誉为“2021 中国最具诗意百佳县市”。

（二）金融业的发展

2019 年末，台江县金融机构各项存款余额 438 876 万元，同比下降 8.4%。其中，住户存款余额 304 996 万元，同比增长 5.17%。年末全县金融机构各项贷款余额 517 637 万元，同比增长 11.17%。其中，住户贷款余额 248 289 万元，同比增长 10.26%。2020 年末全县金融机构各项存款余额 450 236 万元，同比增长 2.6%。其中，住户存款余额 330 646 万元，同比增长 8.4%。2020 年末，全县金融机构各项贷款余额 565 376 万元，同比增长 9.2%。其中，住户贷款余额 247 455 万元，同比下降 0.3%。金融市场运行平稳。

（三）物流业的发展

2019 年全年旅客周转量 39 602 万人千米，货物周转量 122 707 万吨千米。全年客货运输换算总周转量 12.67 亿吨千米，比上年增长 38.48%。全县公路总里程 1 117.592 千米，其中高速公路 19 千米，国道 127.45 千米，省道 42.6 千米，县道 184.918 千米，乡道 244.253 千米，村道 499.371 千米。2020 年全年旅客周转量 9 757.9 万人千米，货物周转量 30 235 万吨千米。全年客货运输周转量 3.12 亿吨千米，较上年下降 75.36%。

第三节　城镇化

一、城镇体系概述

台江，唐代隶属于应州的陁隆县，宋、元、明、清为“化外生苗地”。清雍正六年（1728），朝廷决定开辟苗疆，镇远知府方显至台拱诸寨招抚苗民，登记户名，编设保甲。雍正十一年（1733）五月二十五日，建台拱厅，由镇远府设理苗同知一员分驻台拱，建台拱城。民国 2 年（1913）九月，改台拱厅为台拱县，隶镇远道，为二等县。置革东、来同（今台雄）、台盘、南省、占浓、施洞六区。民国 4 年（1915），镇远县龙塘（今天堂）、偏寨、柏梓坪、八埂溪、施洞口、平地营、石家寨、塘龙等寨拨归台拱县。民国 12 年（1923），废镇远道，台拱县直属于省。民国 16 年（1927），县公署改称县政府。民国 30 年（1941），撤丹江县，以丹江河、羊排小溪向东顺山脉为界，东北部地域划入台拱县，取台拱之“台”，丹江之“江”为县名，更名台江县。1949 年 12 月 3 日，台江解放。全县设 3 区 10 镇，乡下沿袭保甲制，隶属镇远专区。1953 年 1 月，改台江县为“台江苗族自治区”，隶属镇远专区，将 10 个乡镇划为 44 个小乡镇。1954 年 4 月，台江苗族自治区改为台江苗族自治县。将第一、二、三区改为台拱区、施洞区和革东区。1956 年 7 月，黔东南苗族侗族自治州成立，12 月，台江苗族自治县改为台江县。1991 年 12 月，实施撤区建镇并乡，全县辖 9 个乡镇，村组建制不变。

台江县辖 4 个镇、3 个乡、2 个街道、71 个行政村（居、社区）。其中，4 镇 3 乡 2 个街道分别是施洞镇、南宫镇、革一镇、方召镇、排羊乡、台盘乡、老屯乡、台拱街道、萃文街道。其“中心城区—重点镇——般镇—村庄”四级城乡等级结构渐趋形成。

二、城镇化的发展现状

（一）人口城镇化水平较低

根据台江县第七次全国人口普查结果，2020 年台江县常住人口中，居住在城镇的人口为 45 554 人，占 37.08%；居住在乡村的人口为 77 307 人，占 62.92%。与 2010 年第六次全国人口普查相比，城镇人口增加 19 850 人，乡村人口减少 9 308 人，城镇人口比重提高 14.20 个百分点。其城镇化的历史进程大致经历了萌芽、初创、成长和城镇扩展等阶段。根据 Northam 城镇化发展的阶段理论，该县已进入城镇化加速发展阶段的初期。人口城镇化水平低于全州、全省的平均水平。

（二）城镇规模小，实力弱

受自然条件和薄弱的经济基础制约，黔东南州县域城镇规模小，产业结构单一，缺乏个性和特色，城镇的行政职能强而经济职能严重不足，城镇间关联度很弱，产业间协作缺乏，往往造成恶性竞争，使民族县域的城镇空间格局呈“小马拉大车，弱镇游离村”的特征，难以辐射带动全区经济社会发展。

（三）城镇生态环境治理成效明显

台江县在城镇生态环境治理过程中，始终以生态环境保护督察反馈问题整改和打好污染防治攻坚战为重点，开展违法排污、固废管理，以及断面水质、散乱污染等方面的排查整治。设立县、乡镇（街道）、村三级环境保护监管网格，建立起三级责任体系，对工业企业、污水处理、危险废物管理、农业面源污染等方面开展大排查大整治，努力谱写“绿水青山”与“金山银山”交相辉映的生态乐章。

三、城乡融合发展

民族地区县域新型城镇化既要遵循城镇化的一般规律，又要充分结合特定的民族地方因素，走特色化城镇化道路；既要加强县城、中心镇等的建设发展以强化城镇的拉力，又要重视农村的建设发展和农业的现代化转变从而走城乡互动的城镇化道路；既要积极争取和充分利用来自各级政府等的外部力量，又要调动和发挥自身的积极性和内部力量，走出一条内源式绿色城镇化道路。

（一）建设职能各异的特色城镇

按照中心城区、重点镇、一般镇的不同职能建设各具特色的城镇。中心城区县域综合服务中心要发挥县域公共服务中心、商贸流通中心，一级旅游服务基地等城市职能。施洞镇为旅游型乡镇，县域二级旅游服务基地，建设以民族文化旅游、民族特色手工业为重点的特色旅游小镇；南宫镇为旅游型乡镇，县域二级旅游服务基地，以生态保育功能为主，以原生态农业、生态休闲旅游为特色的旅游精品小镇；革一镇为工业型城镇，县域工业产业基地。通过建设职能各具特色的城镇，促进城镇经济发展，提升城镇的综合实力。

（二）加快美丽乡村的建设进程

建设美丽乡村，有利于促进城乡协调发展。为此，台江县要加大农村人居环境综合整治力度，加快农村基础设施提升工程建设，统筹推进城乡发展，实现95%以上的自然村寨生活垃圾得到有效治理，农村卫生厕所普及率达90%以上，推动全县农村人居环境质量明显提升。加强传统村落和传统建筑的保护发展，继续完善41个传统村落消防基础设施和农村环境综合整治工程，着力打造一批传统村落保护发展利用示范村。

第九章　剑河县经济地理

剑河县位于贵州省东部，黔东南州中部，与台江、三穗、施秉、天柱、锦屏、黎平、榕江、雷山、镇远 9 县毗邻。县城距凯里 55 千米，西距省城贵阳 210 千米，南距黎平支线机场 130 千米，北距湘黔铁路（复线）镇远 50 千米。国道 320 线、沪昆、剑黎和思剑高速公路穿境而过，水陆交通便利，是贵州省东出两湖、南下两广的重要通道。全县总面积 2 176 平方千米，辖 13 个乡镇（街道），2020 年末户籍人口 27.628 万人，以苗、侗为主的少数民族占总人口的 96%。县人民政府原驻柳川镇，2005 年迁至革东镇。

第一节　资源禀赋

一、自然禀赋

（一）地质与矿产

剑河县大地构造为华南准地台，地层以远古界下江群为主，也有少量震旦系新生界第四系、上古生界二叠系、下古生界寒武系分布。县内出露元古界下江群最广，其分布面积约占全部地层出露面积的 90%以上。本地层根据岩性特征、岩石类型，又可分为五组，但县内仅出露乌叶、番召、清水江三组。由于加里东期构造运动的影响，在南东与北西向应力的作用下，使全区地层岩性形成北东及东西向的褶皱和断层，在革东大断裂、翻滚断裂的切割下残留了一系列断层，将测区的向斜背斜平行分割，并且局部河流的冲蚀形成断层河。区内褶皱由西向东分别为：东陇向斜、瓦寨背斜、洛里向斜、返排背斜、和平背斜、白芽向斜、建威堡向斜。区内断层由西向东分别为：革东断层、大田坝断层、木良断层、昂因断层、翻滚断层、柳川断层、郎洞断层、敏洞断层、高洋断层。2018 年 6 月 21 日，经国际地质科学联合会批准，寒武系第三统暨第五阶的全球标准层型剖面和点位（“金钉子”）正式落地区内。剑河县地处云贵高原向湘桂丘陵过渡的斜坡台地上，地势西南高，东北低，形似一只由西南向东北斜卧的“乌龟”，地貌以低山、低中山为主，千米以上的山峰 381 座。

根据贵州省地质局矿产资料，剑河县矿产已查明的有煤、铁、锰、多金属（含金）砷金矿及水晶、熔炼水晶等7个矿种，产地21处。① 黑色金属矿产。全县此种矿产有铁、锰、钒、金红石等矿各1处。② 能源矿产。县境能源矿产主要是煤、蕴藏于县境东北南明镇。分布于敏寨、登凡、芭蕉湾、独家寨一带。以敏寨、芭蕉寨一带含煤较好。③ 有色金属矿产。县境有色金属矿产主要是（含金）砷，多金属矿产及金矿。④ 特种非金属矿产。水晶、熔炼水晶为剑河县重要非金属矿。水晶有矿点4处：洞庭、平能、平鸠、高坝。熔炼水晶两处：培荣、高贾。此外还有含晶标志的石英脉点7处：小广、白露、汪泽堡、老山界、塘化、九衣、展牙。

（二）气候资源

剑河县属中亚热带湿润季风气候区，冬无严寒，夏无酷暑，雨量充沛。气温与所处地理位置及海拔高度密切相关，年平均气温随海拔高度的变化而有所变化，全县各地年均气温16.7 °C，历年极端最高气温39.1 °C（1972年8月27日），极端最低气温-8.1 °C（1977年1月30日）；历年平均日照时数1 116.9小时；历年最大积雪深度18厘米，年平均无霜期310 ~ 326天。境内降水丰富，多年平均降水量1 226.4毫米。但地域分布不均，降雨量随地形的增高而增大，随地形的降低而减少。雨季多始于每年4月初，结束于10月下旬，旱季为11月至次年3月。降水量年内分配不均匀，全年65%左右降水量集中在4—8月，历年平均相对湿度为81%。

（三）水资源

剑河县地处长江流域，境内河流属长江流域、洞庭湖沅江水系。河流长度10千米以上或流域面积20平方千米以上的有23条，境内大河有3条，即清水江、南哨河、六洞河。清水江在本县境内的流域面积1 532平方千米，年径流量14.5亿立方米。

（四）土地资源

剑河县国土总面积2 176平方千米，境内土壤分为5个土纲、7个土类、16个亚类、42个土属、91个土种。5个土纲是：淋溶土纲—山地黄棕壤，占1.29%；铁铝土纲—黄壤、红壤，占90.05%；初育土纲—石灰土、紫色土，占1.51%；半水成土纲—潮土，占0.005%；人为土纲—水稻土，占4.09%。其土壤垂直地带较明显，海拔500米以下地区为红黄壤地带；500 ~ 1 400米为黄壤地带；1 400米以上为山地黄棕壤地带。区内因山地多、平地少，人地矛盾非常突出。

（五）生物资源

剑河县属亚热带常绿阔叶林植被带，在贵州省植被分布中属雷公山山地常绿栎林、杉木林、常绿落叶混交林区。境内除西南部大毛坡上有少量原始天然植被外，其余地区为天然次生植被和人工次生植被。天然次生植被又分为稀灌草丛植被、稀疏灌丛草被、阔叶林地草丛植被、松林植被和针阔叶林草丛混交植被等种类。松林、阔叶林草丛混交植被是县境内的主要植被，其种类繁多。据《剑河县志》记载，剑河县天然野生中草药品种多达 1 000 余种，如钩藤、黄精、大血藤、重楼、青钱柳、白及、仙茅、桔梗等野生资源十分丰富。

二、人文资源禀赋

（一）人口变化

1. 人口增长

根据剑河县第七次全国人口普查结果，2020 年全县常住人口为 188 507 人。同 2010 年第六次全国人口普查的 180 624 人相比，10 年共增加 7 883 人，增长 4.36%，年平均增长率为 0.43%。

2. 人口构成

（1）人口年龄构成。2020 年剑河县常住人口中，0～14 岁人口为 50 708 人，占 26.90%；15～59 岁人口为 108 164 人，占 57.38%；60 岁及以上人口为 29 635 人，占 15.72%，其中 65 岁及以上人口为 23 196 人，占 12.31%。与 2010 年第六次全国人口普查相比，0～14 岁人口的比重下降 0.20 个百分点，15～59 岁人口的比重下降 1.69 个百分点，60 岁及以上的比重上升 1.89 个百分点，65 岁及以上人口的比重上升 2.85 个百分点。

（2）人口性别构成。2020 年剑河县常住人口中，男性人口为 99 079 人，占 52.56%；女性人口为 89 428 人，占 47.44%。总人口性别比（以女性为 100，男性对女性的比例）为 110.79，比 2010 年第六次全国人口普查的 113.28 下降 2.49 个百分点。

（3）人口受教育程度。2020 年剑河县 3 岁以上常住人口中，拥有大学（指大专及以上）文化程度的人口为 14 949 人；拥有高中（含中专）文化程度的人口为 14 484 人；拥有初中文化程度的人口为 48 955 人；拥有小学文化程度的人口为 65 762 人（以上各种受教育程度的人包括各类学校的毕业生、肄业生和在校生）。与 2010 年第六次全国人口普查相比，每 10 万人中，拥有大学文化程度的由 3 341 人上升为 8 273 人；拥有高中文化程度的由 6 543 人上升为 8 016 人；拥有初中文化程度的由 24 044 人上升为 27 092 人；拥有小学文化程度的由 40 674 人下降为 36 394 人。与 2010 年第六次全国人口普查相比，全县常住人口中，15 岁及以上人口的平均受教育年限由 6.58 年提高至 7.52 年。

（二）社会文化

剑河县境内民族文化鲜明，民族节日丰富多彩，有牯藏节、招龙节、姊妹节、祭桥节和六月六民歌节等传统节日；稿午苗族水鼓舞、革东苗族飞歌、久仰苗族情歌、温泉农民画等原生态艺术形式引人入胜，稿午苗族水鼓舞是记载民族原始舞蹈的活化石，小广侗族婚俗被誉为世界上最古老、最原生态的集体婚礼。剑河温泉 1991

年被评为“中国现代民间绘画之乡”，柳富锡绣、巫包红绣被列为国家非物质文化遗产名录。

1. 苗族剪纸

苗族剪纸俗称“苗族花纸”“剪花”“绣花纸”，苗语称之为“西给港”“西给榜”。“西”即汉语“纸”之意，“给”即汉语“剪”之意，“港”即汉语“虫”之意，“榜”即汉语“花”之意。苗语所称的“虫”，有时是对动物的一种泛称，非专指昆虫，如虎称为大虫，蛇称为长虫，蝶蛾可称虫，蛹亦可称虫，故“西给港”“西给榜”翻成汉语，分别为“动物剪纸”和“花朵剪纸”之意。

苗族剪纸历史悠久，是与他们生活紧密相关的一种民间艺术。在贵州省黔东南州一带苗族中世代传唱的《苗族古歌·跋山涉水》一节中就有剪纸的叙述。歌中描述苗族先民远古时期从“东方”（苗族早期生活的长江中下游）向“西方”（今贵州、湘西）大迁徙的情景，“姑姑叫嫂嫂，莫忘带针线，嫂嫂叫姑姑，莫忘带剪花。”苗族历史上的这次大迁徙，是民族性的集体大转移，即使在这样艰辛的环境中，妇女仍把针线、剪花当作十分重要的事项，可见剪纸（剪花）和刺绣早就成了一对孪生姊妹。他们穿着的那些彩衣、花鞋、背裙、褡裢、荷包、童帽、帐帘和围兜上所绣出的那些千姿百态的花草鸟虫、栩栩如生的刺绣，哪样都离不开剪纸。

2. 剑河苗族银饰锻造技艺

剑河苗族银饰的加工锻造原主要分布在剑河县革东镇、岑松镇的部分苗族村寨，为手工作坊式。早年，银匠大多背负着产品走村串寨进行兜售。2001 年后，大多迁至革东镇定点经营。据苗族古歌传唱，早期的苗族银饰以胸饰、手饰为主，其中胸饰由冷兵器时代的护心镜演变而来，手饰最初是巫术中的儿童辟邪之物。后来，由于不同苗族支系文化的相互渗透，用于服饰装扮的内容和形式逐渐丰富，遂演变成现在丰富多彩的苗族银饰。

3. 观么乡红绣

苗族服饰是我国民间工艺美术的重要分支，刺绣则是苗族服饰构成的主要元素。剑河苗族服饰计有 11 种之多，其中尤以锡绣和红绣最具特色。红绣是仅存于剑河县境内的民间服饰刺绣工艺，它与其他地区苗族服饰传统有所不同。它的绣制与穿着不讲究年龄层次的区分，一套盛装置备完成，便可陪伴一位女子的一生：从花季少女直至为人妻母。红绣如今大都分布在剑河县原柳川区境内，近年来，剑河县观么乡将其作为旅游项目在巫包村进行开发，红绣因此得到很好的继承与保护。

4. 苗年

剑河锡绣苗族是一个独特的支系，过年定在农历正月或二月，他们过苗年的时间与食物也与其他地区苗族不同。节日里包粽子、挑新水、煮酸汤、祭祀等活动中不许与客人说话，不能让小孩知道；斗牛活动前，先抬两根碓杆相撞，然后方可斗牛。整个节日期间，年轻人野外游方，晚上本家老人与客人互对古歌等都是独特的习俗。南寨乡柳富村片区将节日称为“姊妹节”，南加镇久旁村片区将节日称为“过大年”。节日期间的隆重程度、食物、习俗基本相同。

5. 招龙节

招龙节是剑河县境内苗族的传统植树节日，通常是在农历的一至三月之间逢辰日举行，为期三天，每隔 13 年轮回一次。遇灾年，可由寨老商议提前举办。节日期间，按苗族古规宰牯祭祀，招龙回家。仪式结束后，青年男女相跳芦笙，玩山对情歌。最后一天组织全寨老少和亲朋好友一起上山植树造林，节日形式具有非常浓厚的神秘色彩。

6. 六月六（仰阿莎文化艺术节）

相传，上古涨“瞒天水”时期，谷种由狗夹在尾巴中带到人间。遇大旱（农历六月），柳霁县城的全城百姓即抬狗祈雨，必灵验，是日，全城百姓欢呼异常，昼夜笙歌达旦，连欢四日。后县城迁至柳川，此习俗依旧沿袭，到后来，该活动已演变成以男女青年约会对歌为主要内容。1986 年，剑河大桥通车后第二年，始由官方举办。2007 年，剑河县城搬迁至革东，2008 年，剑河县委县政府将农历六月六定为“剑河仰阿莎文化艺术节”。

第二节 产业经济地理

2020 年，剑河县生产总值完成 59.58 亿元，同比增长 6.9%。其中：第一产业增加值 14.58 亿元，增长 6%，第二产业增加值 13.13 亿元，增长 17.2%，第三产业增加值 31.86 亿元，增长 3.2%。农业运行平稳，农业增加值完成 15.02 亿元，增长 5.9%。规模以上工业稳定增长，增加值增长 5.1%。农村居民人均可支配收入分别从 22 756 元、6 524 元增加到 34 820 元、10 747 元，年均分别增长 8.88%、10.5%，城乡收入差距缩小。

一、第一产业发展与布局

（一）种植业生产与发展方向

1. 种植业生产

从剑河县地形、气候、水分、土壤的组合条件和经济社会发展的需求来考虑，区内种植业适宜生产粮食、油料、钩藤、蔬菜等。

2. 发展方向

（1）粮食产业，加强基本农田保护，稳定粮食播种面积。认真落实好粮食直补、良种补贴等强农惠农政策，调动农民的种粮积极性。努力增加夏粮种植面积，改革耕作制度，提高复种指数，保持粮食播种面积稳定。加强基本农田建设，确保人均0.5亩口粮田。进一步加大良种良法推广力度，努力提高粮食单产和质量。“十四五”期间，要确保每年全县粮食总产量稳定在6.5万吨以上，确保全县粮食安全。

（2）油料产业，稳定油菜种植规模，积极引进和推广新品种。采用先进的加工技术改造油脂加工企业，实现油菜加工多元化、多层次深加工增值。积极发展油茶产业项目。

（3）蔬菜产业。依托优势资源，改善生产条件，发展现代蔬菜产业，力推农民增收。按照构建大健康产业的工作要求，发展蔬菜的养生品种、绿色产品和有机食品；围绕现代农业园区建设，全面推进蔬菜的规模化种植、标准化生产、商品化处理、品牌化销售和产业化经营。紧扣生产、加工、销售、服务四个环节，加强政策支持，建稳服务队伍，培植经营主体，激励企业开发，开创目标市场，推动蔬菜产业持续发展。在革东、岑松和柳川等镇发展优质蔬菜基地；在岑松、久仰两镇发展辣椒、朝天椒生产基地；在南明、磻溪、岑松、太拥等镇发展脱毒马铃薯种植基地；在南明镇结合生态休闲农业示范园建设油菜生产基地。引进外商，在磻溪镇试点高山冷凉蔬菜生产电商外销经营模式，建立外向型生产基地。

（二）林业生产与发展方向

1. 林业生产

根据贵州省第四次森林资源规划设计调查，剑河县林业用地面积162 333.07公顷，占全县国土总面积的74.97%，森林覆盖率72.44%，是贵州省十大林业县之一。全县林业用地按地类分：有林地面积145 791.73公顷，疏林地面积590.67公顷，灌木林地面积7 265.6公顷，未成林造林地面积6 741.35公顷，苗圃地面积22.7公顷，迹地面积813.72公顷，宜林地面积405.15公顷。林下经济以食用菌为“一县一业”主导产业的发展思路，统筹推进林下中药材、林蜂、林鸡等产业协调发展。以2019年为例，剑河县林下经济发展规模达到7 816.1公顷，总产值达3 002.5万元。全县林下经济发展总体还处于起步阶段，但总体发展势头良好，种植养殖规模不断扩大、种植养殖主导品种逐步凸显，涌现出了一些发展林下经济成功典型。

2. 发展方向

（1）调整林种结构。调减低效树种，替代种植菌材、油茶、茶叶、竹等高效林种，做好杉木等传统优势树种大径材培育，扎实推进林种结构调整，唱好“林字诀”，加快发展现代高效林业，着力破解“守着青山苦熬”难题，着力打造全州全省林种结构调整示范区。

（2）合理布局。围绕林下种植、林下养殖、林产品采集、森林景观利用四大工程，加快“百千万”基地建设，推动生态家禽（林下土鸡）从雏鸡自繁、商品鸡产业化养殖、成鸡屠宰、畜禽粪便无害化处理全产业链发展；优化林下中药材主导品种，提升中药材产量品质，促进产销对接；划定林下仿野生中药材种植、食用菌种植合理采集利用，提高钩藤、食用菌、小香鸡养殖等大宗产品采集利用率；加快森林旅游、林家乐等业态培育，全面提升综合经济效益。重点打造剑河柳川关口万亩山地高效农业示范基地建设。

（三）畜牧业生产与发展方向

1. 畜牧业生产

剑河县积极调整畜牧渔业结构，发展林下养殖小香鸡每年出栏 300 万羽，生猪养殖每年出栏 10 万头，并发展草场畜牧业，养殖山羊、黄牛等。

2. 发展方向

今后剑河县畜牧业的发展，应坚持重点区域重点发展，重点产业重点突破，形成规模化生产、集约化经营为主导的产业格局。稳定发展生猪，突出发展肉牛肉羊等草食畜牧业，积极发展家禽和因地制宜发展特色养殖业。生猪产业坚持“一稳、一增、两提高”的发展战略，稳定存栏，增加出栏，提高出栏率和能繁母猪繁殖效率。加强生猪良种繁育体系建设和地方特色猪种种质保护及开发利用；加强标准化规模养猪示范创建；加大地方猪种饲料资源开发；完善规模养猪场粪便及病死猪无害化处理及资源化利用工程建设；推进种养结合的生态循环农业模式；扶持家庭农场及适度规模养殖场建设，积极推动生猪产业集群或产业联盟式发展，促进生猪产业的转型升级。推广“政府+企业+农户”的三位一体产业集群发展模式，加强龙头企业和家禽养殖园区建设，提高标准化规模养殖水平。优化家禽养殖设备和环境管理，加强疫病信息化和疫情应急处理，全面推进肉（蛋）禽业健康发展。

（四）渔业生产

做大做强仰阿莎湖生态渔业养殖，同时结合仰阿莎湖旅游区开发需要，大力发展湖区休闲渔业，使库区渔业成为剑河县渔业新的增长点和主流；在仰阿莎湖实施大水面渔业养殖 4 万亩以上。继续巩固稻田养鱼、稻田生态养鱼，在注重提高单产的同时，更要注重优良新品种的引进和推广，每年实施稻田生态“稻+鱼（剑河稻花鲤鱼）+鸭”模式综合养殖 3 万亩以上。大力发展渔业特色养殖，重点发展高品质、高附加值鱼，亚冷水性鱼。

二、第二产业发展与布局

（一）主要工业的生产

剑河县紧扣“生态脱贫·绿色发展”主题，坚持把生态文明作为经济发展的着眼点，深入推动工业强县战略，坚持“不让一个污染企业在剑河藏身”，坚持发展技术含量高、产值高、产业链长、绿色生态的工业产业，坚持不复制、不跟风，不“贪大求洋”，因地制宜走具有剑河特色、符合剑河实际的差异化绿色精品工业园区发展之路，大力发展以资源循环利用、综合利用和清洁生产为特征的生态工业，摒弃高投入、高污染、高消耗、低效率的粗放式经济增长方式，重点发展电力能源、林产林化、新型建材、特色轻工、民族医药和非资源性等六大产业，深入推进工业经济高质量发展。

（二）工业地域组合

剑河工业园区位于岑松镇屯州村，距剑河县城 12 千米，园区总规划面积 4.84 平方千米，建成面积 1.5 平方千米，已建有 12.08 万平方米的标准厂房，2013 年被批准为州级工业园区。目前，剑河工业园区已有 21 家企业入驻，18 家正常生产经营，其余在建，其中规模以上工业企业 6 家。按类别划分为：木材加工类企业有 3 家，分别为贵州剑河园方林业投资开发有限公司、剑河县荣达木业有限公司、贵州鸿盛木业有限公司；家具制造类企业有 2 家，分别为剑河县章氏古典家具有限公司和贵州弘毅家居有限公司；林产化工类企业有 2 家，分别为剑河县绿野活性炭厂和贵州森环活性炭有限公司；食用菌及其加工类企业有 3 家，分别为贵州剑荣菌业有限公司、贵州剑荣生物科技有限公司、剑河县绿丰实业有限公司；特色食品类企业有 2 家，分别为剑河县老蔡食品有限责任公司、贵州黔味味食品有限公司；医药健康类企业有 5 家，分别为剑河县金钩藤产业发展有限公司、贵州苗里医药创新科技有限公司、苗泰健康产业（贵州）有限公司、贵州苗大伯健康产业有限责任公司、贵州苗飨健康产业有限公司；服装加工类企业 1 家，为贵州剑河民合服饰有限公司；无人机生产企业有 1 家，为贵州剑河中和时代科技有限公司；成品纸加工类企业 1 家，为剑河县绿缘纸业有限公司；建筑类企业有 1 家，为剑河县中兴商砼有限公司。

实施工业提质倍增行动。立足盘活存量、做大总量和提升质量，积极支持培育园方、剑荣、建江等龙头企业发展壮大，加快向十亿元级特色优势产业转变。积极培育壮大森环活性炭、中兴商砼等现有入库企业产业规模。培育规下企业升级为规上企业。大力发展以食用菌、中药材、肉制品等为代表的特色农林产品精深加工业，积极推动老蔡食品公司技改扩容和黔味味食品公司增资扩能，着力打造全州全省全国生态食品工业基地。围绕现有特色产业基础和资源优势精准招商，引进行业领军型龙头企业和上下游配套企业，健全产业链供应链，进一步开拓增量。

三、第三产业发展与布局

（一）旅游业的发展与布局

1. 旅游业的发展

剑河县依托自身旅游资源优势，大力发展全域旅游，旅游业呈现出蓬勃发展势头。截至2018年年底，剑河县有2处国家级地质公园、7项国家级非物质文化遗产、1个省级风景名胜区、1处省级文物保护单位、4处A级以上旅游景区、7个州级重点民族文化旅游村寨。全县各级饭店宾馆及客栈有405家，其中星级以上9家。旅行社5家，常驻导游4人，苗侗特色旅游商品开发公司1家，本地传统手工艺品加工店7家。"十三五"时期，剑河县文化旅游业快速发展，旅游总收入从8.25亿元增加到32.05亿元，年均增长31.18%。

2. 旅游业发展战略

通过深化旅游富县战略，推动文化旅游产业提质发展。

（1）全力打造一流的旅游目的地。依托县城、八万山、雷公山、温泉景区、国有林场、仰阿莎湖等山水资源禀赋优势，大力发展山水新型旅游业态，打造"国际知名、中国一流、贵州一绝"温泉度假休闲旅游目的地和"民族现代化"的"绿色山水公园县"。加快推进八万山、雷公山系公路沿线和仰阿莎湖库区民族村寨基础设施建设，着力建成和升级改造一批以民族风情、田园风光和休闲农业为重点，以文化体验和休闲避暑养生为特色的乡村旅游示范点，打造乡村旅游升级版。强力推进温泉文化旅游景区5A级景区建设，真正将剑河建设成为令世人向往的极具苗侗特色的森林温泉山地湖滨旅游大县。

（2）大力发展以民族和山地为特色的文化旅游业。按照山地旅游目的地和山地文化旅游大县的定位，充分发挥剑河县全域旅游资源优势，以重点旅游景区和文化产业园（基地）为载体，以民族民间节庆和文化会展为平台，统筹配置旅游发展要素，大力推进以民族和山地为特色的文化和旅游深度融合。

（3）加强民族文化传承保护与创新发展。秉承民族文化保护和文化产业开发相协调的可持续发展理念，按照"在保护中开发、在开发中保护"的原则，保护、传承、弘扬民族生态文化，大力发展民族特色文化产业和以民族文化为标志的旅游商品加工业，着力打造原生态民族文化品牌。加强民族文化传承保护，加大非物质文化遗产的传承和保护，着力打造民族特色文化产业，发展以民族文化为标志的旅游商品加工业。

（4）金融业的发展创新乡村旅游发展模式。积极探索乡村旅游发展市场化运作模式，借鉴从江岜沙村"景区运营公司+村集体+村民"、麻江乌羊麻村"公司+合作社+村集体+农户"、雷山西江苗寨、凯里云谷田园、黎平肇兴等乡村旅游"公司化"运作模式，通过引入企业，实施"三变"改革、"土地合作社"模式等，建立以农民为主体、农民参与和受益的公平合理的运行机制。

（二）金融业的发展

2020年，剑河县500万元以上固定资产投资增长1.5%。服务业增长态势向好。存款余额66.21亿元，增长2.1%；贷款余额65.74亿元，增长13.2%；财政总收入完成 42 018 万元，下降 9.4%。一般公共预算收入 17 697 万元，下降 15.1%；一般公共预算支出 232 601 万元，下降 21%。税收收入完成 39 332 万元，下降 3%。金融业增长态势向好。

（三）物流业的发展

剑河县为推动工业经济高质量发展，要求加快物流建设，引进和培育一批物流龙头企业，促进现代物流业态提升。一是完善物流基础设施。完善物流发展规划体系，开展建设剑河物流园。二是加快物流公共信息平台建设。引进龙头企业建设物流公共信息平台，大力发展第三方、第四方物流，整合物流行业资源，实现物流数据的集成、共享及应用，建设面向全省、全国范围的物流公共信息平台。建设以大宗商品货运信息、网上物流在线跟踪、城市配送智能管理等为主要内容的综合交通运输信息系统；建设以园区信息管理、供需信息发布、行业信息服务及相关物流金融、保险产品等为主要内容的物流园区信息系统；建设以供应链管理信息、物流信息发布与对接为主要内容的企业物流信息系统。三是规范快递业发展。推行“快递入园”工程，打造分拨配送“最后一公里”服务品牌，支持邮政、快递等企业服务平台进园区，促进快递业与电子商务、制造业、仓储物流融合，协同发展。

第三节　城镇化

一、城镇体系概述

剑河古为“化外生苗地”，位于贵州版图，但无行政设置，系自给自足的原始状态，苗民种田为食，纺织为衣。以寨议榔，榔设榔头，管理村寨。雍正七年（1729）十二月初八日，建立清江厅，由镇远府设同知一员分驻清江，厅挂府衔，称清江理苗府。民国 2 年（1913）9 月，全国统一改制，改清江厅军政分府为清江县，隶黔东道（驻镇远），县设团防总局，下设团防分局为基层单位，军政合一。因与江苏省清江县同（重）名之故，民国 3 年（1914）元月改清江县为剑河县。1950 年，剑河县仍隶镇远专区，全县设 3 区 11 乡镇。1959 年 1 月，全国并大县，台江县并入剑河，县政府驻柳川。1962 年 5 月，恢复原县建制，台江县析出，五河公社划归台江，县内设 4 区 23 个人民公社。

截至 2020 年 12 月 30 日，剑河县辖仰阿莎街道、革东镇、柳川镇、南加镇、南明镇、岑松镇、太拥镇、磻溪镇、久仰镇、南哨镇、南寨镇、观么镇、敏洞乡，共 1 个街道、11 个镇、1 个乡。其“中心城区—重点镇——一般镇—村庄”四级城乡等级结构渐趋形成。

二、城镇化发展现状

（一）人口城镇化水平较低

根据剑河县第七次全国人口普查结果，2020 年剑河县常住人口中，居住在城镇的人口为 74 541 人，占 39.54%；居住在乡村的人口为 113 966 人，占 60.46%。与 2010 年第六次全国人口普查相比，城镇人口增加 38 995 人，乡村人口减少 31 112 人，城镇人口比重提高 19.86 个百分点。剑河县城镇化的历史进程大致经历了萌芽、初创、成长和城镇扩展等发展阶段。根据 Northam 城镇化发展的阶段理论，该县现处于城镇化的加速发展阶段。

（二）城镇基础设施不断优化

物质基础设施建设是必备的城镇化步骤，是不能跨越的城镇化发展阶段。“十三五”期间，剑河县县城建成区面积扩大到 6.67 平方千米，空间不断拓展，品质不断提升。为加快推进城镇化建设，剑河县以强推项目建设为抓手，全力推进城市更新行动，紧紧围绕“三个 100 万”总目标、在“三改”、产城融合、公共社会事业基础设施、市政公用设施、商贸物流、城乡融合、特色小镇等城镇化建设“热点”领域，不断完善县域新型城镇化项目储备库建设。不断完善县城供排水、污水处理管网、燃气管道设施，推进老旧小区改造、棚户区改造、背街小巷改造等，加快城市更新建设。建成滨江路和国道 320 线进城大道木质人行栈道工程建设、清水江景观台和码头工程建设、城西仰阿莎大道连接城西改道段工程及道路绿化亮化工程、城西片区 10 kV 供电工程、城西安置区雨污工程及道路硬化工程、源江河大桥工程建设、温泉片区及国道 320 线剑河高速公路出口至博康医院沿线房屋靓化工程建设，城镇基础设施和公共服务不断完善，为推动具山地特色新型城镇化的快速发展奠定了基础。

三、城乡融合发展

（一）优化城镇空间布局

构筑“两心四轴三点”的县域城镇空间发展格局。“两心”，即以剑河县中心城区（县城和岑松镇区）和南明镇区为中心，构成剑河县城镇空间的极核。“四轴”，包括“沪昆高速、国道 320 线交通走廊产业布局聚合轴”“南（哨）南（明）和革（东）柳（川）南（加）两条旅游经济聚合轴”和剑榕高速公路形成南北向城镇聚合轴。“三点”，重点建设柳川、南哨、南加为县域城镇发展的支撑点。通过构建县域“两心四轴三点”的县域城镇体系空间发展格局，推动城乡互促共进，促进以人为核心的城镇化加快发展。

（二）建设特色小城镇

按照“小而精、小而美、小而特、小而富”的目标定位，推动特色小城镇实现精品化、集约化、绿色化发展。围绕十二个乡镇文化、生态、山水等资源特色，因地制宜打造一批宜居宜业宜游、基础设施健全、保障有力、低碳智慧、人气聚集、山水田园城相互融合的农文旅一体化小镇、湖滨休闲小镇、民族美食小镇、森林康养小镇、体旅融合小镇、特色文化旅游小镇、民族服饰小镇、温泉医药康养小镇。突出产业特色，建设一批产业特而专、形态小而美、功能聚而拢、机制新而活的特色农产品小镇，把乡镇建设成为服务农民的区域中心和推进农业供给侧结构性改革的示范区。

（三）提升城镇化发展动力

新型城镇化发展的动力包括推力和吸力。一方面，剑河县把解决“三农”问题作为发展县域经济的基本任务，大力培育特色乡村优势产业、农产品精深加工和农村服务业，提升新型城镇化的推动力。另一方面，把新型工业化作发展县域经济的基本途径，把民营经济作为发展县域经济基本力量，把特色经济作为发展县域经济的基本方针，以产兴业、以城促产，增强县域经济发展活力，提升新型城镇化发展的吸力。

（四）加快人口城镇化进程

推进以人为中心的新型城镇化，深化户籍制度改革，促进有能力在城镇稳定就业和生活的农业转移人口举家进入城镇落户，并与城镇居民享有同等权利和义务。实施居住证制度，努力实现基本公共服务常住人口全覆盖。加强对农业转移人口就业创业培训和服务，切实解决好住房、社保、医疗卫生、子女教育和权利维护等问题，促进进城农民安居乐业。加快推进农业转移人口市民化制度建设，健全财政转移支付同农业转移人口市民化挂钩机制，建立城镇建设用地增加规模同吸纳农业转移人口落户数量挂钩机制，维护进城落户农民土地承包权、宅基地使用权、集体收益分配权，支持引导其依法自愿有偿转让上述权益。

第十章　黄平县经济地理

黄平，因“地平掘土为黄”而得名。黄平县位于贵州省东南苗族侗族自治州西北部，地处东经 107°37′～108°11′，北纬 26°43′～27°14′。东邻施秉县，东南接台江县，南与凯里市接壤，西连黔南苗族布依族自治州的瓮安县、福泉市，北接遵义市的余庆县，连接三地州，接壤六县市。全县总面积 1 668 平方千米，东西长约 57 千米，南北宽 47 千米。全县辖 8 镇 3 乡 142 个行政村 13 个社区，总人口 39.8 万人，其中苗族、仡佬等少数民族占 68.5%。黄平是国家重点生态功能保护区，是中国现代民间绘画之乡、中国泥哨艺术之乡、中国优质无籽西瓜之乡、贵州省长寿之乡。

第一节　资源禀赋

一、自然禀赋

（一）地质与矿产

黄平县位于扬子准地台与华南褶皱带的交接地带上，境内出露地层有前震旦系、震旦系、寒武系、奥陶系、志留系、泥盆系、二叠系及下第三系、第四系。以前震旦系上板溪群清水江组的变质岩、寒武系中上统娄山关群的白云岩及志留系中上统翁项群的杂色页岩、粉砂质页岩分布广，面积最大。而石炭系、二叠系及侏罗系、白垩系、上第三系地层缺失。其特点是，地层古老、发育不全，厚度大，以海沉积为主。境内地势由西、西北向东、东南部逐渐降低，地貌类型多样，以低山中山山地、低山丘陵地貌为主，山地丘陵占全县国土总面积的 84%；河谷坝子占 16%。

境内矿产资源丰富。探明的矿产资源有汞、铁、煤、石膏、重晶石、磷、硅、铅、锌、锰、镓、锗、镉等 20 多种。其中，蕴藏量大的有重晶石、石灰石、石膏、铝矾土、汞矿。汞的储量为 1.09 万吨，重晶石的储量为 39.98 万吨，铀、钇等稀有金属储量为 1 150 吨，铝矾土储量为 600 万吨。

（二）气候资源

黄平县气候条件优越，属于中亚热带季风气候区，四季分明，气候温和，雨量充沛，冬无严寒，年均气温 15.1 °C，年均降雨量 1 307.9 毫米，日照数 1 104.7 小时，年无霜期为 299 天以上。全境位于东亚季风环流区内，随着东亚季风的进退和其他天候系统的综合作用，一年内，境内气候有明显的季节性变化。冬季主要受极地变性大陆性气团影响，盛行冬季风，因而温度低，雨量少，常有凝冻。夏季主要受赤道海洋气团和热带大陆气团影响，因此高温多雨，雨热同季现象明显，但由于季风活动的异常和西太平洋副热带高压以及西风槽等天气系统的综合影响，常有洪涝、夏旱等现象出现。春季为冬、夏季风交替过渡季节，冷暖气流交替频繁，加上地形影响，往往形成境内多倒春寒、冰雹、夜雨等天气，且季风进退各年有异，雨季的到来时间相差甚为悬殊，常有春旱发生。秋季也是冬、夏季风交替的过渡季节，冷暖气流交替又趋频繁，因而秋雨连绵，雨量增多。

（三）水资源

黄平县水资源丰富，境内河流属长江水系，有大大小小 100 多条河流，主要有重安江、㵲阳河、平溪河、西堰河、苗里河、野洞河。其河流以武陵山脉、苗岭山脉为分水岭，分别由西向北、由西向东流出县境。中、南部主要河流有㵲阳河、重安江、苗里河属长江流域洞庭湖水系，流域面积 1 236 平方千米，占全县总面积 74%；北有平溪河，属长江流域乌江水系，流域面积为 316 平方千米，占总流域面积的 19%，长 10 千米（流域面积 20 平方千米以上）的河流 33 条，总长 688 千米。

（四）土地资源

黄平县地处黔中高原向黔东低山丘陵过渡地带。地势由西、西北向东、东南部逐渐降低。山脉多呈北东走向。地形为北部山地隆起，为黔北高原武陵山脉的延伸，南部隆起山地为苗岭山脉的余系，中部为河谷坝子和丘陵地带。境内海拔高度在 600 ~ 1 200 米，最高海拔 1 367 米，最低海拔 519 米。黄平全境处于全国黄壤、红壤复合地带，80%以上是微酸性至酸性土壤，pH 值为 3.66 ~ 8.0，黄壤占县土地总面积的 60%，主要分布在 500 米以上的低山、低中山、丘陵地带。全县共有 8 个土类，29 个亚类，116 个土种，适种性较广。土地利用以农用地为主，占土地总面积的 84.61%，全县建设用地比例过低，仅占土地总面积的 3.36%。区内山地多、平地少，人地矛盾比较突出。

（五）生物资源

黄平县山川秀美，生物资源丰富，现森林覆盖率达到 61.12%。境内生长有野生植物近 3 000 种，主要树种杉木、油桐、乌桕、麻栎、青冈、樟木、板栗、漆、刺槐等，药用野生植物达 1 000 余种，主要有天麻、灵芝、杜仲、冬虫夏草、麝香等；生活有野生动物近千种，其中国家珍稀保护动物有娃娃鱼、红腹锦鸡、小灵猫、穿山甲等。

二、人文禀赋

（一）人口变化

1. 人口增长

根据黄平县第七次全国人口普查结果，2020 年全县常住人口为 244 125 人。同 2010 年第六次全国人口普查的 263 363 人相比减少 19 238 人，减少 7.30%，年平均增长率为-0.76%。黄平县历次人口普查常住人口及年均增长率见图 10-1。

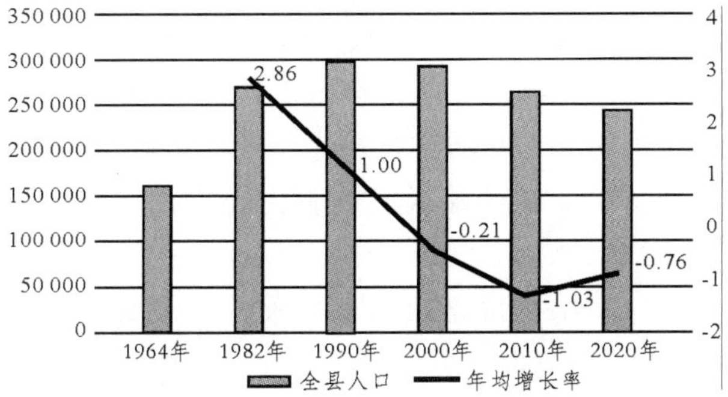

图 10-1　黄平县历次人口普查常住人口及年均增长率

2. 人口构成

（1）人口性别构成。2020 年黄平县常住人口中，男性人口为 124 428 人，占 50.97%；女性人口为 119 697 人，占 49.03%。总人口性别比（以女性为 100，男性对女性的比例）为 103.95，比 2010 年第六次全国人口普查的 102.78 上升 1.17 个百分点。

（2）人口年龄构成。2020 年黄平县常住人口中，0 ~ 14 岁人口为 54 912 人，占 22.49%；15 ~ 59 岁人口为 137 917 人，占 56.49%；60 岁及以上人口为 51 296 人，占 21.01%，其中 65 岁及以上人口为 41 227 人，占 16.89%。与 2010 年第六次全国人口普查相比，0 ~ 14 岁人口的比重下降 5.17%，15 ~ 59 岁人口的比重上升 0.81%，60 岁及以上人口的比重上升 4.35%，65 岁及以上人口的比重上升 5.62%。

（3）人口受教育程度。2020 年黄平县 3 岁以上常住人口中，拥有大学（指大专及以上）文化程度的人口为 15 668 人；拥有高中（含中专）文化程度的人口为 20 775 人；拥有初中文化程度的人口为 77 093 人；拥有小学文化程度的人口为 91 786 人（以上各种受教育程度的人包括各类学校的毕业生、肄业生和在校生）。与 2010 年第六次全国人口普查相比，每 10 万人中，拥有大学文化程度的由 2 889 人上升为 6 418 人；拥有高中文化程度的由 5 024 人上升为 8 510 人；拥有初中文化程度的由 29 679

人上升为 31 579 人；拥有小学文化程度的由 47 269 人下降为 37 598 人。与 2010 年第六次全国人口普查相比，全县常住人口中，15 岁及以上人口的平均受教育年限由 7.36 年提高至 7.97 年。

（二）社会文化

1. 苗族文化

苗语属汉藏语系苗瑶语族苗语支黔东方言，为有声调语言，每一个音节一般由声母、韵母和声调组成。据黄平苗族古歌相传，苗族先民一部分由洞庭湖畔沿沅江而上逐步迁入黄平，一部分由广西融水北上，经榕江、剑河入黄平，居清水江畔。大歌和酒歌均为五言体，讲究声调、押韵、顺口，内容多对自然界的事物做臆断解释，叙述宇宙、人类和万物的起源。苗寨舞蹈轻快，队形多变，如芦笙舞、板凳舞。

男服饰现在与汉族相同。女服饰特色明显，款式多以紫色为底，以数十块挑花、织锦共同组装而成。随着工业化的深入，女服饰的款式、用料、工艺、加工方法都发生很大变化。

苗族多居山区，自然村寨周围多绿树，有水井、水塘，传统民居为木板房，为五柱四瓜或三柱二瓜结构，桐油漆板，光彩夺目。米饭为主食，喜食糯米。节日集会众多。主要节日有苗陇一带的耗子年；古历二月初二祭桥；春三月黄飘高坡、王家排、白堡姑娘坡等集会；四月八飞云崖集会；五月五日重安等龙船节；六月六白堡、翁开吴家粽芭节；七月卯日吃卯节等。

2. 僅家文化

蜡染，服饰善用蜡染，女盛装造型古朴，绚丽多彩，一展武将英姿。“果树祭”，当四季果品在各地城乡已经不愁供应的今天，僅家群众仍然沿袭着古老的“果树祭”仪式，这在现代民间里是不多见的。

第二节 产业经济地理

2019 年，黄平县地区生产总值 65.05 亿元，比上年增长 11.9%。其中，第一产业增加值 20.13 亿元，增长 5.7%；第二产业增加值 11.93 亿元，增长 24%；第三产业增加值 32.99 亿元，增长 11.9%。第一、二、三次产业增加值占地区生产总值的比重分别为 30.94%、18.35%、50.71%。在三次产业中，第一、二、三次产业对经济增长的贡献率分别为 16.09%、34.75%和 49.16%。人均地区生产总值 24 333 元，比上年增加 1 565 元。其县域经济实力明显增强。

一、第一产业发展与布局

（一）种植业生产及发展方向

1. 种植业生产

从黄平县地形、气候、水分、土壤的组合条件和经济社会发展的需求来考虑，区内种植业适宜生产粮食、谷物、豆类、薯类、小麦、玉米、蔬菜及食用菌。2019年，全县粮食种植面积22 114公顷，比上年减少846公顷；谷物种植面积15 916公顷，下降5.3%；豆类种植面积811公顷，增长20%；薯类（鲜薯）种植面积5 386公顷，下降1.62%；蔬菜及食用菌种植面积11 046公顷，比上年增长20.26%。2019年粮食产量19.1万吨，比上年增加10 784吨，增产6%；蔬菜及食用菌产量22.36万吨，增长31.1%。已孵化出了“苗山花”“半山五古稻”“谷陇糯小米”“且兰百香果”等一大批绿色品牌，农业经济运行良好。

2. 发展方向

（1）大力推广良田高效耕作制度，提高粮食复种指数；坚决遏制耕地撂荒，增加粮食播种面积，确保粮食播种面积稳定在33.81亩以上，其中，水稻面积稳定在20.72万亩以上。

（2）着力提高粮食生产效率，推广稻渔、稻菜等绿色高效种养模式和绿色生产方式，促进粮食高质量发展。

（3）扶持一批种粮大户和粮食生产合作社，提高粮食生产规模化，组织化程度。

（4）进一步改善和优化种植业结构，提高经济效益，促进种植业高质量发展。

（二）林业生产及发展方向

1. 林业生产

黄平县2020年森林覆盖率为61.12%,其林业生产以提高林地利用效率和林业综合效益为核心，充分发挥森林资源优势，大力推广先进适用技术和新型林下种养模式，加快发展特色生态林下种植养殖业，积极推进林下采集加工和森林景观开发利用，推动林文旅融合发展，使林下经济成为全县的重要支柱产业、绿色产业。黄平县建有旧州山邦蓝莓基地、新州三八水库蓝莓基地、上塘林下养蜂、新增新州镇东坡村花果山桃园、旧州五洋生态园、国有林场（大沙河）林下中药材、翁坪乡白洸村黑毛猪养殖等7个试点示范基地。全县种植利用森林面积达到5万亩以上，养殖利用森林面积达到16万亩以上。

2. 发展方向

（1）林下特色种植，建设珍稀大径级用材林国家储备林基地、特色果品林基地。主要以种植蓝莓、李子、桃子、梨、油茶等精品水果基地为林业产业发展提供基础支撑；特色林下中药材产业基地，新造林地加大发展林下套种太子参、白及、黄精等中药材种植为主，以林下种植石斛、食用菌等食药同源为辅的特色中药材产业基地。

（2）林下特色养殖。发展林蜂特色养殖。充分利用蓝莓、桃、李、油菜花等木本植物和自然保护区、国家森林公园等生态优势，大力发展林蜂特色养殖。发展林下放养黑毛猪。

（3）林产品采集加工。做好蕨类、竹笋等森林野菜、野生菌等林产品适度采集和加工，着力开发林下可用野生资源，同时，规范松脂采割，推动林下经济林产品开发和精深加工，延长产业链，提高附加值。

（4）森林景观利用。大力发展森林旅游，打造特色森林康养基地。

（三）畜牧生产及发展方向

1. 畜牧业生产

黄平县 2019 年年末生猪存栏 5.93 万头，比上年末下降 10.6%；牛存栏 3.66 万头，增长 26%；羊存栏 1.23 万头，增长 30.3%；家禽存栏 59.23 万羽，增长 17%。全年生猪出栏 7 万头，比上年下降 12%；牛出栏 1.15 万头，增长 13.5%；羊出栏 0.74 万头，增长 5.9%；活家禽出栏 80.46 万羽，增长 39.7%。全年肉类总产量 9 101 吨，比上年下降 2.3%。其中猪肉产量 6 165 吨，下降 11%；牛肉产量 1 486 吨，增长 13.9%；羊肉产量 133 吨，增长 3.9%；禽肉产量 1 317 吨，增长 38.1%。禽蛋产量 208 吨，增长 18.2%。全年水产品产量 4 568 吨，比上年增长 6.6%。

2. 发展方向

（1）用好资源，因地制宜谋发展。充分利用该县草山资源广阔、饲料资源丰富、林地条件优越的有利条件，加快生态草食畜牧业、林下养鸡产业的发展，增加畜牧业在农业总产值中的比重，满足食品工业及轻工业原料和人民生活水平日益提高的需要。

（2）创新方式方法，强化对农服务。为引导农户适应现代化企业生产方式，加大宣传力度，组织农户深入企业现场监督，让农户亲眼见、实地看，用实实在在的“好畜好价”，改造农民传统、落后的思维方式，改变农民“卖牛灌大肚”“吊架子饲养”的陋习，让农户发自内心地注重科学饲养，改变传统粗放式饲养模式。

（3）大力推行“公司+合作社+农户”“专业合作社+农户”的发展运行机制，着力助推畜牧养殖产业向高产、优质、高效、安全方向发展，提升畜牧养殖全产业链及经济效益。

二、第二产业发展与布局

（一）工业发展条件

（1）交通比较便利，有多条高速公路和铁路过境，建有民用机场。黄平是区域间人流、物流、信息流的集散中心。

（2）拥有一定的工业基础，有谷陇工业园区、旧州特色工业园区和槐花工业园区等 3 个工业园区。

（3）农产品丰富，无公害蔬菜、蓝莓、中药材种植具备相当规模，有利于发展农副产品深加工，发展好特色主导产业，把资源优势尽快转化为经济优势和竞争优势。

（4）矿产资源丰富，蕴藏量大的有重晶石、石灰石、石膏、铝矾土、汞矿等。

（二）主要工业生产及布局

黄平县 2019 年全年全部工业增加值 3.2 亿元，比上年增长 3.2%。规模以上工业增加值增长 0.2%。在规模以上工业中，分经济类型看：股份制企业增长 0.2%，私营企业增长 0.2%，非公有企业增长 0.2%；分行业大类看：化学矿开采业下降 100%，石膏、水泥制品及类似制品制造业增长 30.1%，电力供应业增长 37.34%，石墨及其他非金属矿物制品制造业增长 1.2%。全县的工业生产集中布局在谷陇工业园区、旧州工业园区和槐花工业园区等 3 个园区。

三、第三产业发展与布局

（一）旅游业发展

1. 旅游资源丰富

黄平素有“且兰古国都，云贵最秀地”之美誉，是“中国现代民间绘画之乡”“中国泥哨艺术之乡”“中国优质无籽西瓜之乡”“贵州省长寿之乡”。这里拥有中国历史文化名镇——旧州古镇，是春秋战国时期的且兰古国都；有红军长征两次经过黄平的“红色文化”；有二战机场的空中“抗战文化”；有与林则徐、和珅、郭沫若、石赞清等众多历史文化名人不解之缘的“名人文化”；有苗族和僅家人多姿多彩的“民族文化”。

2. 旅游产品多元化

该县休闲度假旅游、特色旅游、康体旅游、商务旅游等新型旅游产品的发展迅猛，旅游产品类型更加丰富，组合的方式也更加多元。

3. 游客和旅游收入持续增加

以 2019 年为例，全年共接待游客 423.55 万人次，比上年增长 26.35%；旅游总收入 29.74 亿元，增长 24.32%。其中外国人 162 人次，增长 23.66%。

4. 旅游景区分布

黄平县地处国家级㵲阳河风景名胜区上游，拥有飞云崖、上㵲阳、旧州古镇、浪洞森林温泉和岩门长官司城等景区。全县有人文景观 48 处，自然景观 52 处；有旧州古镇建筑群、飞云崖、重安江水碾群和岩门长官司城 4 处国家级重点文物保护单位，还有省级文物保护单位5处，县级文物保护单位63处；有朱家山原始森林公园，野生动植物1 000余种。这里的自然景观、历史文化、民族风情等构成了黄平特有的自然人文韵律，是融山水观光、生态休闲、民族采风、文化研究于一体的旅游资源大县。

（二）金融业发展

2019年年末，黄平县金融机构存贷款余额168.06亿元，比上年增长10.2%。全县金融机构各项存款余额88.87亿元，比年初增加4.87亿元，增长5.8%。非金融企业存款余额15.62亿元，比年初增加0.14亿元，增长0.88%；广义政府存款余额9.62亿元，比年初减少0.47亿元，下降4.7%。全县金融机构各项贷款余额79.19亿元，比年初增加10.35亿元，增长15%；非金融企业及机关团体贷款余额40.66亿元，比年初增加6.65亿元，增长19.6%。

今后要进一步完善地方金融体系，鼓励现有金融机构增设营业网点，向县域、乡村展业延伸，扩大金融地域覆盖面。完善“政金企”融资长效对接机制。围绕工业产业、优势特色农业和强基础补短板等薄弱领域开展“政金企”融资活动，建立和完善“政金企”对接长效机制。

（三）物流业发展

2019年年末，黄平县公路通车里程为2 683.8千米，比上年增加167.4千米。2019年全年运输总周转量为177 261.4万吨千米，下降29.4%。其中：旅客周转量为9 924万人千米，下降83.2%，货物周转量176 269万吨千米，下降27.9%。

2019年全年，黄平县邮政行业业务总量2 672.51万元，比上年增长11.7%。邮政业全年完成邮政函件业务75.52万件，包裹业务54件，快递业务量64 358件；快递业务收入96.58万元。同年完成电信业务总量21.34亿元，比上年增长80.3%。年末全县光缆线路长度9 462.7千米，全县电话用户总数25.18万户，其中移动电话用户24.74万户。移动电话普及率上升至69.87部/百人。固定互联网宽带接入用户47 668户，比上年末增加13 347户，其中固定互联网光纤宽带接入用户22 815户，增加7 622户；移动宽带用户59 400户，增加11 593户。互联网上网人数21.93万人，比上年末增加38 755人，其中手机上网人数15.29万人，增加29 047人。互联网普及率达到90%，其中：农村地区互联网普及率达到75%。有线电视用户97 919户，比上年增加16 907户；业务总收入1.64亿元，比上年减少2 126万元。今后应深入推进物流基础设施建设，构建现代高效物流体系；加快物流集散配送中心、智能云柜等快递物流设施，健全县乡村三级快递物流配送体系；深化改革邮政企业，做大做强快递业务。

第三节　城镇化

一、城镇体系概述

周赧王三十八年（前 277），秦昭襄王取楚巫黔地置黔中郡，黄平之地属之。汉建元六年（前 135），武帝遣唐蒙通夜郎，其后 24 年平且兰，以其地置牂柯郡，黄平属牂柯，郡治黄平（旧州）。明洪武七年（1374），改元置黄平府为黄平安抚司，隶播州。清康熙十年（1671），黄平千户所并入黄平州；二十六年（1687），裁兴隆卫并入黄平州，移州治于卫所。兴隆改称新州，原州治所改称旧州。嘉庆三年（1798），黄平州改隶镇远府。民国 3 年（1914），黄平州改为黄平县。1956 年 7 月，建立黔东南苗族侗族自治州，黄平属之。

黄平县现辖 8 镇 3 乡，分别为新州镇、旧州镇、重安镇、谷陇镇、平溪镇、浪洞镇、上塘镇、野洞河镇、一碗水乡、纸房乡、翁坪乡。其“中心城区—重点镇—一般镇—村庄”四级城乡等级结构渐趋形成。

二、城镇化发展现状

（一）人口城镇化水平低

根据黄平县第七次全国人口普查结果，2020 年黄平县常住人口中，居住在城镇的人口为 93 992 人，占 38.50%；居住在乡村的人口为 150 133 人，占 61.50%。与 2010 年第六次全国人口普查相比，城镇人口增加 44 092 人，乡村人口减少 63 330 人，城镇人口比重提高 19.55%。黄平县城镇化的历史进程大致经历了萌芽、初创、成长和城镇扩展等发展阶段。根据 Northam 城镇化发展的阶段理论，该县已进入城镇化加速发展的阶段。但其城镇化水平尚低于全州、全省的平均水平。

（二）城乡基础设施不断改善

物质基础设施建设是必备的城镇化步骤，是不能跨越的城镇化发展阶段。黄平持续强化新州、旧州、谷陇、重安、平溪、浪洞等城镇建设，加大完善城市市政功能，规划启动一批城镇、农村停车场建设；推进城镇水、电、气等基础设施建设；规划建设一批城市公园、休闲广场、园林景观设施。新建或改扩建一批客货站场，实现行政村全部通客运。加快水电、路、讯等基础设施向下延伸，逐步推进新农村示范村建设，整治村庄环境；逐步完善野洞河新华、茶山、重安岩头三个仫佬族聚居村基础设施。

三、城乡融合发展

黄平县坚持以人为核心，倾力推进新型城镇化建设，努力打造极富特色的新型城镇，统筹推进城乡协调发展，着力优化城镇空间布局，全面提升城镇品质，做强城镇经济。

（一）持续优化城镇布局，拓展城镇发展空间

着力优化城镇空间布局，根据《黄平县“十四五”国民经济与社会发展规划纲要》，突显“核心引领、区块联动、多极互动、多点支撑”的发展空间结构。大力提升新州镇县域经济中心发展首位度，持续推进新州和旧州同城化发展及新州和重安一体化发展。加快推进“谷陇苗族特色小镇”区域板块协同发展。

（二）落实户籍制度改革，推进农业转移人口市民化

加快推动城镇稳定就业和生活的农业转移人口、租赁房屋的常住人口、居住证持有人在常居地落户。加强易地扶贫搬迁后续服务“五个体系”建设，引导易地扶贫搬迁人口落户城镇。推进常住人口基本公共服务全覆盖，建立适应农业转移人口市民化趋势的支持政策和配套措施，提高农业转移人口融入城市的能力。

（三）提高城镇承载能力，建设宜居宜业宜游特色城镇

优化小城镇的路、水、电气等基础设施网络，提升基础设施供给质量和运行效率，打造集约高效、经济适用、智能绿色、安全可靠的现代化基础设施体系，促进乡镇同城连片发展，做大做强城镇经济。着力打造旧州园林城镇和低空飞行康养小镇、谷陇银饰小镇、浪洞温泉蘑菇小镇、上塘甜蜜小镇、重安历史文化民族风情小镇等，建成一批宜居宜业宜游特色小城镇。此外，黄平县境内还有民族风情浓郁、传统建筑风格独特、形成一定规模的特色寨，如谷晚大寨、留翁寨、蒙加寨、枫香寨、望巧寨、富塘寨、白岩寨等，这些特色寨在弘扬民族原生态文化、促进人与自然共生共荣进程中发挥了重大作用。

（四）健全公共服务体系，筑牢民生保障底线

实施基本公共服务均等化、标准化、优质化，促进稳定就业，加快补齐教育、医疗、住房等民生保障短板，筑牢民生保障底线，共享发展新成果。持续提升教育质量，努力推动各级教育高水平高质量普及，实现基本公共教育服务均等化，积极构建服务全民终身学习的现代教育体系。持续提高医疗卫生水平，优化医疗卫生资源配置，健全体系完整、分工明确、功能互补、密切协作、覆盖城乡的医疗卫生服务体系。持续完善社会保障体系，按照兜底线、织密网、建机制的要求，全面建成覆盖全民、城乡统筹、权责清晰、保障适度、可持续多层次综合社会保障体系。持

续强化公共文化服务，加快公共文化服务设施建设，加快完善各级公共文化服务网络，增强公共文化服务保障能力。持续健全住房保障体系，坚持“房子是用来住的”定位，建立完善多主体供给、多渠道保障、租购并举的住房制度，推进保障性住房建设，满足困难家庭基本需求，努力保障人民住有所居。

（五）强化城乡统筹发展，推进乡村振兴战略

大力发展乡村经济，以现有规模较大的中心村和一般村庄为重点，依托区域特色和资源禀赋，推进一批产业发展型、乡村旅游型、康体养生型、生态保护型“四型”村寨建设，激活乡村振兴的内生动力。大力改善人居环境，加强农村人居环境整治，基本实现乡村设施齐全、治理成熟、管护完善。大力夯实发展平台。大力扶持农民合作社，培育一批果蔬、林下经济、中药材等类型的农民合作社。加强农村电子商务综合服务站点建设，大力推进农村电商+扶贫增收、双创+返乡创业、互联网+乡村旅游等工程，实现全县行政村电商服务全覆盖。

第十一章 施秉县经济地理

施秉县位于贵州省东部，黔东南苗族侗族自治州西北部。地处东经 107°52′~108°28′，北纬 26°46′~27°20′。北抵石阡，东北及东部与镇远相连，东南角与剑河县接壤，南接台江以清水江为界，西靠黄平、余庆，呈南北长、东西窄状，全县土地总面积 1 531.83 平方千米，占黔东南州土地总面积的 5.04%。县城距省城贵阳 230 千米，离州府凯里 76 千米。现辖 5 镇 3 乡 64 个行政村 10 个社区。

第一节 资源禀赋

一、自然禀赋

（一）地质与矿产

施秉县的大地构造属于上扬子陆块鄂湘渝黔前陆褶断带。地跨两个大地构造单元，其划分大致以施洞口逆断层（施洞—金钟山—楼寨）为界，断裂之南属华南后加里东准地台；北面属扬子准地台。断裂两侧之地层分布、沉积特征、构造运动、变质作用等均不同。断层东南地层出露以板溪群为主，局部出露震旦、寒武系；断层西北，地层出露以古生界为主，尤以寒武系分布最广。在 10 亿年漫长的历史时期，经历了雪峰、加里东（都匀）、燕山、喜马拉雅山运动多期造山运动。境内地貌类型多样，山大坡陡，河流深切。

矿产资源丰富。矿产资源已探明的有汞、铁、煤、石膏、重晶石、磷、石灰石水泥原料矿、铝矾土、硅、铅、锌、锰、镓、锗、镉等 20 多种，其中蕴藏量大的有重晶石、石灰石、石膏、铝矾土、汞矿。汞的储量为 1.09 万吨，重晶石的储量为 39.98 万吨，铀、钇等稀有金属储量为 1 150 吨，铝矾土储量为 600 万吨，极具开采价值。

（二）气候资源

属于亚热带季风温润气候区，由于地形复杂，垂直差异大，大部分地区夏无酷暑，冬无严寒，年平均温度在 14~16 °C，年平均总积温 5 000~6 000 °C。海拔在 600 米以下的㵲阳河和清水江两岸地区，年平均温度在 16 °C 以上，大于 0 °C 的积温平均在 6 000 °C，是县内高温区。海拔在 900 米以上的地区，年平均温度在 14 °C 以下，大于 0 °C 的积温平均在 5 000 °C，属县内低温区。施秉县大部分地区年总辐射为 84.44 千卡/平方厘米，属于较低值。具有光照、降水、热量与作物生长旺季协调同步的特点，是发展农业生产的优越条件。

（三）水资源

施秉县属长江流域，分属乌江、㵲阳河、清水江三大水系，流域面积大于 20 平方千米、河道长 10 千米以上的河流 34 条。境内地势起伏大，河流下切强，溶岩分布广泛，河流平均径流总量 8.40 亿立方米，平均径流深为 550 毫米，丰水年可达 10.00 亿立方米，枯水年为 5.46 亿立方米。地下水径流总量 1.7～1.8 亿立方米，大于 1 升/秒共有 24 处井泉，实测流量为 2 008.9/秒。总体而言，该县水资源丰富。

（四）生物资源

境内由于受东南季风和西南季风的不同影响，属贵州高原偏湿性常绿阔叶林带的自然植被。其植被类型分布交错，地理分区分布明显，依据国内植被分类的一般原则，共分为阔叶林、针叶林、针阔混交林、竹林、灌丛灌草林等类型组。在各类型组中又可分为若干不同的种类。据初步鉴定，其中木本植物分属 47 科 113 属 219 种；草本植物 36 科 92 种。县内野生植物资源按各自的经济作用，主要分为食用植物、药用植物、工业用植物、保护美化环境植物 4 类。国家二级保护植物有：银杏、杜仲、水青树、香果树、钟萼木、伞花木、十齿花、马尾松、大别山五针松、篦子三尖杉、鹅掌楸。

境内的野生脊椎动物包括鱼纲、两栖纲、爬行纲、鸟纲、哺乳纲动物，主要有 25 目 59 科 170 余种。按各自的经济作用，又分为农业的有益动物、工业用动物、药用动物、食用动物、有害动物 5 种。境内分布一级保护动物华南虎以及云豹、金钱豹和苏门羚等二级保护动物。

（五）土地资源

施秉县土壤类型主要有黄壤、水稻土、石灰土、黄棕壤、紫色土。其中石灰土占比约 38%；黄壤占 23%，水稻土占 39%。全县土壤分为 6 个土类，12 个亚类，30 个土属，80 个土种，分属 5 个土纲。2014 年年末，全县土地总面积 153 182.64 公顷，其中农用地为 143 506.27 公顷，占土地总面积的 93.68%；建设用地为 3 716.62 公顷，占土地总面积的 2.43%；其他土地为 5 959.75 公顷，占土地总面积的 3.89%。该县农用地结构有利于发展特色农业和生态农业。

二、人文禀赋

（一）人口变化

1. 人口增长

根据施秉县第七次全国人口普查结果，2020 年全县常住人口为 125 518 人。同 2010 年第六次全国人口普查的 130 464 人相比，减少 4 946 人，下降 3.79%，年平均下降 0.39%。其历次人口普查常住人口变化见表 11-1。

表 11-1 施秉县历次人口普查常住人口及年均增长率

普查年份	常住人口/人	增长/%	平均增长/%
1953	63 139	—	—
1964	68 749	8.89	0.78
1982	117 770	71.3	3.04
1990	130 352	10.68	1.28
2000	137 171	5.23	0.51
2010	130 464	−4.89	−0.5
2020	125 518	−3.79	−0.39

2. 人口构成

（1）人口性别构成。2020 年施秉县常住人口中，男性人口为 63 962 人，占 50.96%；女性人口为 61 556 人，占 49.04%。总人口性别比（以女性为 100，男性对女性的比例）为 103.91，比 2010 年第六次全国人口普查的 104.77 下降 0.86 个百分点。

（2）人口年龄构成。2020 年施秉县常住人口中，0 ~ 14 岁人口为 30 701 人，占 24.46%；15 ~ 59 岁人口为 71 373 人，占 56.86%；60 岁及以上人口为 23 444 人，占 18.68%，其中 65 岁及以上人口为 18 446 人，占 14.70%。与 2010 年第六次全国人口普查相比，0 ~ 14 岁人口的比重下降 1.66 个百分点，15 ~ 59 岁人口的比重下降 2.12 个百分点，60 岁及以上人口的比重上升 3.78 个百分点，65 岁及以上人口的比重上升 4.58 个百分点。

（3）人口受教育程度。2020 年施秉县 3 岁以上常住人口中，拥有大学（指大专及以上）文化程度的人口为 9 793 人；拥有高中（含中专）文化程度的人口为 10 947 人；拥有初中文化程度的人口为 39 002 人；拥有小学文化程度的人口为 43 556 人（以上各种受教育程度的人包括各类学校的毕业生、肄业生和在校生）。与 2010 年第六次全国人口普查相比，每 10 万人中，拥有大学文化程度的由 3 846 人上升为 7 802 人；拥有高中文化程度的由 925 人上升为 8 721 人；拥有初中文化程度的由 30 504 人上升为 39 002 人；拥有小学文化程度的由 38 958 下降为 34 701 人。与 2010 年第六次全国人口普查相比，全县常住人口中，15 岁及以上人口的平均受教育年限由 7.27 年提高至 8.17 年。

（二）社会文化

施秉是一个多民族聚居县，境内少数民族人口占总人口约 58.53%，其中苗族人口占总人口约 52.75%。民族建筑独特、民族风情浓郁。目前，获得中国少数民族特色村寨和贵州省少数民族特色村寨命名挂牌的村寨有 14 个，国家级传统村落 1 个。

在建筑方面，有龙塘古寨、高塘苗寨，具有风格独特的木楼、吊脚楼等；精彩的节日有苗族姊妹饭节、牯藏节、独木龙舟节、卯节，高坡苗的芦笙节、爬坡节，“三月三”“四月八”等。民族歌舞丰富，有飞歌、大歌、酒歌、织布歌、游方情歌、刻道，芦笙舞、踩鼓舞、铜鼓舞板凳舞等。拥有的民族服饰、银饰、刺绣、竹木工艺等更是异彩纷呈，拥有极大的旅游价值。

第二节　产业经济地理

2020 年全年，施秉县地区生产总值 365 377 万元，比上年增长 6.7%。分产业看，第一产业增加值 112 563 万元，比上年增长 5.7%；第二产业增加值 67 807 万元，比上年增长 16.4%；第三产业增加值 185 007 万元，比上年增长 3.7%。第一、二、三次产业增加值占全县生产总值的比重为 30.8%、18.6%和 50.6%。城镇居民人均可支配收入达 3.37 万元，同比增长 6%；农村居民人均可支配收入达 1.15 万元，同比增长 8.4%。其县域经济实力明显增强。

一、第一产业发展与布局

（一）种植业生产及发展方向

1. 种植业生产

从施秉县地形、气候、水分、土壤的组合条件和经济社会发展的需求来考虑，区内种植业适宜生产粮食、油菜、烟叶、药材、茶叶、蔬菜及食用菌。2020 年全年粮食种植面积 19.79 万亩，比上年增长 2.2%；油菜籽种植面积 4.75 万亩，比上年增长 20.9%；烟叶种植面积 4.72 万亩，比上年下降 2.2%；蔬菜及食用菌种植面积 15.17 万亩，比上年增长 21.8%；药材种植面积 10.34 万亩，比上年增长 20.7%；茶园面积 1 187 亩，比上年增长 19.0%；果园面积 7.56 亩，比上年增长 9.1%。全年粮食总产量达 11.38 万吨，比上年增长 3.1%。其农业经济运行良好。

2. 发展方向

种植业发展应推广“龙头企业+合作社+农户”组织方式，大力培育龙头企业，规范提升农民专业合作社，做优做强林下经济。坚持以市场为导向，以实施“种、养、加、旅”四大工程为抓手，推动“四万工程”产业发展，着力抓好林鸡、林药、林蜂、林下魔芋等生态种植业发展。

（二）林业生产及发展方向

1. 林业生产

施秉县境内山岭蜿蜒，通过大力实施退耕还林、封山育林、天然林保护及城乡绿化工程建设，加大石漠化土地、水土流失、工矿废弃地、生态重要区域的治理等措施，使林地面积、森林面积蓄积、林地生产力和森林覆盖率稳步增长，水土流失状况明显好转，生态功能不断增强，生态环境明显改善，综合效益明显提高，使施秉喀斯特成功列入世界自然遗产名录，获得了国家地质公园、国家重点生态功能区，现全县森林覆盖率达到了60.3%。

2. 发展方向

今后要进一步依附世界遗产地、风景名胜区、地质公园等生态优势大力提升旅游业，规范遗产地基础设施建设和旅游配套设施建设，做好旅游环境质量监测，进一步巩固和提升施秉绿色生态优势，提升“绿色施秉”品牌。大力发展绿色旅游、全域旅游，使施秉成为国际知名的原生态民族文化旅游目的地；并以文化旅游为龙头带动农业、工业和其他服务业的循环发展，提升全县经济发展步伐。

（三）畜牧业生产及发展方向

施秉县依托良好的生态优势，按照“稳定发展生猪，突出发展牛羊，积极发展家禽，因地制宜发展特色养殖”的山地生态畜牧业发展思路，大力发展肉牛养殖产业。2020 年，施秉县已建成年存栏 200 头肉牛以上的大型养殖场 3 个，年存栏 10 头以上的规模养殖户 110 户、养殖散户 2 000 余户，人工种草 4.6 万亩，力争用三年时间建成全省的肉牛养殖基地县。2020 年，四类肉类总产量 4 853 吨，比上年增长 0.2%。牛出栏 5 607 头，比上年增长 11.6%；生猪出栏 29 697 头，比上年下降 12.4%；羊出栏 10 135 只，比上年增长 12.0%。

二、第二产业发展与布局

（一）工业发展条件

1. 具备一定的工业发展基础

施秉县在农业产业化、工业园区建设、旅游产业发展、城镇基础设施建设、交通领域实施了一大批基础设施项目，工业发展的配套条件日渐完善。

2. 工业发展的资源优势明显

施秉县立足资源禀赋和产业基础，在太子参、食用菌、蔬菜、辣椒、精品水果等农产品精深加工，民族文化旅游企业和特色加工企业，如中药材加工、魔芋加工、砂石场等类型企业上具有特色和优势。

（二）主要工业的生产与布局

1. 主要工业的生产

施秉县工业经济持续增长。2020 年，2 000 万元以上工业部分主要产量中，黄磷产量为 0.56 万吨，比上年增长 14.3%；精制茶 74 吨，比上年增加 12.6%；商品混凝土 15.83 万立方米，比上年增长 18.9%；中药饮片 381 吨，比去年增长 121.1%。全县工业增加值完成 20 075 万元，比上年增长 1.5%。其中，规模以上工业增加值完成 6 364 万元，比上年增长 11.9%。2 000 万元以上规模工业企业完成主营业务收入 1.96 亿元，比上年增长 1.74%。实现利润总额 223 万元，2 000 万元以上规模工业企业 5 户。

2. 工业布局

加快建设桃子湾产业园区，重点推进新线农商旅互联项目、崟生天然气项目建设进度，依托日益壮大的养殖业、林果业，加强生态优质肉制品的精深加工和有机果蔬产品深加工，培育一批生态特色食品业企业发展。加快新红工业园区建设，以太子参深加工项目为抓手，引进一批医药企业、健康企业，着力培育太子参深加工产业做大做强，同时配套引进大健康项目，将新红产业区培育为集医药研发制造、保健用品、保健食品加工、康养保健为一体的大健康产业综合体。

三、第三产业发展与布局

（一）旅游业的发展与布局

1. 旅游业的发展

施秉县紧紧围绕旅游高质量发展目标，从旅游接待、旅游业态、行业服务出发，全面提升旅游产业的发展质量。一是做强围绕特色民宿、美食餐饮、文化娱乐、旅游客运，不断提升全县旅游接待整体水平，截至 2021 年，全县共有 3 星级酒店 5 家，旅行社 5 家，客运企业 2 家，升级旅游商业步行街 1 条；二是构建旅游新兴业态，精心打造融合研学、运动、康养等元素的示范点和户外活动，建成生态康养基地 3 个，户外拓展项目 3 个，标准级旅游村寨 19 个；三是优化行业服务，完善电子指南、游客服务中心厕所、停车场、景区摆渡车等软硬件配备，持续推进景区服务标准化建设；四是按照“旅游+展销+电商”模式推动苗族刺绣、银饰、手工绣丝巾、头花蓼、云台翠芽茶等产品销售和推广，进一步拓宽市场知名度。随着旅游基础设施的完善和知名度的提升，旅游业呈跨越式发展，杉木河景区被第三届博鳌国际旅游论坛授予“国家精品旅游景区”荣誉，云台山入选“第二届（2009）中国避暑名山榜”。2020 年，全县旅游接待游客 537.82 万人次，实现旅游综合总收入 41.96 亿元；受疫情的影响，同比分别下降 20.1%和 18.1%。

2. 旅游业的布局

（1）重点突出施秉独特的地质地貌景观与人文风情特色，全力打造施秉大云台山景区遗产旅游品牌，并依托黔东南州旅游的整体发展优势，充分发挥凯里的中心城市能级，加强与周边镇远、黄平、雷山等县的旅游合作，培育"一山（云台山）、一水（㵲阳河）"为核心，"一城（施秉县城）、一寨（西江千户苗寨）、两镇（镇远古镇和旧州古镇）"为依托的贵州东部重要旅游目的地，实现区域旅游的无缝衔接。

（2）构建施秉县"一核一区、一轴一带、四大板块"的旅游发展空间结构。"一核"即施秉县城，是整个施秉旅游发展的接待服务基地，"一区"即施秉世界自然遗产景区，"一轴"即遗产旅游轴，"一带"即由上、下㵲阳河景区与县城共同组成的县域旅游休闲游憩带，四大板块包括了自然山水旅游板块、特色文化旅游板块、乡村民俗旅游板块、农业观光旅游板块。

（二）金融业的发展

2020 年年末，施秉县金融机构存贷款余额 907 760 万元，同比增长 5.7%。其中，存款余额 441 692 万元，同比增长 4.1%；贷款余额 466 068 万元，同比增长 7.3%。金融业得到稳步发展。今后还要进一步完善地方金融体系，鼓励现有金融机构增设营业网点，向县域、乡村展业延伸，扩大金融地域覆盖面。完善"政金企"融资长效对接机制。围绕工业产业、优势特色农业和强基础补短板等薄弱领域开展"政金企"融资活动，建立和完善"政金企"对接长效机制。

（三）物流业的发展

截至 2020 年年底，施秉县公路通车里程达 1 892.11 千米。全县完成货物运输量 1 806 万吨，比上年增长 5.0%；完成货物周转量 139 552 万吨千米，比上年增长 3.0%；完成旅客发送量 1 865.67 万人，比上年增长 7.6%；完成旅客周转量 90 612 万人千米，比上年增长 4.0%。年末全县民用汽车拥有量达到 12 818 辆。全年邮政业务总量完成 1 531 万元，比上年增长 30.4%；电信业务总量完成 158 422 万元，比上年增长 31.9%。今后还要深入推进物流基础设施建设，健全县乡村三级快递物流配送体系。

第三节　城镇化

一、城镇体系概述

正统九年（1444）置施秉县，天启元年（1621）废，崇祯四年（1631）复置。民国 3 年（1914），改胜秉县丞为胜秉分县，仍属施秉县。1958 年并入黄平县，1962

年复置。

施秉县现辖5镇3乡64个行政村10个社区，其5镇3乡分别是城关镇、牛大场镇、双井镇、杨柳塘镇、马号镇、白朵乡、甘溪乡、马溪乡。其“中心城区—重点镇——一般镇—村庄”四级城乡等级结构渐趋形成。

二、城镇化发展现状

（一）人口城镇化水平低

根据施秉县第七次全国人口普查结果，2020年施秉县常住人口中，居住在城镇的人口为50 758人，占40.44%；居住在乡村的人口为74 760人，占59.56%。与2010年第六次全国人口普查相比，城镇人口增加12 200人，乡村人口减少17 146人，城镇人口比重提高10.89个百分点。施秉县城镇化的历史进程大致经历了萌芽、初创、成长和城镇扩展等发展阶段。根据Northam城镇化发展的阶段理论，该县已进入城镇化的加速发展阶段。

（二）城镇化发展动力不足

工业是城镇化发展的基础，施秉县工业发展支撑不足，工业企业少且规模小，工业占GDP比重低，对城镇经济增长的贡献率不足。同时，农业产业化经营水平整体上相对较低，产业链条短，产品附加值低；引领性农业企业少，对经济的支撑能力弱。全县财政收入增量远不能满足财政支出需求，城镇建设历史“欠账”多，导致区内城镇化发展的吸力和推力不足。

三、城乡融合发展

（一）提升县城首位度

坚持山地民族特色新型城镇化道路，按照“特色、精致、宜居”的要求，进一步提升城市品质，提升城镇综合承载力。加快实施县城老旧小区配套基础设施改造工程。完善城乡路网、污水管网、天然气管网、停车场等基础设施建设。提升城镇品质品味。纵深推动“城景一体化”发展，积极推进绿色城市、人文城市建设，加快推进特色旅游小城镇建设，不断配套完善休闲娱乐功能，全面提升城镇内在品质。全力推行划行规市，着力整治县城农贸市场，建立健全长效管理机制。深化“垃圾不落地”和垃圾分类改革，常态化开展占道经营、扬尘污染、违章停车、工程车带泥上路等专项治理。加强共享电动单车管理，提升城市形象。大力发展城市经济。丰富城市经营业态，大力推动住宿餐饮、酒吧网吧、现代物流、文化创意、电子商务、休闲旅游等城市经济发展。增强县城的辐射带动能力，促进区域城乡协调发展。

（二）推进特色小城镇和特色小镇发展

充分发挥各乡镇资源优势和产业基础，因地制宜做好规划引导，创新发展新动能，破解城镇经济发展瓶颈，有序推进乡镇、特色村寨产业快速健康发展。

（1）城关镇依托优越的地理环境、自然生态条件、人文资源，加快经济社会的提升打造，重点发展全域旅游、轻工建材和食品加工、民族特色手工业、商业物流等产业。

（2）牛大场镇在稳定太子参种植面积，提升产品质量的前提下，进一步发展中药材加工、交易、康养等延伸产业。

（3）双井镇和马号镇采取市场化运作方式，深挖民族文化旅游内涵，发展苗族文化体验、民族手工艺品加工业、民族风情为主的苗族原生态文化旅游业，充分发挥文化旅游产品带来的经济效益作用，推进民族文化旅游融合发展。

（4）杨柳塘镇发挥新希望养殖和火车站优势，持续推进规模化养殖业、大型物流业、交通服务业等产业。

（5）白垛乡依托云台山景区、黑冲战斗遗址及精品水果基地，大力发展生态旅游、红色文化、休闲体验等产业。

（6）甘溪乡依托望城精品水果、美丽乡村景色和高碑湖自然风光，进一步提升发展特色农业、休闲农业、农文旅综合体等产业。

（7）马溪乡依托佛顶山、九龙山天然的生态旅游和水资源，积极发展生态旅游、森林康养、民俗等产业，同时发展壮大水产业。

（三）推进乡村基础设施建设

稳步推进脱贫攻坚与乡村振兴有效衔接，加快实施“十百千”乡村振兴示范工程，扎实做好牛大场镇、甘溪乡 2 个示范乡镇和 20 个示范村建设。推进“四在农家·美丽乡村”小康升级行动，推动“四好农村公路”示范创建提质扩面，深入开展农村人居环境综合整治，全面完成 7 个乡镇生活垃圾收运系统项目建设，确保农村生活垃圾和污水得到有效治理。推行绿色低碳生产生活方式，积极打造“森林乡镇”“森林村寨”。提升城乡综合治理水平。探索实施镇域乡村闲置土地综合整治，规范农村住房规划建设，强化宅基地用地管理。巩固提升“十户一体”等治理成效，健全自治、法治、德治相结合的乡村治理体系。依托当地资源条件，因地制宜，突出地域特色，合理确定发展类型，防止“千村一面”。

（四）加快农业转移人口市民化

严格执行《贵州省居民户口登记管理暂行办法》，执行“零门槛”落实政策，积极引导农业转移人口及外来务工人员落户城镇。加强易地扶贫搬迁后续服务“五个体系”建设和社区精细化管理，支持搬迁群众自主创业和就业有针对性地开展好就业培训，落实好易地扶贫搬迁“1+7”后续扶持政策，全面实现易地扶贫搬迁户“一户至少有一人就业”，享有与当地群众同等的基本公共服务。

第十二章 镇远县经济地理

镇远县是贵州东大门，位于贵州铜仁、黔东南和湖南怀化交界地区，自古以来素有“滇楚锁钥，黔东门户”之称。地处东经108°08′~108°53′，北纬26°47′~27°22′。全县总面积1 878平方千米，辖8镇4乡和1个省级经济开发区。镇远县交通便捷，沪昆、沿榕、天黄高速，湘黔和株六复线铁路，国道320线、省道360线穿境而过。

第一节 资源禀赋

一、自然禀赋

（一）地质与矿产

镇远县地层出露以板溪群、震旦系、寒武系为主，零星分布奥陶系、志留系和第四纪地层。泥盆系、石炭系、二叠系、三叠系、侏罗系在镇远县境内缺失。板溪群清水江组分布在县境东南的冽洞、金堡、松柏乡大部分地区和蕉溪乡茶园泡木园以南，两路乡界牌，苦李坪以东，铺田乡燕子坪以西一片，该地层出露362平方千米，占全县总面积的19%。震旦系在县内可见下统南沱组，上统灯影组。分布在县城至金堡公路北段两侧，火石洞周围，出露面积为2.65平方千米。寒武系在县境分布较为广泛，其下统可见牛蹄塘组，明心寺组、杷榔组；中统有高台组；上统有炉山组。东部地区多出露明心寺组粘土页岩。下统牛蹄塘组由炭质页岩、硅质岩和磷矿层组成，厚度一般在80米左右，明心寺组由石灰岩、页岩、石英砂岩组成，厚度在200米左右；杷榔组为灰黄绿色页岩、沙质页岩组成，厚400米；清虚洞组为白云岩及豹皮状灰岩组成，厚250米。中统高台组由浅灰-深灰色薄，中厚层细晶白云岩、鳞状、假鳞状白云岩组成，厚500米。上统炉山组为浅灰-深灰色白云岩组成，厚800米。下统桐梓组由白云岩及泥质白云岩组成，厚200米左右；红花园组为石灰岩，白云质灰岩及生物碎屑灰岩组成，厚500米左右；大湾组为紫红，灰绿色钙质页岩、粉砂岩等组成，厚为100米。志留系仅见翁项群，下部为岩薄层生物灰岩；中部石英砂岩、页岩；上部页岩，总厚度500米左右。白垩系地层主要零星出露在小田溪村土地塘西部和柏坪梅子山一带。为砖红色砾岩、沙质页岩、泥质页岩、泥岩组成，厚约 200 米。第四系地层有坡积、残积、冲积、洪积等堆积物。镇远地处黔东低山丘陵中部，由西北和西南向中部倾斜。

镇远县境内矿产资源丰富。主要矿产资源有重晶石、黄金、煤、铁矿等 10 余种。其中，重晶石已探明储量 1.0881 亿吨，远景储量达 3 亿吨，占全国储量的 60%。天柱县拥有黄金大型矿床 7 处，矿点 40 余处，已探明储量约为 8 万千克以上。煤矿探明储量 1 684 万吨，矾矿 13.5 万吨，硅石 3 500 万吨，钾矿 1 353 万吨，高岭土 5 000 万吨。素有“贵州高原黄金城”“中国重晶石之乡”“中国观赏石之乡”的美誉。重晶石探明储量 1.78 亿吨，远景储量超过 3 亿吨，占全国 70%以上，约占全球的 50%，资源深加工潜力巨大。

（二）气候资源

镇远县属中亚热带季风湿润气候区，四季分明，水热同季，冬无严寒，夏无酷暑，春秋温凉，光照时数少，雨量充沛。年平均气温 16.6 °C，年降水量 1 057 毫米，无霜期 292 天。适合各种生物的生长发育。由于地形的影响，境内地势高低悬殊，气候复杂，垂直变化明显，具有“高山平坝不一样，阴坡阳坡差得多”的立体气候特点，时空分布又有不均的特点。

（三）水资源

境内河流发育，水资源丰富，河流属长江水系，大小河流 60 余条，主要有㵲阳河、绞巴河、高过河、龙江河，流域面积约 1 912 平方千米，水能蕴藏量 10.55 万千瓦，水能可开发量 5.3 万千瓦，已开发 1.5 万千瓦。

（四）生物资源

自然植被属中亚热带常绿阔叶林带，常见木本植物学名的有 47 种，101 属，165 科。其中珍稀树种有银杏、水杉、红豆杉、柔毛油杉、老鼠杉、篦子三尖杉；药用植物有 125 种，主要有天麻、党参、茯苓、金银花、菊花、丹皮、杜仲、黄檗、桔梗、半夏、天冬、厚朴、川芎等；果树有柑橘、桃、李、梨、柿、板栗、杏、枣、枇杷、葡萄等。有野生兽类 12 类 20 种；鸟类 14 类 20 余种；渔产类 15 类 22 种。

（五）土地资源

镇远县境以山地和丘陵为主，喀斯特地貌特征非常典型，耕地面积较少。境内土壤类型有红壤、黄壤、紫色土、黑色石灰土、潮土，水稻土 6 个土类，11 个亚类，28 个土属，78 个主要土种。土地利用类型主要有林地、灌木林地、其他草地、水田、旱地、果园等。因区内山地多、平地少，人地矛盾比较突出。

二、人文禀赋

（一）人口变化

1. 人口增长

根据镇远县第七次全国人口普查结果，2020 年全县常住人口为 189 715 人。同 2010 年第六次全国人口普查的 203 622 人相比，减少 13 907 人，下降 6.83%，年平均增长率为-0.70%。历次人口普查常住人口及年均增长率见表 12-1。

表 12-1 镇远县历次人口普查常住人口及年均增长率

普查年份	常住人口/人	年均增长率/%
1982	约 198 000	2.6
1990	约 224 900	1.6
2000	222 766	0.1
2010	203 622	-0.9
2020	189 715	-0.7

2. 人口构成

（1）人口性别构成。2020 年镇远县常住人口中，男性人口为 96 800 人，占 51.02%；女性人口为 92 915 人，占 48.98%。总人口性别比（以女性为 100，男性对女性的比例）为 104.18，比 2010 年第六次全国人口普查的 109.35 下降 5.17 个百分点。

（2）人口年龄构成。2020 年镇远县常住人口中，0～14 岁人口为 45 036 人，占 23.74%；15～59 岁人口为 107 205 人，占 56.51%；60 岁及以上人口为 37 474 人，占 19.75%，其中 65 岁及以上人口为 28 289 人，占 14.91%。与 2010 年第六次全国人口普查相比，0～14 岁人口的比重下降 1.79 个百分点，15～59 岁人口的比重下降 3.03 个百分点，60 岁及以上人口的比重上升 4.81 个百分点，65 岁及以上人口的比重上升 4.74 个百分点。

（3）人口受教育程度。2020 年镇远县 3 岁以上常住人口中，拥有大学（指大专及以上）文化程度的人口为 14 411 人；拥有高中（含中专）文化程度的人口为 17 233 人；拥有初中文化程度的人口为 57 132 人；拥有小学文化程度的人口为 71 481 人（以上各种受教育程度的人包括各类学校的毕业生、肄业生和在校生）。与 2010 年第六次全国人口普查相比，每 10 万人中，拥有大学文化程度的由 3 577 人上升为 7 596 人；拥有高中文化程度的由 7 271 人上升为 9 084 人；拥有初中文化程度的由 39 838 人下降为 30 115 人；拥有小学文化程度的由 42 386 人下降为 37 678 人。与 2010 年第六次全国人口普查相比，全县常住人口中，15 岁及以上人口的平均受教育年限由 7.50 年提高至 8.21 年。

（二）社会文化

1. 军事文化

镇远地处滇黔驿道与沅江水路交汇处，是湖南西部踏入贵州的第一站。东去的商船在此启航顺㵲阳河下沅江而入洞庭，直通长江而至东南沿海；南往的“百代过客”亦在此弃舟登岸，经古驿道入云南省乃至缅甸、老挝、泰国、印度等国。自古就被称为兵家必争的“水陆都会”，镇远曾修建有十七关、十二桥、十一卡、九塘、六渡。以上关、卡、桥、塘、渡均派有兵将把守，少则数人，多则数十人。众多的关、卡、桥、塘、渡等，使镇远成为一个防守严密的军事堡垒。

2. 古商业文化

镇远踞沅江上游而控驿道，由云南至镇远二十余站的货物皆由人挑马驮，到镇远后再改行水路。而由镇远到常德、岳阳的水路上船只若逆水行舟，则到镇远即弃舟上岸，然后走那条通往云南各地的驿道。随着卫所的设立，大批军户的到来，加之以后又迁来匠户、民户，人烟渐渐稠密，精明的商人看到镇远必将是一个生财之地。于是他们逆江而上，运来了大量粮米、食盐、布匹及各种军需民用品，在镇远坐地转卖。然后又将滇黔的土特产收购起来运往“下江”。当时云南的货物诸如铜、锡之类运到镇远，价格可以高出产地两三倍。而从“下江”运来的粮米、布匹、杂货等到此转卖，也可获取丰厚的利润，这样商贸往来了一段时期后，“舟车辐辏”的镇远渐渐变成了“货物聚会”的都会。由于水路繁忙，百舸争流，在沿河两岸建立众多码头。码头是当时水陆交通的衔接点，也是镇远城的一个重要标志。现存的几处码头旧址已成为人们考证这座兼具军事、商贸及交通枢纽三重功效城市的重要史料。卫城有 5 个码头：卫城大码头、吉祥寺码头、上北门码头、杨柳湾码头、老西门码头。府城是商业繁华区，有大河关码头、府城大码头、禹门码头、城隍庙码头、冲子口码头、米码头、天后宫码头等 7 个码头。卫城的码头原先主要供军用，后来才改为民用。

3. 宗教文化

由于地理的特殊性，镇远是儒学、佛教、道教文化重要的传播之地。青龙洞就是其中的代表。青龙洞的建筑群的独特之处并非全在它倚山而建凌空高峙的造势，更重要的是，它曾是儒、释、道三教文化的共同传播之地，扬名东南亚国家。

4. 民族文化

位于贵州镇远县南部的报京大寨历史悠久，报京大寨的侗族同胞有较为独特的服饰、民俗等。报京大寨是黔东南州保存完整的北侗民族村寨代表。长期以来，中原文化、地方民族文化在这里相互渗透、交融，形成了独特包容性文化，有“传统文化迷宫”之称。

镇远县境内生活着侗族、苗族、土家族等少数民族，各族人民至今保持着质朴、淳厚的文化传统和生活习俗。民族节日有侗族三月三节、苗族三月爬坡节、吃姊妹饭节、端午节、六月六、牛王节、吃新节、土家族的唢呐节等，民族歌舞有飞歌、风俗歌、游方歌、芦笙舞、鼓舞、侗族玩山歌、河边歌、好事歌、酒歌、伴嫁歌。源自明代的龙舟文化节，以㵲阳河为赛场，极具盛况，久负盛名。

第二节 产业经济地理

2020年，镇远县生产总值达61.71亿元，同比增长3.1%。分行业看，第一产业增加值16.53亿元，同比增长6.2%，第二产业增加值12.18亿元，同比增长0.1%，第三产业增加值33.00亿元，同比增长2.8%。第一产业、第二产业、第三产业增加值占地区生产总值的比重分别为26.8%、19.7%、53.5%。城镇居民人均可支配收入34 083元，同比增长5.4%；农村居民人均可支配收入11 179元，同比增长8.0%。其县域经济实力显著增强。

一、第一产业发展与布局

（一）种植业生产及发展方向

1. 种植业生产

从镇远县地形、气候、水分、土壤的组合条件和经济社会发展的需求来考虑，区内种植业适宜大力发展烤烟、蔬菜、精品水果、花卉、中药材等产业。2020年，种植烤烟3.95万亩，收购烟叶9.905万担，收购总量位居全州第一。建成羊场镇、涌溪乡万亩山地生态烟叶示范带2个。累计种植花卉面积2万亩，建成农文旅融合发展示范点3个。累计种植精品水果面积7.5万亩，建成千亩精品水果示范基地2个。累计种植蔬菜面积18.3万亩，建成千亩示范基地15个。农业结构调整取得新突破，2020年，粮食生产总量8.79万吨，同比增长0.81%。镇远县突出实施“稳烤烟、增两花、强畜禽、扩果蔬”的发展思路，其种植业发展特色鲜明。

2. 发展方向

今后种植业发展方向是明确“一县一业”“一乡一特”“一村一品”首位产业，发展规模农业、设施农业，大力推动优势山地特色农业产业规模提升。做优做强精品水果、茶叶、食用菌“三个特色产业”，扶持壮大花卉、休闲农业“二个新兴产业”，稳定发展烤烟“一个传统产业”。加强现代农业设施建设，加快中低产田土改良，提高耕地质量，抓好产业路、机耕道建设，实施高标准农田建设5 000亩，力争500亩以上坝区全部建成样板坝。粮食播种面积稳定在30.12万亩，粮食产量稳定在8.79万吨。

（二）林业生产及发展方向

1. 林业生产

镇远县森林覆盖率达到了57.8%，该县充分利用林下空间，发展以天麻、重楼、灵芝等为主导的中药材4万亩和以油茶、食用菌、竹、茶叶等为主导的林业产业5万亩，建成林下经济“百千万”工程基地105个，累计种植中药材面积4.43万亩，建成中药材扶贫示范基地2个。镇远是贵州省最大的木本油料资源县，2020年，全县油茶林面积达29.7万亩，茶籽产量7 200余吨，综合产值1.84亿元。

2. 发展方向

林业生产的发展方向是牢固树立“绿水青山就是金山银山”发展理念，依托森林资源优势，按照“生态产业化、产业生态化”的发展思路，以林种结构调整和推行林长制为重要抓手，大力发展以林下天麻为主的中药材和以油茶、花椒、竹为主的特色林业产业。扎实推进林下经济“四大产业”“百千万”工程提质发展，种植天麻、黄精等中药材达5.2万亩以上，林鸡出栏达60万羽，林蜂养殖达1.2万箱。大力推进林种结构调整，完成以油茶、花椒为主的特色林业产业种植和菌材林培育共4.5万亩。加强低效林改造，促进林业产业生态化，增加传统林产品附加值。

（三）畜牧业生产及发展方向

1. 畜牧业生产

镇远县积极推进以生猪规模化养殖为重点的生态畜牧、生态禽蛋产业扩能提质发展，农业效益持续提升。建成肉羊、土鸡、冷水鱼等养殖示范基地8个，家庭农场10个，培育养殖大户280户。2020年生猪存栏8.1万头，出栏8万头，牛存栏4.75万头，出栏2.68万头。生态禽存栏89.1万羽，出栏156.6万羽，建成林下养鸡示范基地9个，禽蛋产量2 700吨。全县肉类总产量达1.21万吨，同比增长8.5%。特色种植养殖已成为农民收入的重要来源。

2. 发展方向

今后要大力发展生态畜牧业，提高生猪产业化水平；培育养殖大户，鼓励有条件的养殖大户推行标准化生产规程，实现标准化生产，扶持养殖大户200户。

二、第二产业发展与布局

（一）工业发展条件

1. 工业基础较好

镇远是中国近代重工业的发祥地之一。建于光绪十一年（1885）的青溪铁厂，是张之洞、李鸿章“洋务运动”的产物，“天字第1号”铁锭现仍存放在镇远。2000

年，镇远率先建立黔东工业园区；2012 年，黔东工业园区被贵州省政府批准为省级经济开发区。

2. 矿产资源丰富

已发现矿产资源数十类，主要有铅锌矿、钒矿、硅石矿、重晶石矿、高岭土（陶瓷土）等优势矿产资源。

（二）主要工业的生产与布局

1. 主要的工业生产

深入实施“千企改造”，力促冶金企业“能开尽开”；增强传统产业竞争力，大力推进花卉、天麻、酸汤、豆制品等特色农产品精深加工；积极加大新兴产业培育，不断调优工业产业结构，引进了安兴电子、冠坤电子、云睿电子（二期）等新兴企业，黔东电子信息产业园初具规模，实现工业经济“新突破”，2020 年规模以上工业增加值完成 8.13 亿元。

2. 工业生产布局

夯实园区基础设施建设。把黔东经济开发区作为推进新型工业化的重要载体，推动各类资源要素向园区聚集，全面提升园区配套服务能力，切实把黔东经济开发区打造成支撑全县经济发展的新平台。加快推进园区 110 kV 开关站及回路专线、黔东经济开发区标准厂房建设项目，确保尽快投入使用。启动实施黔东经济开发区电子产业园标准厂房建设项目、工业污水处理厂项目、一区两镇供水提升项目等。优化工业发展布局。围绕黔东经济开发区“一区三园多点”布局和“六大产业”规划，依托黔东铁路物流货运平台和园区现有产业，加强工业企业招商引资，积极引进电子信息、现代物流、新能源新材料、特色食品等产业项目加快产城融合进程，切实为园区发展增添强劲活力。加快恢复青酒产能，全力稳定黔东电力产能，争取电煤保供，推进黔东电力转供省内电网进程，实施余热综合利用规划，推动电冶循环发展，提高工业信息化、智能化水平。

三、第三产业发展与布局

（一）旅游业的发展与布局

1. 旅游业的发展

镇远是贵州省东线旅游重镇，全县旅游集悠久的历史文化、秀美的自然风光、浓郁的民族风情于一体。2021 年 1 月，镇远古城被国家文旅部命名为 5A 级旅游景区。该县通过大力推进“旅游+”产业发展，使古城旅游从“景区旅游”向“全域旅游”发展模式转变。2020 年累计接待游客 723 万人次、实现旅游综合收入 64.5 亿元。通过不断丰富旅游生态和人文内涵，推动旅游业高质量发展。

2. 旅游业发展布局

以创建国家全域旅游示范区为抓手，围绕旅游各大要素，推进镇远历史文化、自然风光、休闲度假、民族文化、户外体育与旅游产业的深度融合，丰富旅游产品体系。加快旅游运输、旅游住宿、旅游餐饮、旅游购物、文化娱乐等旅游服务体系建设，全面提升旅游接待能力，动旅游业与服务业协调发展。大力实施“满意旅游”创建行动，健全旅游管理体制机制，建立完善旅游市场综合监管机制，完善旅游投诉受理机制和旅游纠纷调解机制，加强旅游饭店星级管理、景区和旅行社质量等级管理、旅游从业人员资格认证管理，全面提高服务质量。用好中国历史文化名城、㵲阳河、青龙洞古建筑群等 10 张国家级旅游品牌和“中国最具影响力旅游名县、中国最美十大古城、中国十佳城市慢游地、中国自驾游首选地”等美誉，做大旅游市场品牌。

（二）金融业的发展

镇远县金融机构设置齐全，工行、农行、建行、农发行、邮政储蓄、农村信用社均设有机构。2020 年年末，金融机构存款余额完成 609 922 万元，同比增长 4.8%；其中：单位存款余额 93 661 万元，同比下降 9.0%，住户存款余额 514 644 万元，同比增长 8.8%。金融机构贷款余额完成 698 470 万元，同比增长 7.6%；其中：短期贷款余额 186 350 万元，同比下降 1.2%，中长期贷款余额 511 008 万元，同比增长 11.3%。

今后要进一步完善地方金融体系，强化金融服务链延伸，充分发挥金融业服务重大项目建设和服务实体经济的能力。健全金融机构治理机制，促进资本市场健康发展，打击各种逃废债行为。大力发展普惠金融。鼓励有金融机构增设营业网点，向县域、乡村展业延伸，扩大金融地域覆盖面。完善“政金企”融资长效对接机制。围绕工业产业、优势特色农业和强基础补短板等薄弱领域开展“政金企”融资活动，建立和完善“政金企”对接长效机制。

（三）物流业的发展

2020 年，镇远县公路里程达 3 137 千米，同比增长 1.1%。2020 年货物周转量为 1.7 亿吨千米，同比下降 29.2%；旅客周转量为 4 250 万人千米，同比下降 41.0%。全年全县邮政业务总量完成 2 498 万元，同比增长 10.6%，电信业务总量完成 25.4 亿元，同比增长 34.9%。

今后要深入推进物流基础设施建设，构建现代高效物流体系。建设黔东经济开发区快递物流园、供销冷链物流中心等项目，完善物流体系。积极引进“四通一达”企业合作。加快物流集散配送中心、智能云柜等快递物流设施，健全县乡村三级快递物流配送机制，建立“乡村集货、云仓集单、数据互通、统仓共配”等电商供应链体系。深化改革邮政企业，做大做强快递业务。

第三节 城镇化

一、城镇体系概述

镇远县自汉高祖五年（前 202）设县至今已有 2 200 年的历史。1413 年，思南宣慰司被废，设镇远府，设治于镇远州，治石屏山前，颜泽任镇远府第一任知府。明正统三年（1438）四月，镇远州知州何瑄奏请朝廷将镇远州并入镇远府。民国 24 年（1935），设贵州省第八行政督察区专员公署，1937 年改为第一行政督察区专员公署，简称镇远专区，辖镇远县等 12 县。1956 年 7 月 23 日，黔东南苗族侗族自治州在镇远正式宣告成立。1986 年，镇远被国务院命名为中国历史文化名城。

镇远县现辖 8 个镇、4 个乡（其中 1 个民族乡）：㵲阳镇、蕉溪镇、青溪镇、羊坪镇、羊场镇、都坪镇、江古镇、金堡镇、涌溪乡、报京乡、大地乡、尚寨土家族乡。其“中心城区—重点镇——般镇—村庄”四级城乡等级结构渐趋形成。

二、城镇化发展现状

（一）人口城镇化发展较快

据镇远县第七次全国人口普查结果，2020 年镇远县常住人口中，居住在城镇的人口为 94 217 人，占 49.66%；居住在乡村的人口为 95 498 人，占 50.34%。与 2010 年第六次全国人口普查相比，城镇人口增加 24 778 人，乡村人口减少 38 685 人，城镇人口比重提高 15.56 个百分点。镇远县城镇化的历史进程大致经历了萌芽、初创、成长和城镇扩展等发展阶段。根据 Northam 城镇化发展的阶段理论，该县已进入城镇化的高速度发展阶段。

（二）城镇化动力亟待提升

一是城镇化推力不足。镇远县农业产业发展总体散小弱，农业集聚化、规模化、现代化程度不高。除烤烟产业外，其他农业产业集聚化、规模化、组织化、品牌化、现代化经营程度不高，农业产业基础设施仍然薄弱，特别是产业路等必要基础设施建设短板突出。二是城镇化吸力不强。城镇工业结构不合理，工业经济支撑体系薄弱。虽然工业转型发展有了一定成效，但新兴产业引进培育和发展壮大进程较慢，工业产值仍不稳定；工业经济链条化、聚集化、高端化发展水平较低；传统企业结构调整内生动力不足，企业技术创新能力弱、技术改造跟不上，工艺落后，产品成本和环保成本高，新增动能不足。

三、城乡融合发展

（一）做精做细做美，提升古城风貌

近年来，镇远县围绕“文化、旅游、城镇”融合发展构想，加大投入，科学谋划，因地制宜打造镇远新形象。在推进新型城镇化建设进程中，以保护镇远古城为主，对古城进行升级改造，加强古城基础设施建设，修建河滨绿色廊道、县城及延伸带灯光亮化等绿化美化项目，实施“三线下埋”管线施工项目、城区污水管网完善项目、古城区及延伸区道路等市政基础设施建设，修缮青龙洞等文物古迹12处，复建青石板街道1.56万平方米，对镇远古城进行风貌整治，确保整治后的古城更加亮丽，通过一系列城镇基础设施建设，镇远县城市人居环境和旅游环境得到升级优化，2021年，镇远古城入选国家5A级旅游景区，有力助推城镇旅游经济的发展。

（二）拓展城市空间，建设宜居宜业新区

镇远县老城区建设用地资源有限，如何破题，才能缓解老城区发展压力？镇远县以“保护古城，建设新城”的发展思路，合理开发利用城市中有限的土地资源，选取了地理位置优越、交通便捷的芽溪片区，建设以宜居宜业为主导的特色新城，拓展城市空间，使芽溪片区成为一道新的城市风景线，有利于促进镇远县新型城镇化建设，提升城市形象。

（三）推进产城融合　打造黔东经开区

产业发展是新型城镇化建设的动力所在。黔东经济开发区是以电子信息产业为主导，酿酒食品加工特色产业、建材产业等集聚发展的现代化工业园区。作为镇远县招商引资的主平台和经济发展的主阵地，正为城镇发展注入强大的产业动力。2020年，黔东经济开发区电子信息产业规模以上企业实现产值2.5亿元，占园区总产值的8%，实现税收700余万元，解决就业370余人。园区实现了以产兴城、以城促产、以业聚人的良性循环，推进了产城融合发展。

（四）提升集镇功能，承接农村人口本地城镇化的转移

完善城镇功能布局，形成乡镇集镇为支撑、县域为主体的新型城镇体系。按照特色小镇的发展要求，科学定位特色小镇主导产业；加大对城乡集镇市政及基础服务设施建设，大力开展小城镇环境卫生治理，完善补齐小城镇污水、垃圾、停车场、供水、绿化等基础设施短板，提升小城镇功能。同时加快户籍制度改革，营造多元化的住房保障体系、提供均等化的基本服务和创造平等发展的环境等，推进农业转移人口实现本地城镇化转移。

第十三章 三穗县经济地理

三穗县位于贵州省东部，隶属于黔东南苗族侗族自治州。地处东经 108°32′~109°04′，北纬 26°47′~27°04′，东北与湖南省新晃侗族自治县毗邻，东南、西南与天柱、剑河两县接壤，北与镇远县相连。为贵州省东出口之一，素有“黔东要塞”和“千里苗疆门户”之称。是由湘入黔的重要通道，是贵州“东进战略”的桥头堡。县境内沪昆高速、三黎高速、三施高速、国道 320 线、省道 310 线纵横全境，交会于县城。沪昆高铁过境设站，可直达上海、杭州、长沙等城市，能快捷融入长三角、珠三角及成渝经济圈。

第一节 资源禀赋

一、自然禀赋

（一）地质与矿产

三穗县在大地构造单元上属华南准地台，地层以前震旦系下江群清水江组为主，其次为震旦系上、下统和寒武系九门冲组，未出露的有乌叶组及番招组。县境的构造单元划分，大致以施洞口断层为界，断裂南东属华南准地台，其北西属扬子准地台，主要构造线呈北东—南西向褶皱及断裂。县内褶皱主要形成于燕山运动，加里东运动只表现为震荡运动，伴有断裂之生成。由于地壳运动形成向斜和背斜构造，构成不同的地貌类型。自西向东计有盘山背斜、三穗向斜、烧巴背斜（即崇梭溪背斜）、魁计向斜、桐林背斜及南明向斜等。除南明向斜部由二叠系组成外，其余背向斜核部均由下江群清水江组及下寒武系地层组成。由于断裂构造的影响，背向斜两翼不够对称。因而使背向斜形态显得比较复杂化。境内断裂主要形成于雪峰期、加里东期及燕山期，由东北及近东西向两组断裂构成基本骨架。其中以北东之断裂最为发育，属正断层及逆断层两种形质，断距及规模均较大，常使地层缺失或重复。境内地势西南高东北低，地貌形态以丘陵为主，占土地总面积的 45.03%，低中山占 29.88%，河谷盆地占 25.09%。

三穗县境内矿产资源总体贫乏，优势矿产少。有铅、锌、铜矿、磷、钒、铁、锰粘土及重晶石矿分布。

（二）气候资源

三穗县属北亚热带温暖湿润季风气候区，具有雨量充沛，雨热同季，夏无酷暑，冬无严寒，冬夏长，春秋短，灾害天气以伏旱为主等高原山区气候特征和变化规律。年平均气温 14.9 °C，年平均气温变化范围为 13.8 ~ 15.6 °C，自西向东、由北向南逐渐递增。县境分别有两个低、高温中心，一是地势较高、位置偏北的响水，二是四周海拔 1 000 米以上、高山环抱的巴治，平均气温为 13.8 °C；高温中心为东南部河谷地顺洞 15.6 °C 和东部款场 15.4 °C，冷暖地区年偏 1.8 °C。县内年均降水量为 1 147.7 毫米，东部多于西部，南部多于北部。北部坪茶、泥山等 3 个乡年降水量在 1 100 毫米以下，中部八弓、瓦寨等 16 个乡镇降水量在 1 100 ~ 1 200 毫米；南部稿桥、顺洞和东部款场等 8 个乡镇降水量在 1 200 ~ 1 300 毫米。总之，该县属“丰收型”的农业气候类型，有利于农业资源和土地利用开发。

（三）水资源

三穗县地表水和地下水资源丰富，属长江流域洞庭湖水沅江上游的一部分，河流分为两支汇入沅江，其一流入㵲阳河后再流入沅江的有苗鸟河、泥山河、坪茶乡境内的 14 条小溪沟，流域面积 87.6 平方千米，占全县总面积的 8.44%；其二流入清水江后再流入沅江的有邛水河、款场河、寨头河，流域面积 950.4 平方千米，占全县总面积的 91.56%。县境地下水基本上为基岩裂隙水，裂隙溶洞水和孔隙水，而裂隙水主要受降水补给，动态变化大；孔隙水主要受比表水补给，动态较稳定；而裂隙溶洞水埋藏深度大，一般在 50 米左右，但也有出露地表的，其富水块段有贵洞附近矮子洞。

（四）土地资源

三穗县地处云贵高原向湘西丘陵过渡的斜坡面上，境内地貌类型多样，多低山、丘陵、河谷、盆地，行政面积 1 029.6 平方千米。三穗县境内土壤类型有水稻土、黄壤、黄红壤、紫色土、黄棕壤、黑色石灰土和潮泥土等 7 个土类，67 个土种。黄壤主要分布在县内海拔 600 ~ 1 300 米范围的低山丘陵山地；黄棕壤分布在良上老山坡等海拔在 1 200 米以上的中山上；红壤主要分布在款场、坦洞、顺洞、瓦寨等乡镇，海拔一般在 500 米以下的低丘；紫色土主要分布于台烈、颇洞、稿桥、顺洞、坦洞、海山等乡镇，由紫色砂岩、紫色页岩、钙质紫色砂页岩或砾岩发育而成。三穗县土地利用结构以耕地、林地 2 种土地利用类型为主，但耕地、城镇村及工矿用地、交通运输用地、水域及水利设施用地、其他用地等 5 种土地利用类型有增加的趋势。

（五）生物资源

区内森林覆盖率达 63.51%，县境属于中亚热带常绿阔叶林向北亚热带常绿、落叶阔叶林混交林渐替地带性植被。常绿阔叶林多以残存林片状分布，组成的树种以壳斗科、樟科为主，如青枫、香樟、丝栗、栲等树种，构成四季常绿，形成半球状林冠，主要分布在南部和西部山区。在地带性植被被破坏后，形成的次生林或人工种植而成。这种植被面积大，分布广，经济价值高。主要树种马尾松，多分布在县境砂页岩黄壤山地。在森林植被遭到破坏的迹地上灌丛及灌草丛分布的面积广大，类型较多。主要灌丛植被有：油茶、大叶胡枝、火栎、小果蔷薇、悬钩子、白栎、荚栗等。在海拔较高的西部、南部山区多长箭竹林灌丛。县境内多以禾本科、豆科、莎草科为主的杂类操场构成的灌草丛，主要分布在海拔 1 000 ~ 1 250 米的山地，形成占县总面积 22.23%的灌草丛地区，其中高娄山为代表。

境内野生动物有 400 多种。其中属国家一级保护动物的有娃娃鱼，国家二级保护动物有穿山甲、水獭，国家三级保护动物有锦鸡。

二、人文禀赋

（一）人口变化

1. 人口增长

根据三穗县第七次全国人口普查结果，2020 年全县常住人口为 162 798 人。同 2010 年第六次全国人口普查的 155 735 人相比，增加 7 063 人，增长 4.54%，年平均增长率为 0.44%。历次人口普查常住人口变化见表 13-1。

表 13-1 三穗县历次人口普查常住人口及年均增长率

普查年份	常住人口/人	年均增长率/%
1990	174 179	1.24
2000	170 167	−0.23
2010	155 735	−0.88
2020	162 798	0.44

2. 人口构成

（1）人口性别构成。2020 年三穗县常住人口中，男性人口为 83 318 人，占 51.18%；女性人口为 79 480 人，占 48.82%。总人口性别比（以女性为 100，男性对女性的比例）为 104.83，比 2010 年第六次全国人口普查的 106.31 下降 1.48 个百分点。

（2）人口年龄构成。2020 年三穗县常住人口中，0 ~ 14 岁人口为 43 637 人，占 26.81%；15 ~ 59 岁人口为 89 332 人，占 54.87%；60 岁及以上人口为 29 829 人，占 18.32%，其中 65 岁及以上人口为 22 799 人，占 14.00%。与 2010 年第六次全国人口普查相比，0 ~ 14 岁人口的比重下降 0.73 个百分点，15 ~ 59 岁人口的比重下降 2.18 个百分点，60 岁及以上人口的比重上升 2.91 个百分点，65 岁及以上人口的比重上升 3.72 个百分点。

（3）人口受教育程度。2020 年三穗县 3 岁以上常住人口中，拥有大学（指大专及以上）文化程度的人口为 12 909 人；拥有高中（含中专）文化程度的人口为 13 332 人；拥有初中文化程度的人口为 50 033 人；拥有小学文化程度的人口为 62 150 人（以上各种受教育程度的人包括各类学校的毕业生、肄业生和在校生）。与 2010 年第六次全国人口普查相比，每 10 万人中，拥有大学文化程度的由 3 550 人上升为 7 929 人；拥有高中文化程度的由 6 428 人上升为 8 189 人；拥有初中文化程度的由 30 422 人上升为 30 733 人；拥有小学文化程度的由 39 901 人下降为 38 176 人。与 2010 年第六次全国人口普查相比，全县常住人口中，15 岁及以上人口的平均受教育年限由 7.46 年提高至 8.39 年。

（二）社会文化

1. 民风民俗

（1）民居：寨头苗家人居住的是木制吊脚楼，多半是三间正房带一间横屋面的“偏厦”。正屋楼层一般为三层，底层为牲畜、杂物层，二层是人生活起居室，三层为粮食储藏库，生活起居层中间为堂屋，带吞口，走廊较宽，置连接两吊脚柱外拓宽一尺左右的座坊。偏厦略低于正屋一截。

（2）服饰：寨头服饰分为童装、男装、女装三种。成年女装以青色家机布料为主料，衣服无领，衣门向右肋开通衣襟，左衣襟向上开一尺长衣衩，衣长齐膝盖，袖细而长，盖于手掌背，肩部和袖端处大多围一层一寸宽的另一种颜色的布料，在布料边上用白花条或浅蓝色布条三至五根围成图案镶着隔开。裤子由裤裆、裤腰、裤脚三部分组成，裤脚另加一层一寸宽的别样的颜色布料，在这层布料上端边缘用自挑的花条或浅蓝色布条编成像上衣一样的图案隔开。头包一张长三尺、宽一尺二寸自织自染的青色家机布料，俗称“三角头帕”。

（3）婚俗：寨头婚俗有日娶和私奔两种。这两种婚俗过程相同，即新娘进屋不拜堂，新娘挑“喜水”，举行拦客饮酒对歌，夸婿与恭贺，抹黑脸，妻不落夫家等，只是形式不一。日娶是当天白天举行，男女双方家里都办喜酒，而私奔大多在晚上举行，当天不办喜酒，男方家亲戚朋友前来恭贺，择日办喜酒。

（4）丧葬：寨头丧葬有正常死亡安葬和非正常死亡安葬两种。正常安葬仪式有办理丧事、出丧（柩）、圆坟三道程序。非正常死亡安葬仪式为安葬前火化尸体，后按正常安葬仪式安葬。

（5）禳桥：寨头禳桥有群体和个体两种。个体是各家各户自己去禳；群体以全寨或房族去禳，人多，场面大，像这种场面的大型禳桥一般一年有三次，即“正月十五”“二月二”“月半节”等。

（6）禁忌：禁忌大致分为生产禁忌、生活禁忌、火灾禁忌、修造禁忌及其他禁忌。

2. 民间工艺

（1）三穗竹编：贵州三穗竹编始于明末清初，至今已有 400 余年的编制历史，其产品实用性与工艺性相结合，绿色环保、品种多样，具有较高收藏价值。汇集竹编簸箕、竹编筛子、竹编椅子、竹编果盘、竹编收纳筐等竹编艺术品。1972 年，三穗竹编曾作为国礼赠送给来华访问的美国总统尼克松；2007 年，被列为贵州省非物质文化遗产。2008 年，文化部授予三穗县“中国民间文化艺术之乡（竹编）”称号，因此三穗县又被称为“竹编之乡”。而“瓦寨斗笠”就是三穗竹编文化中的杰出代表，不仅成为国礼赠送给访华的两任美国总统，其产品还远销国内外市场，成为民间艺术家的收藏珍品。

（2）泥山土法造纸：泥山土纸制作方法十分原始，材料是用当地产的白竹、水竹。一过立夏节，就砍“竹麻”，即尚未开叶的嫩竹破开，成捆地放入专制的水池，加上生石灰，浸泡 40 天，捞起洗净、晾干，清池，再放水浸泡，池里起结晶水层，显示竹麻已泡好可加工纸浆了。加工纸浆时，先捞起竹麻洗净，放入石磨盘，用牛力拉石滚碾得绒绒的，再放进水槽中，用力搅拌，放去浑水，待竹绒沉淀，放入清水，即可抄纸。抄纸用有规格尺码的竹帘（状如细钢丝网）一张张地漾满纸浆，捞起，晾干即成。在纸浆配制和竹帘尺码上加工，即可造书写用毛边纸。

第二节　产业经济地理

三穗县 2020 年地区生产总值 511 499 万元，比上年增长 6.8%。其中，第一产业增加值 108 537 万元，增长 6.5%；第二产业增加值 126 935 万元，增长 8.1%；第三产业增加值 276 027 万元，增长 6.4%。全县地区生产总值中，第一产业增加值、第二产业增加值、第三产业增加值占地区生产总值的比重，分别为 21.2%、24.8%、54.0%。全县城镇、农村居民人均可支配收入达到 34 912 元和 11 440 元，分别增长 6.1%和 8.9%，全县经济社会发展呈现出“稳中有进、质量提升、民生改善、社会和谐”的良好态势。

一、第一产业发展与布局

（一）种植业生产及发展方向

1. 种植业生产

从三穗县地形、气候、水分、土壤的组合条件和经济社会发展的需求来考虑，区内种植业适宜生产粮食、黄花菜、茭白、蔬菜、食用菌和中药材。2019 年，全县种植蔬菜 14 万亩、中药材 2.3 万亩、食用菌 0.15 万亩、花卉 0.7 万亩。培育发展 3 个省级农业示范园区和 2 个州级现代高效农业示范园区，成功申报“国家有机产品认证示范创建区”，其种植业发展特色鲜明。

2. 发展方向

在要素保障上求新突破，以 13 个 500 亩以上坝区农业结构调整为重要平台和主要抓手，完善农业生产经营、基础设施配套、政策性保险等政策支持，打造示范坝区，推进蔬菜特色产业规模化发展；围绕“订单+企业/合作社+基地+贫困户”的发展模式，通过土地流转、土地/资金入股分红、劳动薪金等方式，优化利益联结机制，促进农户增收；在市场开拓上求新突破。紧盯省内市场，抢占省外市场，用好各方资源，加强产销衔接，努力把三穗建设成粤港澳的绿色农产品供应基地；要推进高标准农田建设，落实最严格的耕地保护制度。

（二）林业生产及发展方向

1. 林业生产

境内森林覆盖率达 63.51%，全县面积为 155.37 万亩，其中林业用地 108.99 万亩，占总面积的 70.15%；非林业用地面积 46.38 万亩，占总面积的 29.85%。全县活立木总蓄积 474.44 万立方米。2020 年，林业产值 22 825 万元。大力发展以猴头菇为主导的林下经济产业，建成万亩基地 1 个、千亩基地 9 个、百亩基地 87 个；推进精品水果等特色产业规模化发展，精品水果累计种植 6.0 万亩。

2. 发展方向

三穗县今后要深抓林业改革创新，完善林业生态建设体制，通过着力调整林业产业结构，以资源培育、保护和利用“三大板块”为基本架构抓好新林业生态建设模式发展，深入践行“两山理论”；建成特色林业产业油茶基地建设 1.5 万亩以上，竭力抓好林业产业发展，以产业壮大助力经济增长。

（三）畜牧业生产及发展方向

1. 畜牧业生产

三穗县持续加大对山地生态畜牧业的扶持力度，建成 186 户畜禽规模养殖场，增加了农民收入。三穗鸭主导产业持续壮大，2020 年出栏商品鸭突破 1 000 万羽，年产鸭蛋 1 万吨，发展涉鸭企业 32 家，实现集生产加工一体的鸭业综合产值达 8.6 亿元。2020 年，三穗县牧业产值 48 347 万元，全年肉类总产量 10 445 吨，增长 32.6%。

2. 发展方向

其发展方向是持续稳定畜牧业生产，大力发展生态畜牧业，加快生猪产能恢复；做大做强畜牧主导产业和特色优势产业。

（四）水产业生产

加快转变渔业发展方式，探索推进“全域无网箱·全域生态鱼”的渔业发展模式，围绕以“四保障”为核心，助推全县生态渔业在适应市场需求的市场竞争中向规模化、标准化循环流水设施渔业和稻田综合种养为主导的规模养殖综合体发展。截至2020年11月底，全县水产养殖面积45 935亩，其中池塘养殖面积1 165亩，水库养殖面积2 565亩，循环水养殖面积3 468平方米，稻田养鱼面积42 200亩，完成年度目标任务的100%。完成水产品总产量2 719吨，同比增长14.58%，完成全年目标任务的100.52%；其中稻田养鱼产量1 328吨，同比增长21.50%。

二、第二产业发展与布局

（一）工业发展条件

1. 便捷的交通优势

三穗县处于黔东交通核心节点位置，沪昆高速、三黎高速、三施高速、国道320线、省道310线在县城交会，沪昆快铁在三穗县城设置高铁站，距离凯里黄平机场120千米、铜仁凤凰机场120千米、黎平机场130千米、怀化芷江机场140千米，贵阳机场250千米。

2. 基础设施完善

三穗县加强对各种要素资源的整合和合理开发利用，努力实现在现有条件下资源配置的最优化和利用效率的最大化，不断提高开发区域经济竞争力。三穗县有110 kV变电站一座，35 kV变电站四座，同时还有3条110 kV专线，覆盖全县的电力已并入国网。县城万吨自来水供水工程已投入使用，县城上游新开工建设的塘冲水库，集雨面积185平方千米，总库容5 320万立方米，调节库容3 655万立方米。

3. 劳动力资源丰富

三穗充分利用三穗籍和周边地区在外务工成功人士返乡创业机遇，积极推动外出务工人员返乡创业，将三穗产业园区建设成为黔东地区返乡创业基地和承接中东部产业梯度转移的聚集地。

（二）主要工业的生产与布局

1. 主要工业生产

三穗县紧紧围绕建设“珠三角和港澳地区农产品供应基地”的目标，依托良好的生态环境，以农业产业化经营为载体，按照“建基地、创品牌，抓龙头、拓市场”的发展思路，先后引进千里山、穗丰酒业、磊鑫纸业、利源木业、老张家、陶老者休闲食品、荣发药业、翼宇鸭业、宴佳等12家农副产品加工企业，年营业收入1 000

万元以上的企业 4 家，州级以上重点龙头企业 9 家。

2. 工业地域组合

三穗县依托便捷的交通优势、丰富的资源条件和劳动力资源，创建三穗经济开发区，大力发展工业。三穗经济开发区牢牢把握工业强县和城镇化带动主战略，按照产城一体化的发展思路，围绕“三大基地”（黔东创新创业基地、黔东产业承接基地、黔东大健康产业示范基地）的战略定位，坚持高起点规划、高标准建设、高强度投入、高效能服务，努力实现园区建设、产业培育和经济社会效益三大突破。截至目前，累计投入资金 30 多亿元，建成面积 5 平方千米，建成标准厂房面积 20 余万平方米，落户企业 64 户，投产 53 户，吸纳转移就业人员 4 000 余人。产业培育初步形成了以针织服装、特色食品、轻工制造等为重点的特色产业，建设发展呈现出与县城建设一体化、基础配套设施不断完善、返乡创业经济初具规模、产业实现阶段性集聚的良好态势。

三、第三产业发展与布局

（一）旅游业的发展与布局

1. 旅游业的发展

“十三五”三穗县把促进旅游业发展作为挖掘民族文化资源，传承和发展苗侗特色民族文化，展现三穗各民族民风民俗，促进各民族交往交流交融的重要抓手，着力打造“民族团结进步+旅游业”深度融合发展模式，带动了 3 000 多人增收，使旅游业成为助推民族团结进步的助推器。依托交通区位优势和生态气候优势，重点建设以健康养老、健康运动、健康食品、康复疗养、中医民族医药等为一体融合发展的黔东康养产业示范园，打造一流康养旅游目的地。“十三五”全县接待游客人次年均增长 39.5%，旅游综合收入累计突破 18 亿元。

2. 旅游业的布局

（1）推动文旅经济复苏，一是文旅融合，提振信心，增强文旅消费“潜力”。二是区域联动，抱团取暖，增强文旅企业“抗力”。三是加大投入，完善设施，增强文旅综合“实力”。四是强化培训，提升服务，增强文旅行业“内力”。三穗县充分借助疫情息业空挡，抓培训、练内功，增本领，为疫情过后文化旅游业恢复生产积蓄力量。

（2）围绕创建黔东旅游集散中心，着力打造以高铁新区为核心的康养集聚区，以颇洞、贵洞、木良为核心的自然山水和农耕体验旅游走廊，建成 2 个以上国家 4A 级旅游景区，健全完善旅游产品体系，以全域旅游带动全域经济。

（3）激活乡村旅游业，三穗县“四引领”激活乡村旅游助力乡村振兴。一是产业引领丰富乡村旅游业态，二是示范引领增强旅游辐射能力，三是党建引领推动旅游高质量发展，四是文化引领注入乡村旅游灵魂。

（二）金融业的发展

2020年年末，三穗县金融机构各项存款余额563 029万元，增长10.2%。其中，住户存款余额455 734万元，增长10.9%。各项贷款余额506 085万元，增长5.8%。其中住户贷款余额371 901万元，增长6.7%。全县金融业持续健康发展。

（三）物流业的发展

三穗县大力发展物流产业，强化“大交通、大物流、大市场”的理念，编制物流产业发展规划，大力支持现代物流业加快发展。积极发展连锁经营、仓储运输、代理配送等现代流通方式，加快发展综合物流、冷链物流，多形式、多层次发展联运服务企业。积极建设“无水港”项目，加快现代物流园、高寨新区物流中心和相关专业仓储等平台建设，新建、改扩建一批特色农产品批发交易市场，构建以大型物流园区、配送中心为主体，县乡（镇）集贸市场为补充的物流集散格局。2020年全县交通运输、仓储和邮政业增加值实现21 972万元，增长0.4%。全县邮政业务总量2 156万元，下降1.1%。

第三节 城镇化

一、城镇体系概述

三穗县于民国16年（1927）由灵山县易名三穗县。相传县城附近稻田中，一株水稻并出三穗，故名。1950年，属镇远专区；1956年，划入黔东南苗族侗族自治州；1958年，撤销三穗县，并入镇远县；1962年，恢复三穗县。

三穗县辖7镇2乡：八弓镇、台烈镇、瓦寨镇、桐林镇、雪洞镇、长吉镇、良上镇、款场乡、滚马乡。159个村，5个居民社区。其“中心城区—重点镇——般镇—村庄”四级城乡等级结构渐趋形成。

二、城镇化发展现状

（一）人口城镇化提升较快

根据三穗县第七次全国人口普查结果，2020年三穗县常住人口中，居住在城镇的人口为 78 555 人，占 48.25%；居住在乡村的人口为 84 243 人，占 51.75%。与 2010 年第六次全国人口普查相比，城镇人口增加 35 054 人，乡村人口减少 27 991 人，城镇人口比重提高 20.32 个百分点。三穗县城镇化的历史进程大致经历了萌芽、初创、成长和城镇扩展等发展阶段。根据 Northam 城镇化发展的阶段理论，该县已进入城镇化的高速度发展阶段。

（二）城镇基础设施得以建设提升

物质基础设施建设是必备的城镇化步骤，是不能跨越的城镇化发展阶段。三穗县通过拓展城镇化建设融资渠道，创新融资方式，推广政府和企业间 3P 合作模式，做好土地运作，力促城建投资。重点推进城镇供电、供水和环境卫生等基础设施建设，落实城市老旧小区改造，提高城市综合管廊、公共交通、防洪排涝等建设水平，增强城镇综合承载能力，全面提升城市内在品质；加快推进瓦寨万人集镇、台烈示范小城镇建设，推进完善县域城镇空间体系；统筹协调推进城乡基础设施建设，加快交通基础设施、公共交通运输体系、水利基础设施等向乡镇、农村延伸。

三、城乡融合发展

（一）打造新型城镇化新格局

三穗县大力推进新型城镇化发展，提升城镇化水平和质量，促进县城区极核发展、乡镇连动建设，城镇综合承载能力显著增强。统筹“三区联动”协调发展。即稳步推进邛水河中段两侧棚户区改造、老旧小区改造和农贸市场环境整治，持续抓好以城区水、电、路、讯和管道燃气、智慧停车场、公园绿地等为重点的基础设施建设，推动老城区扩容提质；扎实推进经济开发区管廊及路网工程、工业污水处理、建材与制造产业园、物流园、就业创业实训基地等项目建设，加快闽台相品府、天骄华府等房开项目建设进度，完善学校、超市等配套设施，不断增强经济开发区综合承载能力；大力推进城市广场、黔东（三穗）康养产业园、黔东旅游集散中心等高铁新区城市综合体项目建设，启动建设江岸华景等房开项目，力争青溪经三穗至镇远快速道路实现开工建设。加强建设区内城镇群。构建城镇、乡村组团式集聚、串珠式连接，山水城市、绿色小镇、美丽乡村浑然一体、良性互动，依山傍水、显山露水、河在城中、城在山中、城乡一体、产城互动、宜业宜游的新型城镇化格局基本。

（二）统筹打好城乡发展“融合战”

大力推进以人为核心的新型城镇化建设，常住人口城镇化率提高到 52%以上。坚持规划先行，有序推进。加快国土空间规划和重点片区控制性详细规划以及乡（镇）村规划编制，编制完成产业发展、交通运输、生态保护等专项规划，为城乡建设构建科学的生产、生活和生态空间。加快把高铁新区打造成为三穗发展新引擎，坚持与乡村振兴相衔接，推动公共服务设施由城到村均等延伸，促进教育、卫生、文化等公共服务资源均衡配置，统筹城乡一体融合发展。深化户籍制度改革，促进农业转移人口在城镇稳定就业、平等融入、深度融合。

第十四章　岑巩县经济地理

岑巩县位于贵州省东部，地处东经 108°20′~109°03′，北纬 27°09′~27°32′。全县面积 1 486.5 平方千米，东接铜仁市玉屏侗族自治县，南连黔东南州镇远县，西邻铜仁市石阡县，北抵铜仁市江口县。全县辖 9 镇 2 乡 1 个省级经济开发区。岑巩土地肥沃，物产丰富，历史悠久。自古为楚、黔、滇交通要衢，中原的政治、文化、科技最先传入境内，农业生产的开发较早，是贵州省政治、经济、文化的发祥地之一。被誉为“思州文物群落”“古、美、奇、特”的古府雄基之地。

第一节　资源禀赋

一、自然禀赋

（一）地质与矿产

岑巩县地处扬子准地台贵州东部，地层出露有下江群、震旦系、寒武系、下奥陶系、第三系和第四系。寒武系出露最全，分布最广，发育完整。地层总厚度为 7 588 米。地质属新华夏系第三隆起地带的范畴，构造错综复杂，沟壑纵横，褶皱、断裂分布密度大。

（1）下江群，是岑巩县出露最古老的地层，厚度达 4 706 米左右。主要分布于龙田镇和平庄乡，注溪镇也有少量出露。

（2）震旦系，由硅质岩、硅化白云岩、冰碛砾砂岩及粘土页岩等组成，呈条带状。分布于平庄乡、注溪镇、龙田镇及思旸镇。

（3）寒武系，在县出露面积 1 250.81 平方千米，呈块状的分布于水尾镇、天马镇及天星、羊桥、大有乡；呈条状的分布于龙田镇和平庄、客楼乡。

（4）下奥陶系，总厚度 337 米。仅在水尾镇境出露。

（5）第三系，唯独大有乡凉水并附近有出露，厚度 30 米左右。其岩性为硅红色砾岩、钙质砂岩、粘土等陆机沉积组成。

（6）第四系，其岩性为残破积红土、卵石、冰碛粘土、砾石等。境内出露 3 处：一是注溪镇小堡村至思旸镇的龙江河一带；二是水尾镇驾鳌村的军屯；三是凯本乡大寨村至将军山一带。另外，龙田镇北端也有极少量出露。岑巩县内地层由于地壳运动的强烈作用，使全县形成 7 条背斜、向斜和大小不等的 60 条断裂。县内褶皱形成的最大背斜是龙田背斜，横贯全县南北，长 61 千米，最大宽度 18 千米；寨庆坪向斜全长 15 千米、官庄向斜 14 千米、白水洞向斜 10 千米左右。境内以溶蚀地貌为主，侵蚀地貌次之，由于断裂繁多，境内重峦叠嶂，地形起伏不平，地貌有山地、丘陵、盆地多种类型。

境内矿产资源丰富。主要矿藏有铀、汞、钒、硝、石灰石、大理石、金星石、重晶石等矿产资源。其中石灰石矿县境各地均有分布，尤以水尾镇白水村至长坪村、思肠镇桐木村到新兴村及羊桥乡车坝大桥北部的分布广；磷矿石在注溪镇有小堡沟和岩科两处，矿点出露长 8 000 米、厚 0.5 ~ 2 米，地质储藏量 1 109 吨；金星石矿主产于思旸镇，有平坝星石潭、岑峰及马坡多处开发点，资源十分丰富。星石潭矿点，是唐代以来开发制造“思州石砚”传统名牌工艺品的优质材料。

（二）气候资源

岑巩县属亚热带温润季风气候区，气候温和，雨量充沛，雨热同季，无霜期长。年平均气温 15.7 ~ 17.1 °C，1 月平均气温 5 °C，7 月平均气温 26.5 °C，全县境大部分地区最高气温 36 ~ 38 °C，多出现在 7、8 两月，最低气温在 0 ~ 13 °C。地形复杂，因而垂直气候差异大。全年雨热光同季、但年际、月际变化大，差异大。全年雨热光同季、但年际、月际变化大，县境全年平均霜日 10 天，最多年 19 天，最少年 4 天，气候条件优越。

（三）水资源

岑巩县地表水和地下水均较为丰富，境内属长江流域沅江水系，主要河流有龙江河、龙鳌河、㵲阳河等河流。流域面积在 10 平方千米以上的河流有 20 条，全长 462.3 千米，河网密度为 0.31 千米/平方千米。地表水资源总量为 7.72 万立方米，人均占有水资源量 3 799 立方米。其主要河流有：

（1）龙江河。位于该县南部，发源于施秉、石阡、镇远三县交界的黄桶坡，经镇远县都坪镇进入该县西南的龙田镇，向东流经注溪、思旸和大有乡，至异溪村天堂出县境注入㵲阳河。

（2）异溪河。发源于天马镇黑洞地下水及天星乡和野牛山一带山溪水。有长溪（鸭溪沟）、汤江溪、鲁溪三条小支流汇入，于天堂处汇入龙江河。流域面积 209.6 平方千米，全长 31.3 千米，多年平均流量 12 米/秒，最枯流量 1.5 平方米/秒。

（四）生物资源

岑巩县境内群山起伏，气候温和，生物资源丰富。国家保护动物有：蟒蛇、红腹锦鸡、红隼、白冠长尾雉、猕猴、穿山甲、水獭、大灵猫、小灵猫。水产动物有珍贵的团鱼（整）。国家保护的树种：一级有银杏；二级有野荔枝、黄杉、楠木、红椿、桫椤、鹅掌楸、福建柏、心叶砚木。野生药材 100 多种，主要有金银花、桔梗、大小黄草、半夏、通草、何首乌等。

（五）土地资源

岑巩县耕地面积 24 148.06 公顷。土壤类型有 5 个土纲，6 个土类，17 个亚类，32 个土属，67 个土种。属于地带性的土壤有黄壤和红壤两种，非地带性的土壤有石灰土、紫色土、潮土及水稻土 4 种。

（1）黄壤是县境的主要土类，主要分布在县境海拔 525 米以上的地带。

（2）黄红壤主要分布在县境的东部和东南部，海拔在 500 米以上或 550 米以下的丘陵河谷地区。

（3）石灰土主要由白云岩和灰岩的风化物组成。主要分布在天马镇、水尾镇及羊桥土家族乡、天星乡、凯本镇、客楼镇。

（4）紫色土集中分布在水尾镇的长坪村。

（5）潮土主要分在龙江河两岸的龙田镇、思旸镇、注溪镇。

（6）水稻土是县境农作物的主要耕作土之一，主要分布在河谷、平坝、山沟低洼的地区。区内因山地多、平地少，人地矛盾比较突出。

二、人文禀赋

（一）人口变化

1. 人口增长

根据岑巩县第七次全国人口普查结果，2020 年全县常住人口为 168 441 人。同 2010 年第六次全国人口普查的 162 444 人相比，增加 5 997 人，增长 3.69%，年平均增长率为 0.36%。历次人口普查常住人口及年均增长率见表 14-1。

表 14-1　岑巩县历次人口普查常住人口及年均增长率

普查年份	常住人口/人	年均增长率/%
1953	89 413	—
1964	106 641	1.61
1982	162 570	2.37
1990	181 913	1.42
2000	182 297	0.02
2010	162 444	−1.15
2020	168 441	0.36

2. 人口构成

（1）人口性别构成。2020 年岑巩县常住人口中，男性人口为 86 493 人，占 51.35%；女性人口为 81 948 人，占 48.65%。总人口性别比（以女性为 100，男性对女性的比例）为 105.55，比 2010 年第六次全国人口普查的 109.02 下降 3.47 个百分点。

（2）人口年龄构成。2020 年岑巩县常住人口中，0 ~ 14 岁人口为 40 517 人，占 24.05%；15 ~ 59 岁人口为 95 511 人，占 56.70%；60 岁及以上人口为 32 413 人，占 19.24%，其中 65 岁及以上人口为 25 067 人，占 14.88%。与 2010 年第六次全国人口普查相比，0 ~ 14 岁人口的比重下降 3.64 个百分点，15 ~ 59 岁人口的比重上升 0.41 个百分点，60 岁及以上人口的比重上升 3.23 个百分点，65 岁及以上人口的比重上升 3.75 个百分点。

（3）人口受教育程度。2020 年岑巩县 3 岁以上常住人口中，拥有大学（指大专及以上）文化程度的人口为 14 490 人；拥有高中（含中专）文化程度的人口为 15 245 人；拥有初中文化程度的人口为 50 330 人；拥有小学文化程度的人口为 56 292 人（以上各种受教育程度的人包括各类学校的毕业生、肄业生和在校生）。与 2010 年第六次全国人口普查相比，每 10 万人中，拥有大学文化程度的由 3 440 人上升为 8 602 人；拥有高中文化程度的由 6 498 人上升为 9 051 人；拥有初中文化程度的由 29 665 人上升为 29 880 人；拥有小学文化程度的由 42 144 人下降为 33 419 人。与 2010 年第六次全国人口普查相比，全县常住人口中，15 岁及以上人口的平均受教育年限由 7.28 年提高至 8.14 年。

（二）社会文化

1. 聚落文化

岑巩汉族多居住在城镇和农村乡场或山间平坝上。汉族村寨多依山傍水而建。不少地方古通驿道，今通公路。自然环境和生活条件都较好。在城镇和主要乡场上，均有汉民集资修建的汇西会馆、湖南会馆以及万寿宫、禹王宫之类建筑。

汉族的住宅一般为框架式结构，两面坡“悬山顶”青瓦木屋，有三柱四瓜、五柱六瓜。开间有连三间和连五间两种。多配偏厦，正间是堂屋，前面是“吞口”和“六台门”；后面是“道巷”。正壁设神龛，上面贴着神榜。堂屋是平日接待宾客和议事的地方。左右两侧房间分别作卧室和灶房。许多人家在正间前面或两侧配厢房。楼上设卧室，楼下设猪圈、厕所、碓磨。并堆放柴草。粮仓和牛圈则建于正屋附近。正屋周围栽种竹木果树，枝繁叶茂、绿荫一片。少数豪绅、富户建造庭院式的“三合院”或“四合院”。院内建若干座框架式木屋，正屋建在纵轴线上，次要的建筑则建在横独线上，中间为天井，均衡对称。门窗有绘画、雕刻，古色古香，颇有中国古典建筑的艺术魅力。

2. 节庆文化

岑巩汉族的节令风俗同其他地区汉族的节令风俗相比较，虽有地域文化上的某些差异，但基本内涵都具有一致性或同一性。在漫长的历史发展过程中，汉民族形成了自己独具风姿、风采、风韵的节日风俗。境内汉族民间的传统节日有春节、元宵节、寒食节、清明节、立夏节、端午节、六月六、中元节、中秋节、重阳节等，节日的礼俗和活动多姿多彩、各具特色。

3. 原生文化

艺术方面：汉族民间歌曲有山歌调、孝歌调、米茶调和米莲船、金钱棍曲调等。乐器有锣、鼓、钹、唢呐、二胡、箫、笛。器乐曲主要是唢呐曲，分“红曲牌”与“白曲牌”，在民间办红白喜事时演奏。舞蹈有花灯歌舞、龙灯狮舞、钱棍舞。戏剧有古老的傩堂戏（又称脸子壳戏），以及从外地传入的京剧、湘剧、阳戏和木偶戏等。

民间工艺生产：著名的雕刻工艺首推驰名中外的“思州石砚”，其开创于唐天宝年间，迄今已有一千余年历史。制作工艺精湛，造型生动流畅，浮雕龙凤、瓜果、花鸟、昆虫，无不栩栩如生。清康熙时被定为贡品。中华人民共和国成立后，外贸部、轻工部将“思砚”列为中国传统名牌工艺产品，曾远销日本、新加坡等国。

第二节 产业经济地理

2020年，岑巩县全县地区生产总值60.00亿元，同比增长6.4%。第一产业增加值11.06亿元，同比增长6.5%；第二产业增加值18.11亿元，同比增长7.9%，其中，工业增加值14.37亿元，同比增长7.9%；第三产业增加值30.83亿元，同比增长5.2%。三次产业对经济增长的贡献率分别为19.1%、41.6%和39.3%。三次产业占比分别为18.44%、30.18%、51.38%。其县域经济实力明显增强。

一、第一产业发展与布局

（一）种植业生产及发展方向

1. 种植业生产

从岑巩县地形、气候、水分、土壤的组合条件和经济社会发展的需求来考虑，区内种植业适宜生产粮食、油料、烤烟、瓜果、蔬菜及食用菌。2020年，粮食种植面积17 643公顷，同比增长2.2%，其中夏粮面积4 856公顷，同比增长6.82%；秋粮面积12 786公顷，同比增长0.49%。油料种植面积6 971公顷，同比增长7.8%。其中油菜籽种植面积4 489公顷，同比下降2.9%；烤烟种植面积1 226公顷，同比下降 8.6%；蔬菜及食用菌种植面积 11 045 公顷，同比增长 18.4%；瓜果类种植面积 1 090 公顷，同比增长 3.6%，农业产值 10.8 亿元，同比增长 8.3%。其农业经济运行良好。

2. 发展方向

岑巩资源丰富，物产富饶，是有名的“鱼米之乡”。全县大力推动农业产业高质量发展，以坝区结构调整为重点，立足杂稻制种、“两茶”和桑蚕等“6+1”产业，实现裂变式发展。通过巩固提升优质烤烟、商品蔬菜、食用菌、杂交水稻制种主导产业，建设一批高标准种植基地，提升现代农业产业园区建设水平。今后要充分利用东西部扶贫协作的契机，通过强化政府主导、企业服务、专业合作社引导、基地规划建设、农户参与“政府+企业+合作社+基地+农户”的组织模式，建立稳定直销渠道和直供关系，实现产销对接。持续稳定粮食播种面积和产量，严禁土地撂荒，压实“米袋子”、护好“菜篮子”，强力推进农业现代化发展。

（二）林业生产及发展方向

1. 林业生产

岑巩县为提高林地利用效率和林业综合效益为核心，充分发挥森林资源优势，大力推广先进适用技术和新型林下种养模式，加快发展特色生态林下种植业、养殖业、林下采集加工和森林景观开发利用，推动林文旅融合发展，促进绿色产业效益的提升。2020 年，全县中草药材种植面积 1 675 公顷，同比增长 24.9%；茶叶产量 417.2 吨，同比增长 13.1%；园林水果产量 66 287 吨，同比增长 32.8%；食用坚果产量 247.3 吨，同比增长 86.96%。2020 年林业产值 1.72 亿元，同比增长 4.4%。

2. 发展方向

要加快推进“四林”和“百千万”工程建设，实现林菌 1 000 万棒、林药 2 万亩、林鸡 100 万羽、林蜂 1 万箱，建成百亩基地 128 个、千亩基地 11 个、万亩基地 2 个等林下经济发展目标。提升思州绿茶、思州柚的产品品质，抓好杂油茶、精品水果等特色优势产业，推动现代山地特色高效农业集聚发展。

（三）畜牧水产业生产及发展方向

1. 畜牧水产业生产

岑巩县是一个典型的农业县，畜牧渔业一直是支柱产业，畜牧渔业的综合生产能力不断增强，有效保障了城乡居民对畜禽水产品的消费需求，促进了农民增收、农业增效和农村稳定。2020 年，全县肉类总产量 10 503 吨，同比增长 0.2%。牛出栏 13 975 头，同比增长 17.6%；猪出栏 76 165 头，同比下降 7.9%；羊出栏 31 572 只，同比增长 3.8%；家禽出栏 823 145 只，同比增长 27.8%；牛存栏 35 701 头，同比增长 1.7%；猪存栏 62 846 头，同比增长 6.1%；羊存栏 42 142 只，同比增长 27.5%；

家禽存栏 605 206 只，同比增长 21.5%。牧业产值 5.7 亿元，同比增长 3.4%；渔业产值 0.56 亿元，同比增长 9.1%。

2. 发展方向

要积极发展生态畜牧业和生态水产农业，建成 40 万只湖羊规模化养殖、20 万头生猪养殖一体化项目，促进畜牧水产业的持续发展。

二、第二产业发展与布局

（一）工业发展条件

1. 矿产资源富集

境内寒武地层占总面积的 84%，富藏优质石灰石，平均氧化钙含量为 55.54%，仅水尾镇境内的矿带面积就达 10.2 平方千米，储量 1.2 亿吨。地下还蕴藏有铀、铅、锌、汞、钒、硝、石灰石、大理石、金星石、重金石等矿藏 10 余种。

2. 基础设施不断完善

道路、电讯等基础设施是工业发展的基础。“十三五”期间，共投资 32.55 亿元，完成县乡公路改造及路面改善提升工程 82.796 千米、通村沥青（水泥）路 53 条 442.8 千米、通组硬化路 1 145.838 千米、农村公路桥梁建设 33 座、农村安全生命防护 64 万米，同时实施公路大中修、窄路面拓宽等路面改造工程等。实现建制村通硬化路 100%，30 户以上村民小组通硬化路 100%。从网络建设来看，岑巩县 870 个 30 户以上自然寨组实现了 4G 网络全覆盖，5G 覆盖县城区。基础设施建设的日趋完善，为工业发展打下了坚实基础。

（二）主要工业的生产与布局

岑巩经济开发区在工业强县战略推动下，推动产业向园区集聚，构建高质量发展工业产业体系，加速推进新型工业化进程。在工业产业规模、产业结构调整、企业转型升级、基础设施建设、就业扶贫等方面取得了新成就。工业产业逐步壮大，产业链条基本形成。工业园区已逐步形成优势轻工、现代化工、特色农产品加工、新型建材、基础材料等五大主导产业。优势轻工产业以打火机、电子、服装等生产制造企业为主，共有 18 家打火机及其配套企业、5 家电子和灯饰企业、3 家服装生产企业，其中规模以上企业 9 户。现代化工产业以碳素制品、预焙阳极、锂电池负极材料、香料、松香、无醛胶等产品为主，现有化工企业 5 户。特色农产品加工产业以植物香精、金银草、茶叶、药材等农产品加工为主，共有企业 7 户。新型建材产业以水泥、装饰板材、环保砖、水泥制品等生产为主，共有新型建材企业 7 户。基础材料产业以有色金属、冶金为主，共有 11 户冶金企业，装机容量共计 30 万千瓦时。2020 年，实现全部工业增加值 143 705 万元，同比增长 7.9%。其中，规模以上工业增加值同比增长 1.5%；实现建筑业增加值 37 626 万元，同比增长 8.1%。工业产业逐步走上规模化发展，工业化水平大幅提高。

三、第三产业发展与布局

（一）旅游业的发展

1. 多措并举推动文化旅游产业提质增效

充分利用丰富的旅游资源和思州文化底蕴，持续抓好旅游市场主体培育、旅游业态升级和宣传营销影响力度，助推文化旅游产业提质增效。同时，加大对乡村旅游点、星级酒店的扶持力度，支持有条件的团体、个体发展民宿、露营、农家乐、农特产品经营，大力培育旅游市场主体，提升团队旅游接待能力。2020 年，共接待旅游总人次 124.52 万人次，同比下降 0.2%；接待过夜游客 22.01 万人次，同比下降 1.5%，全年实现旅游总收入 10.28 亿元。

2. 大力发展旅游新业态

探索“旅游+”“+旅游”融合发展，加快培育智慧旅游、体验旅游新业态发展。完成木召生态旅游度假区、思州战鼓文化基地、露营基地、民宿、旅游探秘建设项目。同时，加强推进玉门洞特色民宿、夜间经济集聚区及低空观光、滑翔旅游项目业态建设，进一步完善创新旅游产品和满足游客需求。

3. 加强旅游品牌建设

充分挖掘民间节庆风俗和景区大型活动，通过举办桃花、斗牛等民族民间节庆活动，不断增强岑巩旅游吸引力。策划“思州战鼓”文化周活动，进一步拓展岑巩民族特色节庆活动的广度和影响力。充分利用新媒体、新技术，将岑巩丰富的旅游资源和黔东玉贡大米、思州柚、思州李等特色品牌进行宣传推介。推进与铜仁梵净山、湖南凤凰、原生态黔东南等景区运营公司开展联合捆绑式营销新模式平台，推动湘黔地区旅游一体化发展，强化旅游线路联合推广。

（二）物流业的发展

截至 2020 年年底，岑巩县通车公路总里程达到 1 718.2 千米，公路运输周转量 50 343 万吨千米，同比下降 70.4%。其中，公路货物周转量 50 080 万吨千米，同比下降 70.5%，客运周转量 10 813 万人千米，同比下降 58.1%。2020 年交通运输、仓储和邮政业实现增加值 12 157 万元，同比增长 13.3%。岑巩县通过完善县城物流园、乡镇物流站、村级物流点的农村物流三级架构，打通“县—乡（镇）—村”双向物流通道，不断完善农村电子商务配送及综合服务网络，积极探索促进农村电子商务发展机制，拓宽全县农林牧特产网购网销渠道，促进农村流通现代化水平全面提升。被商务部评选为“2018 年度电子商务进农村综合示范县”。

（三）金融业的发展

2020年年末，岑巩县金融机构存贷款余额1 335 419万元，同比增长12.9%。金融机构存款余额600 442万元，同比增长8.7%。其中，个人存款余额472 042万元，同比增长12.9%。金融机构贷款余额734 977万元，同比增长16.2%，其中：中长期贷款余额532 743万元，同比增长24.7%。全县金融业步入了持续发展的快车道。

第三节　城镇化

一、城镇体系概述

岑巩古称思州，文明早孕，迄今已有1 300多年的历史。始名于唐，置府于明，民国2年（1913）改思州府为思县，民国19年（1930）更名为岑巩县。古思州为楚、黔、滇交通要衢，中原的政治、经济、文化、科技首先从这里传播于黔境，是贵州政治、经济、文化的发祥地之一，文化灿烂，史迹辉煌，素有“先有思州后有贵州”之说，历史文化沉淀深厚，代表思州文化显性符号的“思州石砚”传承于今。

岑巩县现辖1街道、1个开发区（岑巩经济开发区）、9镇2乡（其中1个民族乡），即思旸镇、水尾镇、天马镇、龙田镇、凯本镇、大有镇、注溪镇、天星乡、平庄镇、客楼镇、羊桥土家族乡。其“中心城区—重点镇—一般镇—村庄”四级城乡等级结构渐趋形成。

二、城镇化发展现状

（一）人口城镇化水平快速提升

根据岑巩县第七次全国人口普查结果，2020年岑巩县常住人口中，居住在城镇的人口为74 366人，占44.15%；居住在乡村的人口为94 075人，占55.85%。与2010年第六次全国人口普查相比，城镇人口增加41 857人，乡村人口减少35 860人，城镇人口比重提高24.14个百分点。其城镇化的历史进程大致经历了萌芽、初创、成长和城镇扩展等发展阶段。根据Northam城镇化发展的阶段理论，该县已进入城镇化的高速度发展阶段。

（二）县城首位度有较大提升

岑巩县城规划区从新城搬迁初的130平方千米扩大到现在的276平方千米，中心城区从4.8平方千米增至59平方千米。主动融入黔东一体化发展，以规划为龙头，以项目建设为抓手，大力实施城镇化带动战略。通过完善县城总体规划、岑巩经济开发区总规划、旅游发展总体规划、集镇总体规划和村庄规划等一系列规划编制与实施，明确了城市、镇和乡村定位与发展方向，拉开了城市框架，提升了城市功能。推进城乡基础设施项目，先后实施了新思大道、亚坝移民小区、外环路、滨河路（一、二期）景观工程、体育公园、文化广场、休闲广场、汽车站、污水处理厂、垃圾卫生填埋场等城市基础设施和重点配套设施建设，初步形成了“产、城、景”互动发展格局；启动思州温泉城、思州府综合开发项目、马家寨黔东南大峡谷“四张旅游名片”建设；新建恒河城市之心、思州国际城等 18 个商业住宅小区，全面提升了城市品位，实现了向“宜居、宜游、宜业”的“三宜”城市华丽转身。

三、城乡融合发展

（一）“三规”优化城乡布局

通过优化岑巩县国土空间总体规划、乡村规划编制和控制性详细规划，科学划定生态、农业、城镇三类空间，统筹划定落实“三条控制线”，优化滭水城区、城北新区、经济开发区、思旸镇、大有镇一体化城市发展布局，以规划引领新型城镇化高质量发展。

（二）“三区”联动产城发展

围绕城镇化补短板、强弱项。4 大领域 17 类别谋划新型城镇化项目，加快推进思州温泉综合开发、思州府综合开发、县中医院建设、县大坡栳公墓、县残疾人康复中心、县第四幼儿园、县生活垃圾填埋场调节池改造等重点项目建设，有效盘活思旸老城区闲置国有资产资源，提升经济开发区产业带动能力，推动思旸老城区、城北新区、滭水城区“三区”产城融合发展，稳步打造集实体产业发展、完整生活配套设施为一体的城市新区，城镇化使生产资料、产业、人口等要素集聚。

（三）“三改”提升城市品质

岑巩县以大力实施城镇“棚户区、老旧小区、背街小巷”改造为抓手，完善市政基础设施、城区外环路网等城市功能，全面提升城市品质。分年度制定改造计划，科学、合理实施改造，计划两年内全面消化 2 173 套棚改存量任务，3 年内完成 19 条背街小巷改造，5 年内完成 3 050 户老旧小区改造。同时，重点抓好滭水城区滨河路下段休闲步道、新思大道人行步道提质改造和国道 320 线岑巩县下新岑大桥至上新岑大桥公路工程项目复工建设，打通滭水城区断头路、拓宽瓶颈路。

（四）“三联”细化城市管理

采取“干部市民联管、市场城管联管、公司业主联管”三联方式，强化城市精细化管理。干部市民联管，建立城区治理网格化管理机制，将城区划分为 6 个网格 84 个点位，明确县级领导网格长、网格责任单位的职责和任务，并在每个网格进行公布，接受市民参与监督，形成干部市民共同参与城市管理格局。市场城管联管，对㵲水城区商贸、物流、餐饮服务、汽车修理、夜市等行业进行合理规划，重新优化“划行规市”，规范市场监管和城市管理联建联管。公司业主联管，制定城区小区物业管理联席会议制度，成立小区物业管理业主委员会，加快物业示范小区创建，推进物业公司和业主共建联管，带动提升县城小区物业规范管理，做好思州国际城、中央华府、左岸公寓 3 个物业管理示范住宅小区创建。

第十五章　天柱县经济地理

天柱以县城北柱石山“石柱擎天”而得名。天柱县位于贵州省东部，面积 2 201 平方千米，占自治州总面积的 7.30%。与湖南省新晃县、靖州县、会同县、芷江侗族自治县及贵州省剑河县、锦屏县、三穗县等接壤，位于东经 108°55′～109°36′，北纬 26°42′～27°10′。全县辖 4 个街道 11 个镇 2 个乡。天柱县区位条件、山水人文、自然资源优越，具有较好的发展基础。天柱是贵州省东出两湖、南下两广的重要通道，县城距离沪昆高铁三穗站约 45 分钟车程。三黎高速是天柱南下珠三角及北部湾地区的快速通道。规划建设的天柱至湖南大龙、天柱至湖南会同高速公路将把天柱建成沪昆、包茂、厦蓉三条高速公路交汇的重要枢纽。

第一节　资源禀赋

一、自然禀赋

（一）地质与矿产

天柱县境内出露有元古代下江群及震旦系、古生代寒武系及二叠系、中生代白垩系和新生代第四系等地层，均为沉积岩相。

（1）下江群，县境内分布最广，占全县总面积的 80%左右，是一套轻微区域变质的浅海相碎屑岩及火山碎屑岩，为含金石英脉赋存场所。

（2）震旦系，出露在县境西北角，分布在兆寨至大河边、八阳至八界一带，含磷、铀、钒、铁等矿产。

（3）寒武系，出露在县境西北角，总厚度 1 400 米，由炭质泥岩、泥质灰岩、白云岩及硅质岩组成，赋存重晶石、铁、钾、钒、煤、磷、石灰岩、白云岩等矿产及铜、铅、锌等矿化点。

（4）二迭系，出露在城关、邦洞、蓝田至白市及零星分布于马任至石洞一带，厚 500 米左右，以浅海相碳酸盐类沉积为主。

（5）白垩系，分布于金凤山及三团至蓝田一带，厚 240 米左右。

（6）第四系，覆盖全县部分地面，在河谷及低凹平坦处较厚，是近代风化沉积物，部分地方砂金富集。

天柱县位于贵州高原东缘，属第三级下降剥蚀面，为苗岭山脉延伸部分之余脉。县域山地多，平地少，地形破碎，属典型的中低山丘陵地区，山地丘陵占全县总面积的97%。地势西北及西南高，东北低。最高点在西北面阳寨乡的犀牛塘尖坡，海拔1 119.3米；其次在北面注溪乡的交布丁，海拔1 040.2米；西南面有九十九坡，海拔1 010米；南面有黄哨山，海拔1 029米。诸山雄伟陡峭，如屏如障。中部至东北部，地势平缓，海拔逐级下降，县域海拔375米，至东北部瓮洞镇下金紫村的清水江出省境处，海拔仅216米。

境内主要矿产资源有重晶石、黄金、煤、铁矿等10余种。其中，重晶石已探明储量1.0881亿吨，远景储量达3亿吨，占全国储量的60%。天柱县拥有黄金大型矿床7处，矿点40余处，已探明储量约为8万千克以上。煤矿探明储量1 684万吨，矾矿13.5万吨，硅石3 500万吨，钾矿1 353万吨，高岭土5 000万吨。素有“贵州高原黄金城”“中国重晶石之乡”“中国观赏石之乡”的美誉。重晶石探明储量1.78亿吨，远景储量超过3亿吨，占全国70%以上，约占全球的50%，资源深加工潜力巨大。

（二）气候资源

天柱县地处亚热带季风气候区，冬无严寒，夏无酷暑，降水丰沛，属典型的中亚热带季风性暖湿气候。年平均气温为16.1 °C，受海拔高度的影响，县域中部、东部气温较高。江东、兴隆、远口、坌处等地，因海拔低，年平均气温16.6 °C。西北、西南部海拔较其他地区高，气温趋低，石洞、黄桥、水洞等地年平均气温13.8 °C。坪地、八界、八阳等地年平均气温14.9 °C。天柱县1月平均气温为4.7 °C，7月平均气温为26.7 °C，无霜期281天。日照较长，积温较高，农作物一年两熟或混作二三熟。但降水的时间和空间分布不均，春、夏两季多，秋、冬两季少；西北、西南部偏多，东部偏少。

（三）水资源

天柱县地表水和地下水均较为丰富，地表水境内河流都属长江流域沅江水系，主干河流为清水江，其多年平均总径流量为13.7亿立方米。其他重要支流有八卦河、鉴江、朗江、摆洞河、三门溪等。流域面积大于20平方千米的有21条。区内水能蕴藏量大，可开发水能资源多达9 000万千瓦。

（四）土地资源

天柱县境内地带性土壤为红壤和黄壤。一般是海拔500米以下的红壤，多分布于河谷丘陵，其中300米以下为红壤亚类，300～500米为黄红壤亚类；海拔500米以上为黄壤地带。植被覆盖较好的山区，黄壤、红壤界线多在450米左右；植被覆盖较差的丘陵，黄壤、红壤界线多在550米左右。此外，由于岩性和小地形等因素的影响，在境内各地分布有一些非地带性的隐域性土壤，如发育在紫色砂页岩、紫色砂泥岩上的紫色土，发育在石灰岩地区的石灰土，发育在河谷地区的冲积土等。从土地利用状况看，全县土地总面积 217 753.98 公顷，其中农用地 191 483.24 公顷，占 87.94%；建设用地 6 011.78 公顷，占 2.76%；其他用地 20 258.96 公顷，占 9.30%。耕地大部分分布在邦洞街道、兰田镇、凤城街道、渡马乡等乡镇的山间盆地和坝区，较为集中连片，其他乡镇耕地零星错乱分布。县域土地利用结构不合理，土地投入产出综合效益低。

（五）生物资源

天柱县区内植被生长良好，森林覆盖率达到了 67.2%，植被分为 5 类 9 纲。自然植被属中亚热带黔东低山丘陵常绿针阔叶混交林，以杉、松、樟、栲、油茶、油桐等为主。境内气候条件较好，温热多雨，适宜多种植物生长，植物成分丰富，有树种资源 50 科 112 属 248 种，草本植物主要有芒、白茅、金茅、硬杆草、金色狗尾草、鼠尾草、牛筋草、画眉草等。

区内生物资源丰富，珍稀树种类有银杏（原生种）、红豆杉、南方红豆杉、水杉等珍贵树种及濒危珍稀树种 60余种；野生珍稀动物资源主要国家二级保护动物苍鹰、白面狸、大鲵等。

二、人文禀赋

（一）人口变化

1. 人口增长

根据天柱县第七次全国人口普查结果，2020 年全县常住人口为 273 588 万人。同 2010 年第六次全国人口普查的 263 850 万人相比，增加 9 738 人，增长 3.69%，年平均增长率为 0.36%。历次人口普查常住人口变化见表 15-1。

表 15-1 天柱县历次人口普查常住人口及年均增长率

普查年份	常住人口/人	年均增长率/%
1990	352 523	1.35
2000	348 302	-0.12
2010	263 850	-2.74
2020	273 588	0.36

2. 人口构成

（1）人口性别构成。2020 年天柱县常住人口中，男性人口为 141 798 人，占 51.83%；女性人口为 131 790 人，占 48.17%。总人口性别比（以女性为 100，男性对女性的比例）为 107.59，比 2010 年第六次全国人口普查的 109.99 下降 2.4 个百分点。

（2）人口年龄构成。2020 年天柱县常住人口中，0 ~ 14 岁人口为 67 636 人，占 24.72%；15 ~ 59 岁人口为 148 444 人，占 54.26%；60 岁及以上人口为 57 508 人，占 21.02%，其中 65 岁及以上人口为 43 694 人，占 15.97%。与 2010 年第六次全国人口普查相比，0 ~ 14 岁人口的比重上升 1.99 个百分点，15 ~ 59 岁人口的比重下降 5.29 个百分点，60 岁及以上人口的比重上升 3.3 个百分点，65 岁及以上人口的比重上升 3.93 个百分点。

（3）人口受教育程度。2020 年天柱县 3 岁以上常住人口中，拥有大学（指大专及以上）文化程度的人口为 18 090 人；拥有高中（含中专）文化程度的人口为 25 070 人；拥有初中文化程度的人口为 97 874 人；拥有小学文化程度的人口为 95 543 人（以上各种受教育程度的人包括各类学校的毕业生、肄业生和在校生）。与 2010 年第六次全国人口普查相比，每 10 万人中，拥有大学文化程度的由 3 532 人上升为 6 612 人；拥有高中文化程度的由 8 228 人上升为 9 163 人；拥有初中文化程度的由 37 379 人下降为 35 774 人；拥有小学文化程度的由 35 184 人下降为 34 922 人。与 2010 年第六次全国人口普查相比，全县常住人口中，15 岁及以上人口的平均受教育年限由 7.94 年提高至 8.54 年。

（二）社会文化

1. 宗祠文化

天柱县现有古宗祠 95 座，为我国西南地区最大最密集的宗祠古建筑群，把天柱境内侗族苗族的文学、绘画、雕刻艺术和审美观念淋漓尽致地展现出来。其中，列为县级文物保护单位 19 座，省级文物保护单位 2 座（三门塘刘氏宗祠和王氏“太原祠”），并形成了以新舟、龙盘、社学等为代表的家祠群。

每一座家祠都是一座文化艺术宝库，是清水江地域文化与中原文化、荆楚文化以及木材文化、姓氏文化、迁徙文化、祭祀文化、谱牒文化等多元文化的完美结合。它们见证了清水江流域社会经济文化发展的特定历史，其别具一格的人文景观、地域特色和文物价值是一种不可多得的民族旅游文化资源。

2. 民族文化

四十八寨是黔湘两省的交界之处，大部分村寨位于天柱境内。“四十八寨歌节”是黔湘边区人民群众业余文化生活的缩影，以贵州省天柱县为主，贵州省锦屏县、湖南省靖州县为次的侗族、苗族人民群众聚众玩山、唱歌、交友、恋爱的民族节日，该节日因最初流传于贵州与湖南交界的四十八个侗族、苗族村寨（贵州天柱占 70%）而得名。“四十八寨歌节”已被列入国家级非物质文化遗产名录。

第二节 产业经济地理

2020年，天柱县地区生产总值815 416万元，同比增长3.9%。按产业分，第一产业增加值218 732万元，同比增长6.1%；第二产业增加值186 559万元，同比增长1.3%；第三产业增加值410 125万元，同比增长4.2%。第一产业增加值占地区生产总值的比重为26.8%，第二产业增加值的比重为22.9%，第三产业增加值的比重为50.3%。一二三次产业对经济增长的贡献率分别为40.6%、6.8%和52.6%。其县域经济实力明显增强。

一、第一产业发展与布局

（一）种植业生产及发展方向

1. 种植业生产

天柱县农业发展的条件优越，气候适宜，雨量充沛，有万亩大坝2个，5 000亩以上大坝3个，1 000亩大坝6个，从区内地形、气候、水分、土壤的组合条件和经济社会发展的需求来考虑，区内种植业适宜生产粮食、油料、中药材、有机蔬菜及食用菌。2021年，天柱县实现粮食种植30万亩、种植蔬菜23万亩、烤烟种植0.42万亩、辣椒种植4万亩，实现坝区亩产值1万元以上，着力打造“天白”“天瓮”线产业示范带，其种植业发展特色鲜明。

2. 发展方向

今后天柱县要充分利用好农业发展的优越条件，积极实施全国新增千亿斤粮食生产能力项目，加快改造中低产田，优化品种结构，抓好高产创建，加强科技培训和技术指导，攻单产、促总产、提品质，实现粮食总产11万吨以上，建设贵州省重要的粮食主产区；要优化坝区种植业结构，大力发展烤烟、中药材、有机蔬菜、精品水果等特色优势产业，促进产业提质增效和农民持续增收；要积极引进和培育农业龙头企业开展农产品生产基地建设、农产品加工和市场开拓，探索建立“龙头企业+合作社+农户”发展模式，建立稳定直销渠道和直供关系，实现产销对接。

（二）林业生产及发展方向

天柱县林业资源丰富，森林覆盖率67.39%，共有林地面积233万亩，是贵州省重要林业基地县。今后应以生态文明建设为引领，深入贯彻绿色发展理念，大力推进造林绿化、新一轮退耕还林、生态公益林管理等生态林业重点工程建设。大力发展油茶产业，作为国家油茶林示范基地试点县、贵州省最大的木本油料资源县，近年完成油茶新造林7 500亩、低改8 000亩项目，全县油茶林面积达29.7万亩，茶籽产量 7 200 余吨，综合产值 1.84 亿元。通过科学地规划油茶产业示范园区，建设“天柱油茶”地理标志品牌。大力发展生态鸡、林药、林蜂、铁皮石斛、蓝莓蜜、百花蜜等林下经济，全县利用林地资源 50.2 万亩，林下种养经济产业总产值达 9 093 万元。被国家林业局授予“国家林下经济及绿色产业示范基地”称号。林下产业蓬勃发展，为巩固拓展脱贫攻坚成果同乡村振兴有效衔接打下坚实的产业基础。

（三）畜牧水产业生产及发展方向

天柱县依托生态优势、山地优势、生物多样性优势，围绕“稳生猪、增牛羊、扩家禽、养特色”思路，优化畜牧业结构，扎实推进农业供给侧结构性改革。重点扶持肉牛、骡鸭、生猪、稻田养鱼等传统养殖产业。着力打造蓝田、注溪、渡马、白市、江东、远口等 6 个生态土鸡产业重点乡镇，形成优势产业带，促进农民增收。2019 年，天柱县畜牧业总产值 8.06 亿元，占农牧渔业总产值比重 25.3%，其中：生猪存栏 20.1919 万头，出栏 22.225 万头；牛存栏 4.4808 万头，出栏 0.6303 万头；羊存栏 5.4695 万只，出栏 2.5613 万只；家禽存栏 178.028 万只，出栏 261.75 万只。通过打造清水江库区生态渔业示范园区、高酿镇稻田养鱼示范园区，实施“合作社+贫困户”“龙头企业+合作社+贫困户”等模式，大力发展生态渔业。

二、第二产业发展与布局

（一）工业发展条件

1. 矿产资源富集

天柱县境内主要矿产资源有重晶石、黄金、煤、铁矿等 10 余种，探明重晶石储量 1.78 亿吨、黄金 200 吨、矾矿 13.5 万吨、硅石 3 500 万吨、钾矿 1 353 万吨、高岭土 5 000 万吨，其中重晶石远景储量超过 3 亿吨，占全国储量的 70%以上。

2. 基础设施不断完善

道路、电讯等基础设施是工业发展的基础。从交通条件来看，县城距沪昆高铁三穗站 67 千米，距湖南铁路枢纽怀化市 145 千米，距黎平机场、芷江机场分别为 66 千米、120 千米；三黎高速穿境而过，搭建南下珠三角和北部湾地区快速通道。全县实现乡乡通油路，中心村客运通达率达 100%。国省干道升级改造、清水江高等级航道建设等各项工作加快推进，现代综合立体交通网络构架初步形成。天柱县已完成全县 315 个行政村（含 170 个贫困村）宽带网络建设任务，完成率 100%；完成全县 315 个行政村 2G/3G 手机网络覆盖，完成率 100%；完成 312 个行政村（含 167 个贫困村）4G 手机网络覆盖，完成率 99.05%。基础设施建设的日趋完善，为工业发展打下了坚实基础。

3. 具有一定的人才和技术优势

劳动力富足。截至 2010 年 12 月，全县人才资源总量达 20 456 人。其中，党政人才 1 941 人，专业技术人才 4 746 人，农村实用人才 10 578 人，技能人才 692 人，企业经营管理人才 512 人，社会工作人才 3 859 人。每十万人中受过高等教育的 2 249 人。农村富余劳动力达 20 万人。

（二）主要工业的生产与布局

1. 主要工业生产

工业是现代化的基础。2019 年，天柱县全县有规模以上工企业 15 户，完成规模以上工业产值 10.45 亿元，增速 19.2%。从分行业看，化工规模以上企业 3 户，完成产值 5.58 亿元，占全部规模以上工业企业产值的 53%；其他行业（重晶石矿山企业）6 户，完成产值 3.41 亿元，占全部规模以上工业企业产值的 32.35%；建材产业有规模以上企业 4 户，完成产值 1.09 亿元，占全部规模以上企业产值的 10.4%。健康医药规模以上企业 1 户，完成产值 2 510 万元，占全部规模以上企业产值的 2.38%。天柱县具有金属和非金属加工业、农产品加工业、建筑材料加工业、木材加工业、煤炭加工业、水力发电等工业基础。

2. 工业的地域组合

天柱县依托优越的自然和社会经济条件，规划建设天柱县工业园区，规划总面积为 20.2 平方千米。工业园区地处天柱东出口，规划中的一纵一横高速公路交汇于天柱工业区，距芷江机场 95 千米，距三穗县 67 千米（省道 320 线），交通便利。电力、水利、通信基础设施完善。天柱工业区 110 kV 变电站动工。社学变电站 31 500 kVA、邦洞高压电站 5 000 kVA 供电系统设施完备，并且还留有扩建容量的空间。工业用水以鱼塘水库为主，可供工业用水年为近 500 万立方米；通信线路完备，天柱—邦洞、天柱—社学设有地下光缆，完全能满足大量企业通讯和宽带数据传输需求。

天柱县工业园区已经完全纳入县城总体规划范围，是承接东部沿海产业转移的主要平台，是天柱县工业经济发展的中心，是城镇经济新的支撑点，是新型骨干和龙头企业的载体。工业开发区以矿产品和农林产品深加工工业为核心，以大中企业为主体，以先进的设施和科技含量较高的产品全面提升功能区的品位和地位。是以工业生产为主的自我完善的独立区域，也是城市功能与空间扩展与完善的重要区域。工业园区发展以重晶石深加工为主的矿产品加工、农副产品及食品加工、烤烟加工、仓储物流、循环经济综合利用为重点，使天柱工业开发区建设成为经济繁荣、工业发达、科技进步、绿色生态、设施完备的具有带动全县经济发展的现代化产业园区。

三、第三产业发展与布局

（一）旅游业的发展与布局

1. 旅游业的发展

天柱县牢牢守住发展和生态“两条底线”，立足民族文化和生态环境这“两个宝贝”，紧紧围绕“山水田园、人文天柱”定位，加快旅游基础及各项配套设施建设，全力推动金凤山景区、三门塘景区、凤园公园、远口特色小城镇、旅游公路等项目建设；新建3家4星级酒店，开展旅游“万人大培训”；建立产业融合新体系，高标准打造集文化、旅游、休闲、养身、观光于一体的旅游业态，培育壮大旅游产业，促进全域旅游发展。2018年，天柱县实现旅游接待总人次和旅游总收入双增长，规模效益再创新高。据统计，全县2020年累计接待游客总人数达到273.72万人次，同比增长37.6%，旅游总收入18.09亿元，同比增长40.9%。

2. 旅游业的战略布局

（1）乡村旅游业。依托丰富的生态农业资源，推进农业与旅游产业深度融合，培育发展以休闲观光、农事体验、创意农业、农耕文化传承为重点的乡村旅游业，深入推进“农文旅”一体化。

（2）民族文化旅游业。立足资源禀赋优势，充分挖掘家祠文化等独特的历史人文资源，全力推进历史文化、民族文化和生态文化的融合发展，“三门塘”“三十里水景长廊”“四十八寨歌节”“中国美丽休闲乡村”等优秀而丰富的旅游产品一一亮相，文化与旅游高度融合，旅游品质得到不断提升。

（3）加强品牌建设。为提升旅游产品的市场吸引力和竞争力，凝练了写好“家文章”、打好“水上牌”、念好“山字经”、走好“田园路”、唱好“民族歌”的旅游发展思路。以民族文化、农耕文化、历史文化、自然风光等为依托，着力挖掘自身丰富多彩的文化资源，并将天柱县人文历史，民族风情特色全面融合其中，立体展现了天柱厚重的文化底蕴，进一步丰富旅游业态，切实推动旅游产业化高质量发展。

（二）金融业的发展

为做大做强做活县域经济，加快发展银行、保险、基金、担保等金融业态，天柱县金融保险业占GDP比重提高到6%，税收贡献率力争提高到7%。截至2017年3月底，全县共有银行业金融机构8家，各项存款余额108.27亿元，比年初净增10.94亿元，同比增长28.57%；金融机构各项贷款余额60.62亿元，比年初净增4.94亿元，同比增长41.75%。

第一，把金融业培育成支柱产业。支持贵阳银行天柱分行、贵州银行天柱分行加快建设。扩大金融机构覆盖面。确保县农商行、邮政储蓄银行在乡镇级机构业务全覆盖。支持农商行开展乡镇、村信用评级和农村金融服务工作。加快引金入柱力度。协同推进非银行业金融机构的设立。引进优秀的证券公司、基金公司到天柱设立分支机构，争取保险资金直接投资天柱经济建设。

第二，扩大融资规模。县金融办、人民银行将任务全面分解到各家金融机构和具体的融资项目，抓好调度。要认真梳理政策性银行、商业银行的融资政策，指导好融资平台、项目实施单位谋划、包装、申贷工作。鉴于国家为拉动内需，把大量托底资金的贷款指标放在农业发展银行的有利机遇，利用城投公司、国资公司等融资平台，重点抓好棚户区改造项目 6.88 亿元、易地扶贫搬迁（扶贫生态移民）项目 13.8 亿元的融资。继续加强商业银行的融资力度，争取与贵阳银行共同设立基金公司，把基金资金引入县经济建设领域。金融办指导部门围绕旅游、山地高效观光农业加强项目包装，向贵阳银行、贵州银行、工行等商业银行进行申报，融资 4 个亿以上。充分发挥地方法人金融机构作用，县人民银行要积极与上级主管部门对接，为县争取更多的支农再贷款指标，采用支农再贷款和支小再贷款 3+X 标杆化运作模式，力争实现扶贫开发信贷支持额度达 3 亿元以上。探索开展直接融资业务，力推富贵电子、洞源中药有限责任公司上市挂牌融资。

第三，补齐金融工作“短板”。着力解决项目资本金不足的问题。针对现有的易地扶贫搬迁、棚户区改造项目资本金缺口 2 个亿问题，请财政、金融及相关部门认真研究，积极筹措并及时落实到位，发挥财政资金的撬动杠杆作用，让已批未放的放贷指标，及时投入我县的建设项目。各部门要高度重视融资项目的包装、申报工作。在融资项目申报中，凡是涉及的相关部门都要密切配合，主动创造条件，不折不扣地抓好落实，完善好相关手续。让项目在最短的时间内完成包装，并成功申贷，为包装项目营造良好环境。

第四，优化金融生态环境。大力推动建立政银企常态化对接机制，充分发挥金融引进人才的作用，及时研究解决金融业运行中出现的问题。大力支持实体经济，实体经济是金融发展的根基，县内金融机构将继续加大对全县重点领域和重点项目的信贷支持力度，为地方经济发展提供良好的金融服务。关注民生、支持小微，切实将信贷资金向实体企业倾斜，信守承诺，做到不忽悠、不欺瞒、不抽贷、不压贷；严格控制对高耗能、高排放企业和产能过剩行业的贷款；盘活存量、优化增量，提高资金使用效率。承贷单位要担责任、讲诚信。以政府融资平台公司、事业单位作为承贷主体的，要自觉及时支付本息，树立诚信政府、信用政府的良好形象。推进社会信用体系建设。积极鼓励创建信用乡镇、信用村组的建设，让群众直接受益。深入开展打击非法集资活动，保持对非法金融活动高压态势，维护正常的经济金融秩序。

（三）物流业的发展

天柱县为大力发展第三产业，加快商贸物流业发展，完善冷链物流、农村物流服务建设，实现乡镇（街道）物流网点全覆盖，产业基地物流及电商网点全覆盖。推进国家级电子商务进农村综合示范县建设，积极引导农业企业入驻邮乐县馆、阿里巴巴等第三方平台，新增村级电商服务站点 30 个、升级改造 60 个，完成行政村全覆盖，实现网络零售额 800 万元以上，助推“黔货出山”。近年来，天柱县高度重视现代物流业发展，不断强化措施，加大扶持力度，有力地推动全县现代物流业的发展。目前天柱县有中型物流企业 5 家，快递物流 6 家，大型超市 6 家，大型商场 3 处，商业网点 3 000 余家。

第一，强化现代物流发展管理机制。在编制物流业中长期发展规划的基础上，建立相应的组织机构，同时充分发挥行业协会的作用，加强领导与协调，逐步理顺管理体制。

第二，强化政策扶持力度。天柱县在深入调研的基础上，结合天柱县现代物流业发展特点，制定完善发展规划或实施方案。加大对物流市场的监管力度，简化程序、提高效率，营造良好的政务环境。

第三，强化物流城建设。天柱县高度重视物流城建设工作，立足于构建国内一流的规模大、档次高、服务功能强的黔东商贸物流城，逐步实现资源有效整合，物流企业聚集发展的格局。该物流城属于全省 100 个城市综合体重点建设工程，建设总用地 500 亩，其中物流、仓储、配送中心 120 亩，6 大专业批发市场 225 亩。计划投资 12 亿元，累计完成投资 4.5 亿元。

第三节　城镇化

一、城镇体系概述

天柱县位于贵州省东部，因县以城北柱石山“石柱擎天”得名。万历二十五年（1597）置天柱县，县署设在凤城，朱梓为首任知县，划出会同县的汶溪所、江东里和绥宁县的远口里、镇远巡检司（六池）、江东巡检司并入天柱县，属湖广布政司靖州。崇祯十二年（1639）改隶镇远府；1950 年属镇远专区；1956 年划入黔东南苗族侗族自治州。

天柱县现辖 4 街道 11 镇 2 乡，分别是凤城街道、邦洞街道、社学街道、联山街道、兰田镇、瓮洞镇、远口镇、高酿镇、坌处镇、白市镇、坪地镇、石洞镇、渡马镇、江东镇、竹林镇、注溪乡、地湖乡。其“中心城区—重点镇—一般镇—村庄”四级城乡等级结构渐趋形成。

二、城镇化发展现状

（一）人口城镇化发展加快

根据天柱县第七次全国人口普查结果，2020 年天柱县常住人口中，居住在城镇的人口为 115 893 人，占 42.36%；居住在乡村的人口为 157 695 人，占 57.64%。与

2010 年第六次全国人口普查相比，城镇人口增加 54 732 人，乡村人口减少 44 994 人，城镇人口比重提高 19.18 个百分点。天柱县城镇化的历史进程大致经历了萌芽、初创、成长和城镇扩展等发展阶段。根据 Northam 城镇化发展的阶段理论，该县已进入城镇化高速度发展阶段的初期。但其人口城镇化水平尚落后于全州和全省的平均水平，城镇化水平还较低。

（二）土地城镇化快于人口城镇化

天柱县中心城区人均建设用地达到 105.7 平方米，超过了自然资源部所要求的将人均城市建设用地严格控制在 100 平方米以内的标准。在新型城镇化发展过程中，地方政府盲目扩大城镇规模，造成土地利用率非常低，这样不仅不能推进工业化和城镇化的发展，更造成了大量的土地浪费，尤其是老城区内，土地长期处于闲置或低效利用状态。建设用地的快速增长导致了土地城镇化远快于人口城镇化，不符合新型城镇化中关于城乡土地节约集约高效利用的目标，也不利于城镇化水平的提高。

（三）城镇发展动力不足

从纵向发展来看，天柱县经济综合实力不断提升，全县生产总值从 2011 年的 32.77 亿元增至 2017 年的 78.28 亿元，财政总收入从 3.34 亿元增至 8.56 亿元。然而，从横向比较而言，县域产业发展仍然较为滞后，县域经济总量小，财政收入入不敷出，城镇建设投资体系单一。2011 年以来为了响应贵州省建设“工业强省”的目标，县里以工业园区建设为载体，全力提升工业化水平，但是由于交通及工业基础薄弱等因素，工业发展仍然处于起步阶段，为了引进企业入驻降低土地价格，却给企业大面积圈地带来了便利。综上，目前该县城镇化发展的动力亟待提升。

（四）区域环境保护压力大

由于天柱县矿产资源丰富，在矿产开采中过于注重经济效益，忽视了生态环境的保护，长期以来“在保护中开发，在开发中保护”的观念未化为实际行动，矿产资源开发利用方式粗放，资源综合利用水平较低，滥采乱挖、采富弃贫，浪费资源和破坏矿区环境的现象仍然存在，区域环境保护的压力大。

三、城乡融合发展

（一）推进县城与周边卫星小城镇同城化发展

县城是县域政治、经济、文化和工业中心，因此，加强县城建设成为推进新型城镇化和县域经济发展的战略重点。天柱县城是由凤城组团、社学组团、邦洞组团为骨架，“十四五”发展规划面积达到 64 平方千米，建成区为 12 平方千米，常住人口超过 15 万人。天柱县城需要进一步实现扩容提质，建成品质之城。需要向用地条件较好的邦洞、社学拓展，推进同城化建设，加快基础设施配套，提升城镇建设质量，增强综合承载能力，加快新型城镇化建设。建成“一城两翼、产城互动”发展格局。凸显山城风貌，以金凤山、三星岩、南康山、雷寨坡等山脉勾画城市轮廓，构建城市大生态背景，发挥生态效益。其次，要按照“城镇带县”发展思路，坚持县城新区建设与老城区建设并举，基础设施与城市文化建设并进，以规划为龙头、城镇为门户，着力打造“宜居、宜行、宜业、宜商”特色天柱，不断提高城市的精细化、规范化、科学化水平，让城市生活更方便、更舒心、更美好，通过积极创建国家卫生县城，提升县城的内涵品质，从而早日实现撤县设市目标。

（二）建设各具特色的小城镇

新型城镇化的核心是人的城镇化，因此，着力提升改善城镇建设品质，有利于不断满足人民群众日益增长的美好生活需要。贵州省政府工作报告（2020年）提出，从贵州省情出发，贵州应该采取大中小城市和小城镇协调发展，推进产城互动，完善功能配套，增强人口承载力、内需带动力、发展竞争力。基于县情而言，天柱县建设各具特色的小城镇是推进城乡一体化建设的有效途径之一。

第一，建设远口特色小城镇。远口作为贵州省 100 个重点扶持的示范小城镇之一，其特色内涵建设要充分挖掘厚重的历史文化资源，倾力打造山城、桥城、水城、林城和旅游城，融入以三门塘为代表的清水江北侗民族文化走廊，列入黔东南精品旅游线路，纳入贵州省优先发展的重点旅游区，成为贵州三条国际精品旅游线路之一，把远口建成旅游景观型和交通枢纽型特色名镇。

第二，建设区域特色集镇。集镇是农村农民区域性的公共服务中心，区域集镇要借力贵州省出台的《关于加快推进小城镇建设的意见》《贵州省提升城镇品质做强城镇经济推进新型城镇化若干措施》等政策，通过重新规划，按照“8+X”的小城镇项目建设标准，重点建设坌处、瓮洞、白市、江东、远口、高酿、蓝田、竹林、坪地等区域集镇，补齐城镇化发展短板，把它们建成基础设施、公共服务、产业发展、民生保障多功能城镇，使原来破旧、拥挤、落后的小集镇变身宜居宜业美丽新城镇，推进的新型城镇化建设步伐。

第三，提升小城镇的就业功能，与县城实现功能互补。按照“镇村联动”的发展模式，鼓励小城镇发展新型农业，同时鼓励城市企业搬到小城镇中去，鼓励乡镇办企业。这样不仅可以缓解城市过分拥挤的问题，解决城市病，同时可以为农村剩余劳动力的转移提供更多的就业机会，真正解决乡村中的农民就业问题。

（三）加快推进美丽乡村建设

城镇化和乡村振兴是一体两面，推进城镇化建设绝不能以瓦解农村文明、牺牲文化遗产为代价。只有这样才能望得见山水、记得住乡愁，从而实现美丽中国的建设目标。因此，乡村振兴战略与城镇化的实施对于县域的发展同等至关重要。党的十九大报告提出实施乡村振兴战略，将解决“三农”问题作为工作重点，切实解决农业农村发展落后的问题。

第一，加强农村基础设施和公共服务体系建设。完善的农村基础设施有利于提升农民综合素质、维护农民权益，实现和保障社会公平；完善的农村公共服务体系可为增加农民收入提供有力的保障，如便利的交通、电力、通信、水利设施等的建设和完善，会降低包括生产成本、运输成本、销售成本、风险成本和决策成本在内的农村私人活动的总成本，从而促进农民收入的增加；完善的农村公共服务体系可降低农业的自然风险和经济风险，还有利于逐步实现乡风文明。

第二，科学规划各地特色产业链。要充分调查当地的资源禀赋情况，突出当地“特色”内涵因素，力戒产业趋同，立足市场发展特色产业；培育新型经营主体，增强市场抗风险能力，多维度创新发展利益联结机制，通过“龙头企业+合作社+农户”“对口支援+合作社+农户”“政府（协会）+农户+庭院经济产业集群”等发展方式，不断扩大利益联结主体，提高利益联结主体力量。

第三，推进美丽乡村建设。全面推进农村人居环境整治和清洁风暴行动，力争农村人居环境整治实现全覆盖，实施 56 个村寨风貌整治。实施 100 户以上集中连片村寨污水治理工程 162 处。扎实推进“厕所革命”，改造农村厕所 4 000 个以上，新建 50 个村级公共厕所、30 个旅游厕所。全面完成 3 个州级示范村建设任务，打造 5 个县级自然寨示范点，“六项行动计划”完成投资 10 亿元以上。让农村的“内在气质”和“外在颜值”同步提升。

第十六章　锦屏县经济地理

锦屏因青山似锦、秀丽如屏而得名。该县位于贵州省东南边隅，地处东经108°48′～109°24′，北纬26°23′～26°46′，东界湖南省靖州县，南邻黎平县，西毗剑河县，北抵天柱县。总面积1 597平方千米，因其地理位置优越，是黔东南通往湘、粤、桂的重要门户，三黎高速公路穿境而过，距沪昆高铁三穗站80千米，距黎平机场60千米，距贵广高铁从江站110千米。辖15个乡（镇、街道）和1个省级经济开发区，是一个集少数民族文化、木商文化、红色文化、军屯文化于一体的多文化聚集地，是中国早期工人运动领袖、龙华二十四烈士之一龙大道和红军十八师师长龙云的故乡。

第一节　资源禀赋

一、自然禀赋

（一）地质与矿产

锦屏县境内出露地层主要有下江群震旦系、古生界的石炭系及二叠系、中生界的三叠系及第四系。

（1）下江群，有番召组系县内最古老的地层，主要分布于西北部的文斗背斜轴部地带，可见厚度约1 030米。清水江组和平略组、隆里组按其岩性分为两段。

（2）震旦系，县境东南部所见属下统最底部地层，区内称长安组，可分两段。第一段以浅灰色变余砂岩、灰绿色含砾砂质板岩为主，夹绢云母板岩及变余砂砾岩透镜体。顶部常为浅灰绿色绢云母板岩，厚200～300米。第二段以不显层理的含砾砂质板岩为主，夹少量浅灰色变余砂岩、灰绿色砂质绢云母板岩；顶部为紫灰-紫红色（含砾）板岩，厚900米。

（3）石炭系，主要分布于敦寨、新化一带。上统，称马平群，为灰白、浅灰色厚层块状生物碎屑灰岩，夹同生砾岩及白云岩，时见泥质条带，厚1～100米，东厚西薄。

（4）二叠系，境内出露齐全，由下至上称梁山组、栖霞组、茅口组、吴家坪组、长兴组，总厚302～322米。

（5）三叠系，县内见于映寨，属下统大冶群。下部为黄绿、黄、紫灰色薄层粘七页岩，厚 10 米；中部为浅黄色薄层泥质灰岩与褐黄、紫灰色粘土页岩互层，厚 30 米；上部为浅黄、褐黄色夹紫灰色粘土页岩，残留厚度 30 米。

（6）第四系，覆盖全县部分地面，在河谷及低凹平坦处较厚，厚度变化较大，河床两侧阶地堆积的砂、砾石层厚数米至数十米，坡残积物一般较薄。锦屏县地处云贵高原东部边缘向湘西丘陵过渡地带，由于受复杂的地质构造影响，地形复杂多样。整个地势由西北向东南逐渐降低。清水江从县西部入境，至平略折向东北，于县城接西北来的小江，再下纳东南米的亮江，东北出天柱。三江两翼山系递变升降，形成 3 条明显隆起的地带：由西北而东南依次为干塘坳、岑顿坡、尖山隆起，清水江河谷下陷；青山界、大坪山、金凤岭、云照坡隆起，新化、敦寨等亮江河谷下陷；蚂蝗山、天龙山隆起，构成县境内的地形概貌。

据地质勘查，县内矿产主要有黄金、水晶、石灰石、陶瓷高岭土、煤、硫铁矿等。① 金矿，锦屏县内黄金均呈脉状，属含金石英脉类型金矿，其特点是品位变化大、厚度小，其规模亦小；构造部位则多处于背斜轴部。全境计有脉金矿点 5 个 4 处，砂金矿点 1 处。隆里砂金矿点，位于隆里乡。产于亮江流域两侧的河床阶地中，长 10 千米，宽 300 ~ 1 000 米，含金量 0.0005 ~ 0.375 克/吨。② 水晶，锦屏县内已见小型水晶矿床，矿点 11 处，主要产于铜鼓、偶里向斜北面两翼的隆里组和平略组地层中，少部分产于清水江组二段及番召组二段地层中，由地下热水活动形成。③ 非金属矿有石灰矿、陶瓷高岭土矿、青石矿、硫铁矿、煤矿等。

（二）气候资源

锦屏县属中亚热带湿润季风气候区，气候温和，雨量充沛。由于受到境内复杂的地形和植被条件等因素的影响，所以具有明显的山地主体气候和林区气候的特点。全县最低气温为-8.4 °C，最高气温 38.7 °C，年均气温为 16.4 °C，最冷月为 1 月，平均气温 5.2 °C。其中东南部坝区在 6 °C 以上，西北部山区则在 4 °C 以下。最热月为 7 月，平均气温为 26.6 °C，年气温差为 21.4 °C。无霜期年平均为 314 天，河谷和东南地区为 320 天以上，西南、西北山区为 300 天。年均降水量为 1 326.2 毫米，超于年均蒸发量（850 毫米），最丰年达 1 625.5 毫米，最少年为 835.2 毫米。锦屏年日照时数值为全国低值区。

（三）水资源

锦屏县河流属长江水系，主要河流是清水江，县境内清水江干流河长 57.45 千米，流域面积 1 596.9 平方千米。清水江在境内共接纳大小支流 147 条，河长 10 千米以上或流域面积 20 平方千米以上的河流 23 条，总长 411 千米。其中大的支流有乌下江、八洋河、小江、亮江 4 条。锦屏县境内主要河流除八洋河外，其他河域均有客水流入境内，全县共计有 13 627 平方千米集水面积所产客水量流入县境，锦屏县客水总量为 86.61 亿立方米，加上境内产生的地表水资源量 9.964 亿立方米，总的出境水量约为 96.57 亿立方米。锦屏县多年平均年径流总量 9.964 亿立方米，平均年径流深 624.0 毫米，人均占有水资源量为 4 913 立方米/年。由于受到复杂的地形和季风气候的影响，在分布上呈现地区和季节的不平衡性。

（四）土地资源

锦屏县土壤面积 217.95 万亩，占全县总面积的 91.32%。区位土壤类型为黄壤、黄红壤、石灰土、潮土、水稻土。

（1）黄壤。黄壤是县内最主要的土壤，面积 154.61 万亩，占全县土壤面积 70.94%。各乡镇海拔 500 ~ 1 200 米、植被较好的低中山地带均有分布。

（2）黄红壤。县内仅次于黄壤的一种地带性土壤，面积 46.88 万亩，占全县土壤面积 21.51%，分布于各乡镇海拔 500 米以下的低山丘陵河谷地带，此地带气温年均 17 °C，年总积温 5 839 °C，降水年均 1 300 毫米。

（3）石灰土。发育于石灰岩母质上，受石灰质作用而成，面积 5.92 万亩，占全县土壤面积 2.72%。主要分布在铜鼓、敦寨、龙池、新化、隆里 5 乡镇的丘陵地带。

（4）潮土。由近代河流冲积母质发育而成。根据其质地和熟化程度不同，可分为泥底板沙土、潮沙土、潮沙泥土 3 个土种。主要分布在新化、铜鼓、敦案、河口、文斗、平略、平金、大同、稳江、茅坪等清水江、亮江沿岸，面积 0.07 万亩，占土壤总面积 0.03%。

（5）水稻土。由各类自然土等开垦水耕熟化而成，是县内主要的耕作土，面积 10.47 万亩，占土壤总面积 4.8%，占耕地面积 85.54%，全县各乡镇均有分布，较多且成片地分布在铜鼓、新化、敦寨、龙池等乡镇。区内因山地多、平地少，人地矛盾比较突出。

（五）生物资源

在植物地理上，锦屏县属中亚热带常绿阔叶林带。县境内植被分为 8 种主要类型：杉木林、马尾松林、杉木马尾松混交林、竹林、油茶林、常绿落叶阔叶林、灌木林、草坡。全县森林覆盖率稳定在 72%左右，全年空气质量优良率达 99.7%，是“全国 33 个集体林业综合改革试验区”试点县，拥有 3 个国家森林乡村，5 个省级森林村寨，50 户省级森林人家。

区内野生珍稀动物资源主要国家二级保护动物褐林鸮、白面狸、竹鼠等。

二、人文禀赋

（一）人口变化

1. 人口增长

根据锦屏县第七次全国人口普查结果，2020 年全县常住人口为 155 182 人。同 2010 年第六次全国人口普查的 154 869 人相比，增加 313 人，增长 0.20%，年平均增长率为 0.02%。历次人口普查常住人口及年均增长率见表 16-1。

表 16-1　锦屏县历次人口普查常住人口及年均增长率

普查年份	常住人口数/人	增减人数/人	年平均增长率/%
1953	87 506	—	—
1964	105 530	18 024	1.72
1982	165 205	59 675	2.52
1990	191 128	25 923	1.84
2000	190 429	-699	-0.04
2010	154 869	-35 560	-2.07
2020	155 182	313	0.02

2. 人口构成

（1）人口年龄构成。2020 年锦屏县常住人口中，0 ~ 14 岁人口为 37 605 人，占 24.23%；15 ~ 59 岁人口为 87 068 人，占 56.11%；60 岁及以上人口为 30 509 人，占 19.66%，其中 65 岁及以上人口为 22 427 人，占 14.45%。与 2010 年第六次全国人口普查相比，0 ~ 14 岁人口的比重下降 0.96 个百分点，15 ~ 59 岁人口的比重下降 3.47 个百分点，60 岁及以上人口的比重上升 4.43 个百分点，65 岁及以上人口的比重上升 4.20 个百分点。

（2）人口性别构成。2020 年锦屏县常住人口中，男性人口为 79 340 人，占 51.13%；女性人口为 75 842 人，占 48.87%。总人口性别比（以女性为 100，男性对女性的比例）为 104.61，比 2010 年第六次全国人口普查的 105.52 下降 0.91 个百分点。

（3）人口受教育程度。2020 年锦屏县 3 岁以上常住人口中，拥有大学（指大专及以上）文化程度的人口为 13 768 人；拥有高中（含中专）文化程度的人口为 14 252 人；拥有初中文化程度的人口为 49 081 人；拥有小学文化程度的人口为 51 979 人（以上各种受教育程度的人包括各类学校的毕业生、肄业生和在校生）。与 2010 年第六次全国人口普查相比，每 10 万人中，拥有大学文化程度的由 4 189 人上升为 8 872 人；拥有高中文化程度的由 9 137 人上升为 9 148 人；拥有初中文化程度的由 32 901 人下降为 31 628 人；拥有小学文化程度的由 38 168 人下降为 33 496 人。与 2010 年第六次全国人口普查相比，全县常住人口中，15 岁及以上人口的平均受教育年限由 7.98 年提高至 8.43 年。

（二）社会文化

1. 锦屏文书

锦屏文书是与徽州文书和水书齐名的文化遗产。它是我国现今保存最完整、最系统、最集中的历史文献和珍贵民间文书之一。它的发现，填补了少数民族地区缺少封建契约文书的空白和缺少反映林业生产关系的历史文献的空白，也填补了苗、侗族人民与汉族人民经济交往中缺少文字记载和法律史的空白。它主要记载了500多年来苗、侗族人民与汉族人民的农林生产和贸易交往，体现了苗、侗族人民早已具有运用“契约”保护自己经济利益的意识，集中反映了中国封建社会制度下清水江中下游地区林业生产力、生产关系及经济制度的变迁，对研究民族经济贸易、民族经济法学具有极高的借鉴价值，对当今林业产权制度改革、林木植造管护、生态建设等具有重要的现实参考意义。锦屏文书还是研究人类学、经济学、历史学、法学、生态学、档案学、社会学等的重要史料。

锦屏文书承载着我国西南少数民族地区数百年林业经济史，价值堪与“敦煌文书”“徽州文书”比肩，是我国乃至世界保存较为完整、系统、集中的重要历史文献和珍贵民间档案。2010年2月，“锦屏文书”成功入选第三批“中国档案文献遗产名录”。

除了独特的林业契约外，生活在这方水土的侗苗人民，大凡涉及土地买卖、建屋造房、财产典当、兄弟分家、男婚女嫁、祭祖求神等民间百事，也多有文书约定，做到“口说无凭，立此为据”，加上乡规民约、账簿、碑铭、谱牒、诉讼词及信函等文书，使后人得以探寻民间的历史记忆，复原活生生的、丰富多彩的民间社会生活，锦屏文书堪称一个西南原生态契约型社会的活化石。锦屏文书是破解清水江流域锦屏等地区长期以来山常青水常绿“社会基因密码”的“金钥匙”。在当地人们心中，它是“活”的，在调解家族之间物权纠纷和其他重大场合时启用，至今仍然具有部分物权法律证据的功能，在村寨的山林物权纠纷调解中发挥着作用。

2. 节庆文化

锦屏传统的节日有：① 四月八。大同、秀洞、平金、启蒙、八受等地过得较隆重。家家买肉杀鸡，煮乌米饭，带乌米饭访亲走友。② 尝新节。县内侗苗族较大的节日，其隆重程度仅次于春节。所过时间各地各村寨略有不同。九寨除龙、刘姓外，寨寨都过，时间多在农历六月卯日，故称为“卯节”。塘东村过农历七月头寅，韶霭过八月头巳，培亮过八月头卯，晚楼过六月头辰。③ 林王节。启蒙者楼、者抹、便晃、流洞、魁洞、果垢、西洋店等寨过。相传系为纪念明代初期率领婆洞地区侗族人民起义反明而牺牲的英雄林宽而过。时间各寨不尽相同，或农历六月头辰日、或头巳日。④ 七月半。县内大多地方过此节，有的过农历七月十四，有的过七月十五。九寨等地，上午家家制面粑，下午持粑、酒、肉、纸、香及工具到家人拜寄的桥、石、树、井边祭祀诸神。桥、井有损则予以维修，树若欠茂则予以培根。

第二节　产业经济地理

到“十三五”期末，锦屏县地区生产总值从34.76亿元增长到59.73亿元，年均增长8.1%；一、二、三产业年均分别增长6.4%、4.6%、3.1%，实现了速度与质量双提升；城镇居民、农村居民人均可支配收入分别达到 3.32 万元、1.03 万元，年均分别增长 8%、10.1%，全面建成小康社会各项指标如期完成，经济实力明显提升。

一、第一产业发展与布局

（一）种植业生产及发展方向

1. 种植业生产

从锦屏县地形、气候、水分、土壤的组合条件和经济社会发展的需求来考虑，区内种植业适宜生产优质水稻、辣椒、中草药、蔬菜及食用菌。2019 年，粮食种植面积 13 644 公顷，比上年下降 5.3%，其中：夏粮 4 285 公顷，比上年增长 7.4%；秋粮 9 359 公顷，比上年下降 10.2%。全年粮食总产量 63 540 吨，比上年增长 0.4%，其中：夏粮产量 11 934 吨，比上年增长 19.1%；秋粮产量 51 606 吨，比上年下降 3.1%。西兰花种植 1 万亩，食用菌 1 150 亩。深入推进农业产业革命，全县经济作物种植面积占比提高到 67.5%，粮经比调整为 30∶70。

2. 发展方向

（1）蔬菜（不含辣椒）种植。已落实改种面积 3 152.92 亩，主要分布在交通便利、水源充足、气候适宜的东南部乡镇坝区，以番茄、西蓝花为主，同时根据市场需求种植适量的豆类、叶菜类、瓜类、根茎类、香料类蔬菜品种。

（2）辣椒种植。重点在东南部乡镇的 500 亩以上坝区已改种 1 047.36 亩，主要与西蓝花换茬轮种。

（3）中药材产业。落实改种面积 606.5 亩在东南部乡镇坝区和固本乡、三江镇坝区，以铁皮石斛、丹参、吴茱萸、莲子为主。

（4）特色林业。以竹子、油茶、花椒、皂角等落实改种 119.49 亩。

（5）食用菌产业。在铜鼓、敦寨、三江、平略等乡镇，以香菇、木耳、大球盖菇、秀珍菇、茶树菇为主改种 49.3 亩。

（6）精品水果。铜鼓、敦寨、新化坝区，改种优质李、蓝莓、火龙果、葡萄、百香果等品种 21.21 亩。锦屏县种植业结构调整围绕“夜郎遗珠 · 有机锦屏”战略定位，采用土地区块、产业发展“包保责任制”，引导龙头企业、合作社等经营主体与农户形成紧密的利益共享、风险共担的利益联结机制。形成“国有公司+合作社+基地+农户”“合作社+基地+农户”“专业大户+农户”的多种经营模式，带动全县 3 万余人创收。

（二）林业生产及发展方向

1. 林业生产

锦屏林木、青石、水能等资源丰富，素有“杉木之乡”“青石之乡”“水电之乡”

美誉。全县森林覆盖率稳定在 72%左右，全年空气质量优良率达 99.7%，是“全国33 个集体林业综合改革试验区”试点县，拥有 3 个国家森林乡村，5 个省级森林村寨，50 户省级森林人家。2019 年全县林业产值 34 567 万元，增长 10.2%。2020 年，计划新增 3.2 万亩，年末达到累计面积 10.2 万亩。目前，已完成林下中药材种植 2.4 万亩，累计种植 9.4 万亩，参与农户 18 170 户，其中贫困户 13 570 户，完成产值 1150 万元。

2. 发展方向

（1）以生态文明建设为抓手，牢牢守住发展与生态两条“底线”。把林业产业与绿化、彩化、香化相结合，整合林业、扶贫等项目资金 2 050 万元推进“大花园、大果园”产业扶贫项目建设。项目主要有樱花、红枫、香榧、金橘、贡柚等 5 个品种，对推进“创森”工作和乡村振兴奠定坚实基础。

（2）以“百千万”工程为抓手，创新林下经济建设。探索以铁皮石斛为重点的“五林”经济发展新模式，着力推进林上活树种植石斛、林下种植中药材、林中养蜂、林内石斛花采摘体验和森林康养、林外科普展示及林产品精深加工的“五林”经济发展。

（3）以调整产业结构为抓手，大力推广长短结合、以短养长的经济林产业。由于过去形式单一的营造林模式已满足不了社会经济增长的需要，近年来，锦屏县委、县政府调整产业结构，发展具有生态和经济效益的经济林产业。

（三）畜牧业生产及发展方向

1. 畜牧业生产

2020 年肉类总产量 6 375 吨，比上年下降 1.9%，其中：猪肉 4 834 吨，下降 4.7%；牛肉 505 吨，增长 0.2%；羊肉 62 吨，下降 8.8%。禽蛋产量 108 吨，比上年增长 118.5%。

2. 发展方向

（1）牛、羊产业布局。肉牛产业主要布局在启蒙、固本、河口、偶里、彦洞、平秋、平略、大同等 8 个乡镇的 46 个村。肉羊产业以青山界万亩草场产业带、平秋高山产业带、铜鼓丘陵产业带为主体进行布局。其中：青山界产业带包括固本、河口、启蒙三个乡镇；平秋高山产业带包括平秋、彦洞、三江等三个乡镇；铜鼓丘陵产业带包括铜鼓、钟灵、偶里等乡镇

（2）生猪产业布局。以三江镇、敦寨镇、铜鼓镇、新化乡为中心区域，包括 7 个乡镇的 36 个村，即：三江镇圭腮村、平金村；敦寨镇的山洞村、亮司一村、亮司二村、者屯村、帮寨村、果园村、笋屯村、三合村；铜鼓镇的铜鼓村、花桥村、嫩寨村、岔路村、江口村、新寨村、乐安村；大同乡的锦所村、大同村、解放村、稳江村、秀洞村；茅坪镇的阳溪村、新建村；新化乡的密寨村、新化所村、映寨村、欧阳村、新化寨村；隆里乡的龙里司村、华寨村；钟灵乡的稿丙村、官舟村、阳艾

村、寨稿村、高寨村。同时，重点建设铜鼓镇种猪场，新化商品猪养猪基地、启蒙镇黔东花猪、敦寨、铜鼓黔东花猪保种场。在平略、启蒙、平秋、彦洞、钟灵的交通沿线非禁养区发展适度规模养猪小区或养殖场。

（3）生态禽产业布局（不含鹅）。全县家禽出栏量达到200万羽以上，主要布局分布在偶里、茅坪、三江、平略、启蒙、河口、大同，铜鼓、敦寨等15个乡镇，覆盖贫困村104个。

（4）鹅养殖布局。肉鹅原种场在锦屏县新化乡大坡择点建设；肉鹅扩繁场在彦洞乡、平秋镇、河口乡、三江镇、启蒙镇、大同乡择点建设；在全县15个乡镇择点建设商品鹅标准化示范养殖小区20个，其中彦洞乡建设基地2个；带动养殖点100个。肉鹅屠宰加工厂建设在敦寨工业园区黑弄子，鹅产品精深加工厂建设在敦寨工业园区（敦新大道旁），畜禽综合交易批发市场建设在锦屏县敦寨工业园区。

（5）蜂产业布局。蜂产业以铜鼓、敦寨、钟灵、大同、偶里、平略、启蒙为重点进行布局，其他8个乡镇根据蜜源情况进行布局。

二、第二产业发展与布局

（一）主要工业生产

锦屏县2020年年末拥有2 000万元以上规模工业企业24家（年报数），企业总资产104.185亿元。规模以上工业增加值完成114 198万元，比上年增长11.0%。全年规模以上企业完成发电量48.95亿千瓦时，比上年增长45.33%；供电量30 151亿千瓦时，增长10%；人造板7.54万立方米，下降4.56%；水泥87.19万吨，下降7.05%，商品混凝土26.97万立方米，下降10.32%，精制茶136.82吨，增长100%。2019年年末拥有资质的建筑企业5家，建筑业总产值159 272万元，比上年下降6.5%。全年完成房屋建筑施工面积110万平方米，比上年下降4.03%；房屋建筑竣工面积34.8万平方米，比上年下降16.66%。

（二）主要工业布局

锦屏县形成了以木材、建材、酿酒、化工为新兴产业的工业体系，确立了以农牧业、旅游业为基础，工业为主导，内外贸结合的经济格局。锦屏经济产业区主要设工业园区、商贸区、农业旅游观光区和居住区等四大功能区，重点发展木材精深加工、建材加工、民族医药、精细化工、电子信息、新能源新材料等项目，积极引进商贸服务、房地产及观光休闲农业、农产品加工等项目。其中大数据及新型工业，重点发展以智慧锦屏“5朵云”系统平台、农村电商系统平台为代表的大数据产业和以高新电子、装备制造、新型建材、食品加工为代表的新型工业；同时该县依托良好自然资源和生态环境优势，围绕“医、养、游、健、管、食”大健康主题，大力发展休闲养生、健康养老、医疗护理、户外运动、民族竞技、药材种植加工于一体的大健康医药产业体系，打造具有锦屏特色的国际健康养生养老目的地。

三、第三产业发展与布局

（一）旅游业的发展与布局

1. 旅游业发展

锦屏县大力实施“旅游活县”战略，加大资金投入，全力推进隆里古城整体开发，加强春蕾林场、三板溪湖及文斗、雷屯、瑶白等民族文化村寨基础设施建设，成功申报“三江六岸”国家级水利风景区，举办黔东南州第二届旅游产业发展大会暨首届锦屏文书文化节；认真做好宣传推介，积极培育旅游市场，开设“飞山讲堂”，积极开展“寻古踏青”等活动；充分挖掘县域资源，大力开展木商文化、民族文化、红色文化、生态文化旅游；加强行业监管，完善配套设施，提升服务质量，促进旅游产业快速健康发展。成功创建 1 个国家 4A 级和 4 家 3A 级旅游景区，全县旅游总收入从“十二五”末的 11.35 亿元增加到 2020 年的 19.62 亿元，年均增长 20.78%。

2. 旅游业布局

锦屏旅游文化资源优势明显，是清水江“木商文化”发源地和核心区，保存有 10 余万件被列入《中国档案文献遗产名录》的锦屏文书，有 600 余年历史保存完好的明代军事城堡、中国历史文化名村、国家 4A 级旅游景区——隆里古城旅游景区，中国环保第一村——文斗苗寨，省级森林公园——春蕾林场等优秀旅游资源。锦屏旅游资源的总体特征是绿色+良好的生态环境，集自然与历史、人文、青山、绿水、田园、草场、峡谷、湖泊、瀑布、民族风情于一体。县境内有省级风景名胜区（三板溪/隆里古城风景名胜区）1 个，省级森林公园 1 个（春蕾林场森林公园）。风景区面积 180 平方千米，有 4A 级旅游景区（隆里古城），有 3A 级旅游景区（龙池多彩田园景区、文斗苗寨景区）春蕾森林公园、三板溪湖景区、雷屯美丽乡村旅游景区、青山界、九寨北侗、瑶白侗寨、锦屏县城。

侗族银饰锻造技艺、侗族刺绣两项非物质文化遗产技艺被植入中央电视台《时尚大师》《中华民族》栏目，贵州锦屏杉木传统栽植与管理系统入选中国重要农业文化遗产名录。2019 年锦屏被命名为省级民族团结进步创建工作示范县，年度安全感测评在全省全州均排名第一。

（二）金融业的发展

2019 年年末，锦屏县金融机构存贷款余额 1 372 388 万元，比上年增长 8.1%，其中：金融机构存款余额 744 831 万元，同比增长 6.3%，金融机构贷款余额 627 557 万元，同比增长 10.2%；2020 年年末，金融机构贷款余额 701 100 万元，同比增长 11.7%，金融业实现了持续发展。

（三）物流业的发展

2019 年，全县通车里程达 2 132.43 千米，其中通村油路（水泥路）通车里程 758.34 千米。全县通沥青（水泥）路和通客车建制村的比重均达到 100%。年末拥有各类营运车辆 479 辆、各类营运船只 23 艘。全年货物运输总量 962 万吨，比上年增长 10.8%。货物运输周转量 74 118 万吨千米，比上年增长 4.7%。全年旅客运输总量 358 万人次，比上年下降 0.9%。旅客运输周转量 34 531 万人千米，比上年增长 1.7%。全年邮政业务总量完成 1 813 万元，同比增 17.59%；电信业务总量 148 529.97 万元，同比增长 82.6%；其他规模营利性服务业营业收入 392.7 万元，同比增长 41.1%。

第三节 城镇化

一、城镇体系概述

据有关研究，早在新石器时代，锦屏县境内即有人类生息。春秋战国时属楚黔中地。秦属黔中郡。天宝时于亮司地置羁縻亮州，属黔州都督府。五代时属诚州“十洞”地。北宋徽宗崇宁二年（1103）于铜鼓置铜鼓寨，属靖州。明洪武三年（1370）改置湖耳、亮寨、欧阳、新化四蛮夷长官司，属湖广靖州卫；宣德九年（1434）改隶黎平府。清雍正五年改隶贵州，并撤销铜鼓卫，改设锦屏县，属黎平府。民国 2 年（1913）移开泰县治于锦屏，改为锦屏县，属黔东道。1950 年属镇远专区，1956 年划入黔东南苗族侗族自治州。

锦屏县现辖 7 个镇、8 个乡，分别是：三江镇、茅坪镇、敦寨镇、启蒙镇、平秋镇、铜鼓镇、平略镇、大同乡、新化乡、隆里乡、钟灵乡、偶里乡、固本乡、河口乡、彦洞乡。其“中心城区—重点镇—一般镇—村庄”四级城乡等级结构渐趋形成。

二、城镇化发展现状

（一）人口城镇化发展较快

根据锦屏县第七次全国人口普查结果，2020 年锦屏县常住人口中，居住在城镇的人口为 69 863 人，占 45.02%；居住在乡村的人口为 85 319 人，占 54.98%。与 2010 年第六次全国人口普查相比，城镇人口增加 27 995 人，乡村人口减少 27 682 人，城镇人口比重提高 18 个百分点。锦屏县城镇化的历史进程大致经历了萌芽、初创、成长和城镇扩展等发展阶段。根据 Northam 城镇化发展的阶段理论，该县已进入城镇化高速度发展阶段的初期。但是，与全国、全省平均水平相比，其城镇化水平仍然偏低。

（二）城镇基础设施明显改善

“十三五”期间，锦屏县不断优化城镇空间布局，促进城市扩容升级，加快县城至茅坪 25 米大道、县城环城道路、三江六岸市政道路建设，改扩建市政道路 10.9 千米；实施县城的美化亮化绿化工程，实施清江大桥路灯改造工程、三江广场亮化工程、监狱路口至自来水厂简易路灯安装工程、县城区 70 628 平方米绿化带四季养护工程、清江二桥码头广场、清水江广场湿地公园绿化工程等。建成民族风情园、杉恋水岸、红宝石广场、信合家园等规范、宜居、高档的住宅小区。新增棚户区安置房 14.1 万平方米，建成广场 1 个 2 000 余平方米、社会公共停车场 5 个、车位 438 个，城乡绿化植苗 11.5 万株，森林覆盖率达 72.12%。

（三）加强特色村镇保护

加快发展特色小城镇、隆里古城新媒体艺术小镇、茅坪木商文化特色小镇，构建多层次、多业态、网络化、标准化、智能化的特色小城镇，保护古城历史文物，保持原有传统风貌。加大全县 11 个传统村落保护开发力度，推进“森林城镇”“森林村寨”“森林人家”创建。加快建设盛丰农业生态园，推动军屯文化、农耕体验、田园观光、休闲度假等一体化发展；加快全县山地特色新型城镇化融合发展，着力打造农村宜居示范工程。

三、城乡融合发展

（一）统筹优化城镇空间布局

围绕锦屏县“一区两地”发展定位，强化中心城区和城镇产业协作协同发展，将锦屏打造成贵州“东进”重要节点城市，优化“一城两区、三心、五组团”的新型城镇化空间布局。科学布局城镇、农村、生态三大空间，维护区域重要的生态廊道和斑块，提高地区生态环境的自我修复能力。建立健全城乡融合发展体制机制。加快发展山地特色新型城镇化，提升镇村景观形象，引导村落布局，强化自然田园风光和历史文化风貌建设，形成城乡融合互补的区域经济发展新格局。

（二）提升城镇功能品质，打造山地特色小镇

坚持城镇功能布局“特色化、人性化、便捷化、智慧化”，立足长远、科学规划，持续改善城镇面貌，紧扣城镇发展品牌、品位、品质，全面提升城镇配套功能，不断优化城镇人居和发展环境，让锦屏县更加宜居、宜业、宜游。提升特色小镇发展质量，完善特色小镇基础设施，推动各展所长、错位发展。打造多元特色小镇。强力推进“工业新城、城市新区”建设，促进产城互动、人气聚集。多渠道、多举措筹集资金，精心培育一批有特色、有亮点的特色小镇，重点打造茅坪木商文化小镇、敦寨羽毛球小镇和石斛小镇、启蒙者蒙（河口瑶光）红色文化小镇和平秋北侗刺绣

小镇。着力推进河口、固本、平秋、彦洞等偏远西部乡镇建设，形成各具特色、生机勃发的城镇发展局面。

（三）推进城乡公共服务均等发展，形成城乡协调发展新格局

大力实施城乡建设整体提升工程，完善交通、能源、水利、通信、市政等基础设施，支撑和保障经济社会发展的能力明显提升，城乡协同发展更趋完备，形成城乡经济社会一体化发展新格局。建立城乡服务机会均等的社会公共服务体系，统筹安排城乡社会教育、文化卫生、科技等公共资源，形成层级清晰、体系完整、运转高效、集约利用的公共服务系统，实现城乡公共服务均等化目标。建立以工补农、城乡就业统筹的劳动力市场，推行统一用工和劳动保障制度；推行城乡管理一体化，积极稳妥地推进“乡镇撤并”工作和户籍制度改革。到 2025 年，城镇常住人口人口达 10 万人，常住人口城镇化率达 50%，中心城区建成区面积达 10 平方千米、城区绿化覆盖率达到 40%以上，行政村客运班线通达率达 100%，村庄环境整治达标率达 100%，城乡一体化均衡发展机制基本建立。

第十七章　黎平县经济地理

黎平意为“黎民百姓、平安幸福”。位于东经 108°31′～109°31′，北纬 25°41′～26°08′，地处黔、湘、桂三省（区）交界及云贵高原向江南丘陵过渡地区。东南面与湖南靖州县、通道县及广西三江县交界，西南面与贵州省榕江县、从江县毗邻，东北与贵州省剑河县、锦屏县接壤。黎平县面积为 4 441 平方千米，下辖 26 个乡级行政区，其中 3 个街道、14 个镇、7 个乡、2 个民族乡。黎平以盛产杉木为主，故有“杉木之乡”之称，属贵州省十大林区县之一，森林覆盖率达 72.75%。

第一节　资源禀赋

一、自然禀赋

（一）地质与矿产

黎平县境内表露的地层岩性以碎屑沉积浅变质岩系的板溪群为主，属江南古陆西缘。自上升成陆地后，除石炭系、二叠系黎明海峡海侵外，其余均为震旦系台地。震旦系分布在尚重、孟彦、茅贡、岩洞、龙额、水口、洪州等区和德凤、中潮的一些乡。石炭系，加里东造山运动在县境内形成局部海浸。地质命名为“黎明海峡”，由东向南经中黄、高屯、德凤、中潮、永从、皮林至从江贯洞。二叠系灰岩生物化石与石炭系明显区别。二叠系灰岩有珊瑚、菊石、蕉叶贝等化石，岩层厚度一般为 100 至 250 米，主要分布在槽谷地一些山脊已风化侵蚀成帽状。地质构造随着地壳运动形成的褶皱和断裂呈不规则的东南走向的大扭曲。小区域地层构成复式向斜分布在罗寨、高屯、高兴、顿洞等地；构成复式背斜出现在平架、潭溪等地。断裂地层亦发育，从东向西北共有 11 条规模较大的断裂，导致境内山高、切割深、平坝少的特殊构造。

境内可分为四个地貌类型区：低山丘陵宽谷区，分布在八舟河、洪州河、孟彦河沿岸的 20 个乡镇，面积为 1 578 平方千米，占总土地面积的 35.54%，海拔在 400 至 600 米之间；低山丘陵洼地、谷地由石灰岩、板岩组成，主要分布在县境的中黄、高屯、潭溪、德凤、中潮、潘老、顿洞、水从、皮林等 9 个乡镇，面积 752 平方千米，占总土地面积的16.35%；低山河谷阶地和盆地主要分布在洪州河、孟彦河沿岸的洪州、德顺、地青、青坪、龙安、黄堡、敖市、天堂、罗里、孟彦、八柳等11个乡镇，面积852.98平方千米，占总土地面积的19.21%；低山峡谷地区主要分布在东南部德雷洞、牙双、已流、南江、安民、东郎、新平、肇兴、水口、滚董、地坪、岑岜、古邦、高青、龙额、顺化、平架等17个乡镇，面积829.57平方千米，占总土地面积的18.68%。

区内已发现矿种10种，其中查明资源储量的矿种有8种。截至2015年年底，全县查明矿产地12处，其中金属矿产3处，非金属矿产9处。① 金属矿。沙金、敖市、孟彦、三什江、洪州、水口几条河流和沉积老河床均有，以敖市较富。② 非金属矿。煤矿：德凤镇的上五开、高屯镇的绞便、皮林乡的皮林，均为石炭与二叠系间的煤系，上五开挖掘出的不成层的风化煤；震旦纪板岩、页岩中多处有石英脉伴生，大稼乡竹山、永从石化村曾开采过水晶石矿，因储量少，品位低而停开；洪州镇发现白垩土，经化验与洪州瓷土相当，可制瓷，矿源约百万吨。黏土、黄黏土、制砖瓦原料，全县各地均产。石灰石产于德凤、高屯、潭溪、中黄、中潮、永从、顿洞、皮林等乡，为烧石灰、磨水泥的原料。石炭系石灰岩一般白云化，含方解石较多。大理石成矿，德凤、中潮、皮林均有。沅江地质队曾沿沅江勘探金刚石，追索到亮江至中黄一带，获取二粒金刚石。岩石全县均有分布，挖地三尺就可见岩石，是建筑取之不尽、用之不竭的丰富石料。石英砂岩产于皮林、信洞，可供生产玻璃原料。磷矿产于肇兴麒麟山。

（二）气候资源

黎平县地处黔、湘、桂三省（区）交界及云贵高原向江南丘陵过渡地区，属于中亚热带季风湿润气候，年平均气温16 °C，1月最冷，平均4.5 °C，极端最低气温-9.8 °C。全县年平均降水量1 325.9毫米，最多年份1 690.4毫米，最少年份1 093.1毫米，年均蒸发量1 255.9毫米。冬无严寒，夏无酷暑，四季分明，气候十分宜居、宜游。

（三）水资源

黎平县属长江流域、珠江流域的分水岭，其水资源、水能资源丰富。全县江河径流总产水量约16.60亿立方，水力资源理论蕴藏量达80 210千瓦。其中，沅江水系42 820千瓦，都柳江水系37 390千瓦，可开发电能为31 720千瓦，占理论蕴藏量的39.5%，长江水系16 060千瓦，珠江水系15 660千瓦。双江河水力资源每平方千米26.32千瓦，南江河每平方千米仅12.01千瓦。河网密度平均每平方千米0.78千瓦，高于全省平均值0.171千米。其中育洞河区每平方千米0.9千瓦，孟彦河区每平方千米0.3千瓦。全县已开发利用水能7 607千瓦，占可开发利用量的20%。其中沅江水系开发利用5 544千瓦，都柳江水系开发利用2 063千瓦。

县境内较大河流有6条，较大支流78条。河流总长3 480千米，占地43平方千米（其中包括山塘、水库水面）。其中沅江水系较大河流有：孟彦河、八舟河、洪州河，较大支流 46 条，总面积 2 640 平方千米，占全县面积的 59.4%。都柳江水系较大河流有南江河、双江河、育洞河，较大支流 32 条，总面积 1 801 平方千米，占全县面积的 40.60%。

（四）土地资源

黎平县总面积 4 441 平方千米（666.62992 万亩），占全州总面积的 14.6%；人均占有耕地 1.19 亩，其中水田 0.99 亩，旱地 0.19 亩，属于人多地少的县份。据 1982 年区划土壤普查的资料，全县共有 5 个土类，16 个亚类，40 个土属，97 个土种。水稻土是县内主要耕作土壤，分布在海拔 1 200 米以下的河谷坝区和槽谷洼地、冲沟、坡塝地段，面积 367 910 亩，占总面积的 5.52%。有 6 个亚类，20 个土属，50 个土种。主要有淹育型水稻土亚类、潴育型水稻土亚类、潜育型水稻土亚类、侧渗型水稻土亚类、矿毒型水稻田亚类。区内因山地多、平地少，人地矛盾比较突出。

（五）生物资源

黎平县生物资源丰富，主要植物有粮油类，如籼稻、糯米、杂交稻、糯禾、大麦等；瓜果类，如梨、桃、李、杏、柿等；蔬菜类，如白菜、青菜、菠菜、茼蒿、韭菜等；麻棉类，如棉花、麻、红麻、黄麻；茶烟类，如茶叶、土烟、烤烟等；菌产类，如香菇、木耳、冻菌、松菌等；木竹类，如松、杉、檀、楠、银杏等；观赏类，如玉兰、蜡梅、山茶、杜鹃、海棠等；种草药材 1 220 种，如松茯苓、淮山药、续断、桔梗、菊花等。

黎平是贵州省十大林区县之一，主要树种有：杉木、马尾松、油茶、山核桃、油桐、麻栎、楠竹。境内有国家保护的珍稀树种 24 种，其中，国家一级保护有秃杉，国家二级保护有啄核桃、伯乐树、蓖子三尖杉、十齿花、马蹄参、香果树、伞花木、银杏、鹅掌楸、马尾树、观光木等。

该县境内兽类动物约有 52 属 675 种，2 类保护动物有猕猴、林麝、毛冠鹿、金钱豹、穿山甲等 6 种，3 类保护动物有野牛、岩羊、大灵猫、小灵猫 4 种。鸟类属于国家 2 类保护鸟类的有白冠长尾雉、鸳鸯 2 种，3 类保护鸟类有红腹锦鸡等 2 种；蛇虫类属于国家 3 类保护的有蟒蛇、虎纹蛙 2 种；河产类属于国家 2 类保护的有娃娃鱼，以及各类其他动物。

二、人文禀赋

（一）人口变化

1. 人口增长

根据黎平县第七次全国人口普查结果，2020 年全县常住人口为 412 813 人。同

2010 年第六次全国人口普查的 391 047 人相比，增加 21 766 人，增长 5.57%，年平均增长率为 0.54%。历次人口普查常住人口及年均增长率见表 17-1。

表 17-1 黎平县历次人口普查常住人口及年均增长率

普查年份	常住人口/人	年均增长率/%
1990	423 487	1.75
2000	458 553	0.80
2010	391 047	−1.58
2020	412 813	0.54

2. 人口构成

（1）人口性别构成。2020 年黎平县常住人口中，男性人口为 210 602 人，占 51.02%；女性人口为 202 211 人，占 48.98%。总人口性别比为 104.15，比 2010 年第六次全国人口普查的 108.38 下降 4.23 个百分点。

（2）人口年龄构成。2020 年黎平县常住人口中，0～14 岁人口为 108 938 人，占 26.39%；15～59 岁人口为 230 577 人，占 55.86%；60 岁及以上人口为 73 298 人，占 17.76%，其中 65 岁及以上人口为 54 508 人，占 13.20%。与 2010 年第六次全国人口普查相比，0～14 岁人口的比重上升 2.20 个百分点，15～59 岁人口的比重下降 5.43 个百分点，60 岁及以上人口的比重上升 3.24 个百分点，65 岁及以上人口的比重上升 3.24 个百分点。

（3）人口受教育程度。2020 年黎平县 3 岁以上常住人口中，具有大学（指大专及以上）文化程度的人口为 26 586 人；具有高中（含中专）文化程度的人口为 28 032 人；具有初中文化程度的人口为 117 886 人；具有小学文化程度的人口为 150 714 人（以上各种受教育程度的人包括各类学校的毕业生、肄业生和在校生）。与 2010 年第六次全国人口普查相比，每 10 万人中，具有大学文化程度的由 2 806 人上升为 6 440 人；具有高中文化程度的由 5 808 人上升为 6 790 人；具有初中文化程度的由 30 406 人下降为 28 557 人；具有小学文化程度的由 44 055 人下降为 36 509 人。与 2010 年第六次全国人口普查相比，全县常住人口中，15 岁及以上人口的平均受教育年限由 7.28 年提高至 7.65 年。

（二）社会文化

黎平县是个多民族的县份，从 2018 年统计数据来看，全县以侗族为主，占 70%，苗族、汉族大约各占 15%，瑶、水、壮及其他民族均不及 1 万人。

侗族是古代骆越的后裔，至今已有 2 500 多年的历史，现有人口 290 多万，主要分布于湘黔桂三省区交界处的崇山峻岭之中，从事农业、林业生产，是人类古老的稻作民族之一。侗族原无文字，1958 年设立了拉丁字母形式的侗文方案。从唐至清，中央王朝在侗族地区建立羁縻州、土司制度，社会处在早期封建社会。但是，侗族社会内部多用以地域为纽带具有部落联盟性质的款约来维护社会秩序。在历史的长河中创造了自己独特而灿烂的文化，其中“鼓楼、大歌、风雨桥”被称为“侗乡三宝”。

1. 宗教崇拜

侗族信奉原始宗教，崇拜多神，无论是山川河流、古树巨石、桥梁、水井等，都视为有神灵之物，都是崇拜的对象。侗族人相信灵魂不死，有浓厚的自然崇拜、灵魂崇拜、祖先崇拜。生活中以鸡卜、草卜、卵卜、螺卜、米卜、卦卜测定吉凶。

2. 萨崇拜

在侗族信仰的多种神灵中，侗族女神“萨”（意为始祖母）最受尊崇，侗人认为“萨”的神威最大，能主宰一切，所以，南部侗区村寨普遍都建有萨坛。萨坛往往有专人看守，守坛者或世袭，或由卜测产生。每年都进行祭祀、膜拜，从而求得人口的繁衍、生产的丰收、生命的安全、社会的稳定、家庭的幸福。“祭萨”是侗族最重要、最隆重、最古老的活动之一。祭萨时全寨男女身穿盛装，在萨坛前踩歌堂，吟唱《萨之歌》，歌颂萨的功德，祈求萨的保佑。萨神的圣地在黎平的“弄堂概”，又称萨岁山，各地举行祭萨活动，都要到此取圣土。

3. 寨老议事

侗族村寨过去为管理内务、调解纠纷、加强联防而结款，用“款约”来维持社会秩序，被称为没有国王的王国。新中国成立后，实行民族团结平等政策，款社现象不存在，但今侗族民间事务，特别是寨内公益性事务仍由寨老召集各房族族长商议。

4. 拦路歌

拦路是侗族最高的迎宾礼节、最隆重的迎宾仪式。客人在进入侗寨时，主寨中女孩在寨门前用板凳、纺车等作为障碍物把路拦住，不准客人进寨，主客双方须对唱拦路歌，若客人唱赢了，主人才把障碍物逐一挪开，迎客进寨，若不能对歌则需喝罚酒方得进寨。

5. 踩歌堂

踩歌堂是侗族在节庆活动结束前的一种集体歌舞。宾主手牵手，围成圈，唱着节奏明快的歌，伴着旋律，踏着舞步，绕圈跳动。歌曲一人领唱、众人合唱，侗家人称之为“多耶”。踩歌堂象征着侗家人的团结友爱，被称为“东方圆舞曲”。

6. 抢花炮

抢花炮这种侗族独特的体育运动项目已有 200 余年历史。开始由商人为了聚集人群而出钱举办，后演变为侗族群众性传统体育比赛项目。花炮都系着象征幸福的铁圈，有茶杯大小，外用红绿丝线扎得五颜六色。燃放时以铁炮为冲力，把铁圈冲上七八丈高的天空。在花炮落地时，以铁圈为目标，蜂拥争夺，叫作“抢花炮”。哪队抢得“花炮”交到指挥台，哪队就是优胜者，将获得扎花雕龙、悬丝挂彩的花炮盒和红蛋、糯米粑、米酒、猪肉等彩礼及奖品。

7. 摔跤

侗族摔跤活动历史久远，形式上不同于内蒙古的摔跤，也不同于日本的柔道，而像斗牛。黎平侗族人民喜欢摔跤，分别于农历二月十五日在坑洞和三月十五日在四寨举行。摔跤是体力和智力的拼搏，又是文体结合的比赛项目。侗族摔跤赛以娱乐为目的，选手争夺优胜主要是为本寨争光，振奋人心。获胜时用“啊嗬”的喊声表示祝贺，摔败时，则发奋努力，重新练习，来年再战。

8. 抬官人

在贵州黎平地区，有一项侗族喜爱的民俗活动，侗语叫“掂宁蒙”，汉语译为“抬官人”。据说此项活动已有300多年历史，“抬官人”一般在春节期间“月贺”（集体做客）中进行。它形式奇特，通过化装表演，夸张地再现了过去的社会现象和传说，具有浓厚的戏剧色彩。

第二节　产业经济地理

2020年，黎平县生产总值为98.28亿元，比上年增长4.5%。分产业看，第一产业增加值24.14亿元，增长6.3%；第二产业增加值21.17亿元，增长0.4%；第三产业增加值52.98亿元，增长5.6%。该县第一产业、第二产业、第三产业增加值占地区生产总值比重分别为24.6%、21.5%、53.9%，产业结构得到优化。据调查统计，2020年全县农村居民人均可支配收入10 482元，比上年增加803元；城镇居民人均可支配收入34 203元，比上年增加1 783元。其县域经济实力明显增强。

一、第一产业发展与布局

（一）种植业生产及发展方向

1. 种植业生产

从黎平县地形、气候、水分、土壤的组合条件和经济社会发展的需求来考虑，区内种植业适宜生产粮食、油料、中草药、蔬菜。2020年，全年种植业增加值完成116 025万元，同比增长6.12%。农作物总播种面积119.87万亩，同比下降0.4%。其中，粮食种植面积44.11万亩，同比增长2.1%；油菜籽种植面积8.44万亩，与上年持平；蔬菜种植面积17.88万亩，同比增长14.8%；中草药材种植面积11.60万亩，同比增长14.9%。

2. 发展方向

今后要因地制宜发展特色农业、休闲农业，实施“一亩药材、一亩蔬菜”种植产业发展计划；建设以高屯、水口、中潮、尚重、大稼、孟彦、永从为重点辐射全域的中药材产业重点核心区；以九潮、茅贡、坝寨、肇兴、龙额为龙头辐射全域的优质米产业重点区域。

（二）林业生产及发展方向

1. 林业生产

林业是黎平县的传统产业，2020 年，全县森林覆盖率 72.75%。早在清朝乾隆四年（1739），黎平开始人工造林，乾隆四十二年（1777），黎平境内“两岸杉木映印，一江巨筏长流”。木材畅销江淮两广。2020 年，全县有林地面积 508.8 万亩，森林活立木总蓄积 3 365 万立方米。有国家保护的珍稀树种 24 种，1 220 种野生中草药材；野兽种类为 52 属 675 种。以产杉木为主，故有“杉木之乡”之称，属贵州省十大林区县之一，主要树种有：杉木、马尾松、油茶、山核桃、油桐、麻栎、楠竹。

2. 发展方向

黎平县是全国 28 个重点林业县之一。全县森林面积 460 万亩，森林覆盖率达 72.75%。今后更要积极践行“绿水青山就是金山银山”的发展理念，发展林业产业经济。其发展重点是：① 建设以德凤—高屯—孟彦、中潮—永从—洪州、坝寨—茅贡—岩洞三条产业带为重点的茶叶发展重点核心区；② 建设以高屯、地坪、龙额、水口、肇兴等区域为重点的油茶产业重点核心区。

（三）畜牧水产业生产及发展方向

1. 畜牧业生产

黎平县聚焦发展生态畜牧业，以黄牛养殖和山羊养殖为主。其中，罗里乡结合生态良好、天然牧草丰富、产业基础较好的实际和条件，以“种草养牛”为主导，按照“公司+合作社+农户”模式，建成 250 头标准化黄牛养殖基地 1 个，存栏 50 头以上养殖场 4 个，全乡黄牛养殖总数突破 600 头，成立以黄牛养殖为主专业合作社 6 家，牧草种植 500 余亩，带动农户 200 多户；岩洞镇发展以山羊、绿壳蛋鸡等为主的草食畜牧业；永从镇发展养羊、养牛、养猪等养殖业。

2. 发展方向

黎平县要遵循“宜种则种、宜养则养”原则，紧扣高质量发展，以绿色化、优质化、特色化、品牌化、市场化为导向，建设以尚重、大稼、孟彦、德化、平寨为龙头辐射全域的畜牧业发展重点区域。结合海拔、气候、土壤等资源优势，聚焦生态渔业和稻田综合种养，实现生态渔业和稻田综合种养 17.5 万亩。

二、第二产业发展与布局

（一）工业发展条件

1. 矿产资源富足

黎平县主要矿产有金、磷、锰、煤、压电水晶、硅质原料，水泥用石灰岩，饰石用石材，建筑用砂石等矿。全县已发现矿种 10 种，其中查明资源储量的矿种有 8 种。截至 2015 年年底，全县查明矿产地 12 处，其中金属矿产 3 处，非金属矿产 9 处。金矿查明资源储量 1 836.72 千克；压电水晶查明资源储量 6 千克；熔炼水晶查明资源储量 17 吨；硅灰石查明资源储量 10.02 千吨；水泥用灰岩查明资源储量 45.2 千吨；饰面用灰岩查明资源储量 5 750 千立方米；建筑用砂查明资源储量 244.96 千立方米；砖瓦用粘土查明资源储量 21 千立方米。

2. 水资源丰富

全县江河径流总产水量约 26.60 亿立方，水力资源理论蕴藏量达 80 210 千瓦，其中长江水系 42 820 千瓦，珠江水系 37 390 千瓦，可开发电能为 31 720 千瓦，占理论蕴藏量的 39.5%；地下水蕴藏量达 2.8 亿立方米，占地面水的 10.7%。

3. 交通区位优势

黎平经济开发区处于“泛珠三角四小时经济圈”“黔中三小时经济圈”辐射范围内，区位优势十分明显。厦蓉高速、黎洛高速、三黎高速、黎平机场和贵广高铁构成黎平立体交通网络，加上规划中的黎靖高速、黎雷高速、兴义经黎平至永州货运铁路等项目的相继建设使用，可多方位连接川、渝、湘、桂、粤及东部地区的经济流通领域，使黎平成为泛珠三角入黔的第一站、第一区、第一城，成为贵州面向沿海地区开放的“前沿窗口”。

（二）主要工业的生产与布局

1. 工业产业发展加快

黎平县实施新型工业化为引领，以十大工业产业为抓手，结合黎平工业发展实际，奋力推动“工业大突破”。2021 年计划全县规模以上工业增加值累计完成 4 亿元，同比增长 12%左右；规模以下工业增加值增速 10%左右；新增规模以上工业企业 5 户。黎平县深入开展企业（项目）“大服务、大走访”行动，推动重点行业企业加速释放产能，确保规上企业产能释放率达 90%以上，新增产值 2.7 亿元以上。加大企业培育力度，健全 500 万～2 000 万元工业企业调度服务台账，为企业提供精准服务，年内培育碧峰茶业、久晟油茶、贵州水投黎平公司、鑫辰食品、潘嘎佬茶业等 5 户企业入规，力争规上工业总产值达到 13 亿元以上。

2. 工业的地域组合

贵州黎平经济开发区是在原黎平工业园区的基础上于 2012 年 12 月经省人民政府批准设立的省级经济开发区，规划面积 4.5 平方千米，位于黎平县中潮镇，距县城 22 千米。园区以木材、大米、茶叶、油茶等农林产品精深加工为主导的产业体系逐步壮大，已初步形成了以特色农林产品精深加工、现代高效效业、硅冶化工、新型建材和新型电子产业为引领的产业结构。现有企业 61 家，其中规模以上企业 27 家（2 000 万元以上口径）。

三、第三产业发展与布局

（一）旅游业的发展与布局

1. 旅游业发展现状

黎平县依托独特自然资源和特色少数民族文化优势，以创建国家全域旅游示范县为契机，以乡村旅游为特色，加快旅游项目及配套设施建设，努力建成国际知名、全国一流的生态型、体验型、休闲度假型、健康养生型国际旅游目的地，提升乡村旅游市场发展水平。2020 年，全年共接待旅游总人数 562.85 万人次，比上年下降 2.96%，实现旅游总收入 47.84 亿元，比上年下降 4.01%。其中：接待国内旅游者 562.79 万人次，比上年下降 2.86%；国内旅游收入 47.83 亿元，比上年下降 3.67%。接待入境旅游者 569 人次，比上年下降 91.84%。

2. 旅游业发展布局

（1）打造“一城”文化旅游区。包括县城建成区和规划区，强化休闲养生功能建设，提升城市旅游集散中心承载力。打造古城翘街历史文化园区，翘街红色文化园、文化创意产业园区建设，打造永宁门景观园、南泉山文化主题公园、西园山庄公园、将县城打造成发展要素集聚、宜居宜业宜游的休闲城。

（2）“中路突破”示范带。打造包括德凤、高屯、中潮、敖市、永从等五个高速公路沿线乡镇（街道），高起点建设文化旅游集散地、发展生态养生体验、休闲度假、森林康养、中药民族医疗保健与文化旅游浓度融合的产业，重点打造八舟河等休闲养生体验区。

（3）“百里侗寨”示范带。以肇兴景区为龙头，打造肇兴—堂安—天香谷—四寨—黄岗—九龙—铜关—述洞—地扪—高寅—青寨为轴线，密集 20 个中国传统村落的侗族风情旅游线和沿线辐射的民族村寨，开发浓度侗文化体验游，打造成为该县文化旅游的深度拓展区和特色示范带。

（4）“多组团”旅游区。打造分布在全县各地具有鲜明特色的发展功能区。南部重点打造以天香谷为龙头和以地坪风雨桥为重点的南江河流域香旅体验组团、东部打造太平山“竹海禅踪”生态体验组团、西部打造九潮有机农业与稻作文化体验组团、东南部打造六背山高原观光体验组团、西北部打造尚重大稼片斗牛体验与山地户外运动健身体验组团，加快形成一批有较强影响力的品牌。

（5）重点景区景点。肇兴八寨一山景区、百里侗寨景区、八舟河景区、古城翘街景区、天香谷景区、太平山国家级森林公园、南泉山文化主题公园等。

（二）金融业的发展

2020 年，黎平县金融机构年末存款余额完成 114.08 亿元，比上年增长 2.3%。其中：住户存款余额完成 95.64 亿元，比上年增长 0.2%；全部金融机构年末贷款余额完成 111.16 亿元，比上年增长 5.0%。

（三）物流业的发展

2020 年，黎平县全年公路旅客周转量 158 032 万人千米，比上年下降 5.49%；货物周转量 168 559 万吨千米，比上年增长 5.58%。民航航班起降 802 架次，比上年增长 25.5%；民航旅客吞吐量 3.77 万人，比上年增长 87.6%。其物流业得到快速发展。

第三节　城镇化

一、城镇体系概述

黎平历史悠久，据史料记载，早在新石器时代（距今约 1 万年前）已有先民生息繁衍，几与中华文明同步。黎平得名源自元至治二年（1322）设上黎平长官司。是年，废除境内之古州八万军民总管府，于里坪寨设上黎平长官司，里坪寨更名黎平寨（里，原是侗族人民祭祀的处所；坪，指比较宽敞平坦的地方），黎平始得名。黎平，侗语音译，寓意黎民百姓平安。

城镇是县域经济发展的重要引擎和增长极，因此，在城镇化进程中需要科学构建县域城镇体系。城镇体系是兼有自然、经济、政治、文化等多种层面的社会系统。城镇体系是由城镇、城镇间交通连廊和城镇间联系流、相互联系区域等多个要素按一定规律组合而成的有机整体。黎平县现辖 3 个街道、14 个镇、7 个乡、2 个民族乡。分别是：德凤街道、高屯街道、龙形街道；中潮镇、敖市镇、洪州镇、尚重镇、水口镇、岩洞镇、九潮镇、孟彦镇、肇兴镇、龙额镇、双江镇、永从镇、茅贡镇、地坪镇；坝寨乡、德顺乡、大稼乡、罗里乡、口江乡、平寨乡、德化乡；雷洞瑶族水族乡、顺化瑶族乡。其"中心城区—重点镇——般镇—村庄"四级城乡等级结构渐趋形成。

二、城镇化发展现状

（一）人口城镇化水平较低

根据黎平县第七次全国人口普查结果，2020 年黎平县常住人口中，居住在城镇的人口为 162 522 人，占 39.37%；居住在乡村的人口为 250 291 人，占 60.63%。与 2010 年第六次全国人口普查相比，城镇人口增加 89 438 人，乡村人口减少 67 572 人，城镇人口比重提高 20.68 个百分点。其城镇化的历史进程大致经历了萌芽、初创、成长和城镇扩展等发展阶段。根据 Northam 城镇化发展的阶段理论，黎平县已进入城镇化加速发展的阶段。

（二）城镇基础设施得到提升

黎平县大力实施县城拓展提升工程。着力推进“以路引城”，启动花坡路、逍遥路等道路建设，建成文彩路、西河路、忠武路等城市道路，续建世纪大道、工业大道，扩大城市框架，提升城市承载力。实施老城区改造工程。加快城北公交总站建设，改善群众出行条件。建成众合一号等一批停车场，切实解决群众停车难问题；加快推进三中至马家岭、玉皇阁、平街脚、梅家垴、兰花园、城中、城南、城北棚户区改造项目建设进度，不断改善老城区人居环境，提升城市品位。

（三）农村区域环境问题应引起高度重视

近年来，随着城镇化步伐加快和经济社会发展，人民群众生产生活方式也在不断发生变化，城镇化带来的环境问题正在向农村蔓延。一是环境保护基础设施严重缺乏。农村绝大部分地区均没有完善的生活垃圾、生活污水及饮用水源保护设施，致使群众生产生活产生的各种废物、废水未经处理就无序且随意地排入环境中，给群众感官、视觉带来不悦的同时，也在加重当地环境污染。二是农村环境问题资金投入不足。虽然近年来各级各部门在不断增加对农村环境问题的财政投入，但相对于黎平而言，地广人多、村寨分散，专项资金总体投入相对缺乏；同时，受专项资金投向和额度的限制，在实施农村环境整治项目过程中，无法同时兼顾污水处理、生活垃圾处置及饮用水源保护，影响整体整治效益。

三、城乡融合发展

（一）有序发展特色小城镇

特色小镇是城乡融合的重要着力点和支撑点。黎平县为加快城镇化建设步伐，大力培育特色小城镇，按照“小而精、小而美、小而富、小而特”的示范小城镇建设总体要求，统筹用好“百村木构、百村手艺、百村优品、百村乡居”产业优势。启动《黎平县城乡一体化发展规划》《黎平县旅游发展总体规划》《黎平县全域旅游发展规划》《黎平县产城景互动规划》《黎平县传统村落保护规划》编制，截至目前，已完成坝寨乡、龙额镇、德顺乡等 11 个乡镇总体规划编及 30 户以上居民点 1 019 个村庄（含 380 个行政村）规划编制工作。积极探索“小城镇+”模式，以肇兴、双江为示范引领，围绕乡村旅游发展和旅游集散地建设，挖掘乡村本土文化精神、创新展现乡村面貌方式让文化与旅游紧密联合，辐射带动中潮产业小镇，岩洞、茅贡创意旅游小镇；打造与湖南相邻的洪州特色小城镇、与广西接边的龙额小城镇、地坪小城镇，与锦屏接边的敖市小城镇，构建形成与省际、县际经济联系紧密、产业特色鲜明、经济辐射和带动能力强的特色小城镇，优化城乡空间布局。

（二）增强城镇综合承载能力

适应城镇扩张、功能提升的要求，提高城镇就业承载力，大力发展新型工业和城镇服务经济，强化产业支撑，扩大就业容量。紧紧围绕建设海绵城市目标，积极争取中央、省、州支持，用好用足政策，重点加快路网、电网、讯网、气网、水网“五网”建设，强化电力、信息、人防、防灾、污水垃圾处理等设施建设，加快推进公园、广场、图书馆、文化馆、体育馆、公厕、停车场等基础设施建设，着力提高公共服务承载力。配套完善面向大众的教育、卫生、文化、体育等公共服务设施，全面加强城镇公共安全和应急救援体系建设，不断强化城镇历史文化资源和森林、湿地、水体生态系统保护，全面扩大城市绿地面积，改善城市人文环境，提高资源环境承载力。加强城镇规划设计，合理确定城市开发边界，优化城市功能分区，推进城市综合体建设，鼓励开发利用城市地下空间，加强“城中村”和城乡接合部改造。合理布局建设城市停车场和立体车库，2020 年，规划建成停车位 1 万个以上，公厕 50 座以上，新增公共绿地面积人均 8 平方米以上等，城市公共基础设施达到国家现行标准。

（三）加强民族传统村落保护

推进城镇化建设绝不能以瓦解农村文明、牺牲文化遗产为代价。乡村建设涉及农民的生活、生产、环境以及精神等诸多的问题。因此要深入开展农村人居环境整治行动，全面推进农村生活垃圾和生活污水治理、持续推进农村“厕所革命”，大力开展村容村貌整治，提高全县生活垃圾无害化处理水平、综合治理能力和宜居水平。加大保护传统村落、传统文脉，加快编制重点民族村寨建设规划，统筹抓好民族村寨和传统村落保护与开发，着力打造由 90 个传统古村落及其他 10 个重点村庄构成的 100 个重点村寨。同时将“四在农家·美丽乡村”建设与示范小城镇、景区景点、农业产业园区建设相结合，抓好蒲洞、八舟、三什江、平甫等新农村重点示范村建设，以黎平县“魅力村寨”称号为载体，按“四美”标准和“五化”要求，建设“魅力村寨”打造“百里侗寨”精品旅游线路，推动大健康产业、乡村旅游业、生态农业产业融合发展。总之，要通过科学地保护和开发传统村落，激发村民保护传统村落的文化自觉，使传统村落成为农民安居乐业的美好家园。

第十八章　榕江县经济地理

榕江县旧称古州，为江南八百州之一。地处东经 108°04′～108°44′，北纬 25°26′～26°28′，东邻黎平、从江两县，南连荔波县，西与黔南州三都水族自治县和雷山县接壤，北与剑河县毗邻。东西宽 66.5 千米，南北长 93 千米，总面积 3 315.8 平方千米。贵广高铁、厦蓉高速、荔榕高速、剑榕高速穿境而过，与贵阳、桂林形成 1 小时经济圈，与广州、深圳等珠三角城市形成 4 小时经济圈，是贵州南部的交通要塞、入珠三角和北部湾桥头堡、粤港澳大湾区，西部陆海新通道重要节点城市和黔边城市带、贵州省区域性重要支点城市。

第一节　资源禀赋

一、自然禀赋

（一）地质与矿产资源

榕江县地处华南加里东地槽与扬子准地台之间的构造过渡带，昔称“江南地轴”，即江南台隆南端向南西倾伏的一部分，为湘西大向斜西北边缘，江南古陆西南尾端。构成线为北东 20 至 30 度（由南向北偏东）走向，东北部缓倾角为 10 至 25 度，南部和西部陡倾角 30 至 70 度，褶皱形成两条大向斜和一条大背斜三大构造带和 24 条断裂带。地层出露以元古界（亦称元古代）板溪群绢云母板岩、变余凝灰岩、变余砂岩为主体，三者占全县面积的 94.3%，次有古生界寒武系、震旦系冰碛砾岩、炭质页岩，两者面积约占全县面积的 4.77%，中生界白垩系白垩统砂砾岩仅占全县面积的 0.93%。榕江地处贵州高原向广西丘陵过渡的边缘地带，地层属江南古陆的一部分，地貌类型以中山、低山、丘陵、河谷、盆地为主，为周高中低的长状山地，自西北向东南倾斜，中间地势低落，加之都柳江及其支流的强烈切割而成中山峡谷，地形复杂破碎，山地特色明显，县境四周群山环抱、海拔 1 000 米以上的山峰 310 座，最高山峰高岳山 1 704 米，最低八吉村与从江县接界处的永福仅 213 米。

区内矿产资源众多，有金属矿锑、铁、金、汞、锰、铅、铜、钒 8 种，非金属矿主要有硅石、石煤、高岭土等，其中石煤储量 3.1 亿吨，硅石储量 10.68 万吨。① 锑矿。主要分布在兴华乡八蒙、摆贝、摆辉、巫秀、摆居、排少、摆吉、高排等地。②黄金矿。产于寨蒿镇平堡一带。初探储量为59.9千克。通过光谱分析，黄金伴生矿有毒砂矿（FeAsS）、辉锑矿（Sb_2S）、方铅矿（PbS）、黄铁矿（FeS_2）。③铅锌矿。分布于八开乡分董村西南1.5千米、乐里镇保利村银洞山和寨蒿镇平堡。④硅石矿SiO_2（石英脉—水晶石）。主产忠诚镇苗本，栽麻乡苗兰、高洞、宰荡、岑朋、林后、岑然、美蝉、利洞，车江乡丁八、马鞍，寨蒿镇票寨、晚寨、归裳，朗洞镇盘假。⑤石煤。分布于水尾乡姑细、毕学、水辽、水彭，定威乡老水坡，平江乡巴鲁，平永镇孖友堡等地。⑥高岭土（陶瓷土$Al_2O_3SiO_2$）。主产于三江乡四格村，平江乡平江村，乐里镇凉俄水库和栽麻乡栽麻、苗兰等村。

（二）气候资源

榕江地处贵州高原向广西丘陵过渡的边缘地带，境内四周群山环抱、海拔1 000米以上的山峰310座，最高山峰高岳山1704米，河流深切，山地特色明显。气候温和，雨量充沛，无霜期超过340天，年平均温度为18.4 °C，年平均降水量为1 180毫米，年平均蒸发量860毫米，年平均相对湿度80%，年平均日照1 163小时，年积温大于6 500 °C，空气质量优良，历年极端最低气温-5.8 °C，极端最高气温39.5 °C。境内冬无严寒，夏无酷暑，四季分明，属于中亚热带湿润季风气候，气候十分适宜居住，是人们避暑休闲的旅游胜地。

（三）水资源

榕江县地跨珠江和长江流域，境内有大小河流67条，总长1 303千米，河网密度每平方千米0.4千米。年产水21.26亿立方米，每100平方千米产水0.67亿立方米，水能理论蕴藏量25.99万千瓦。县境河流不仅流量大，且水位落差高，水流集中河段长，开发条件优越；地表水多属中性水，宜工农业及生活用水。都柳江最大，榕江境内段全长77.3千米。

（四）生物资源

榕江地区属亚热带常绿针、阔叶植被带，榕江县林地面积389万亩，森林覆盖率74.18%，活立木蓄积量2 721万立方米。植物2 000余种，其中种子植物1 312种（中国特有94种），木本乔木566种，灌木386种，其中被列入国家一级保护7种，国家一级保护树种有秃杉、南方红豆杉、马尾树、桫椤等，二级保护25种，三级保护30余种。全县有杉木林71.54万亩，马尾松林52.51万亩，毛竹（楠竹）4.75万亩。县境动物1 600余种。其脊椎动物有5纲30目69科（森林脊椎动物4纲25目56科，饲养脊椎动物10余种），珍稀保护动物55种。

（五）土地资源

榕江县境内土壤从东向西北为红壤—黄红壤—黄壤，呈水平分布。从海拔低到高为：红壤（300 米以下地区）—黄壤（300 至 500 米地区）—山地黄壤（750 至 1 400 米的地区）—山地黄棕壤（1 400 米以上的地区）—山地灌丛草甸土呈垂直分布。因岩性和小地形等因素影响，各地区分布有一些非地带性的隐域性土壤，发育在紫色砂页岩、砂泥岩上的紫色土，发育在石灰岩地区的石灰土和发育在河谷地区的冲积土等。耕作土壤的分布受自然土壤分布的制约，红黄泥田分布于红壤区和红黄壤区；黄泥田土分布于红黄壤、黄壤和黄棕壤区；紫泥田分布于紫色土区；耕作石灰土分布于自然石灰土区；潮砂天土和潮泥田分布于河流冲积土之上；山地灌丛草甸土分布于西北高岳山上。水稻土多沿山体分布，形成集中连片法梯田。区内因山地多、平地少，人地矛盾比较突出。

二、人文禀赋

（一）人口变化

1. 人口增长

根据榕江县第七次全国人口普查结果，2020 年全县常住人口为 297 572 人。同 2010 年第六次全国人口普查的 286 322 人相比，增加 11 250 人，增长 3.93%，年平均增长率为 0.39%。历次人口普查常住人口及年均增长率见表 18-1。

表 18-1　榕江县历次人口普查常住人口及年均增长率

普查年份	常住人口/人	年均增长率/%
1990	269 930	2.00
2000	300 369	1.07
2010	286 322	-0.48
2020	297 572	0.39

2. 人口构成

（1）人口性别构成。2020 年榕江县常住人口为 297 572 人，男性人口占比 52.23%，女性人口占比 47.77%，年龄结构中 0 ~ 14 岁占比 26.29%，15 ~ 59 岁占比 58.8%，60 岁以上占比 14.91%，65 岁以上占比 10.98%。

（2）人口年龄构成。2020 年榕江县常住人口中，0 ~ 14 岁人口为 78 226 人，占 26.29%；15 ~ 59 岁人口为 174 982 人，占 58.80%；60 岁及以上人口为 44 364 人，占 14.91%，其中 65 岁及以上人口为 32 661 人，占 10.98%。与 2010 年第六次全国人口普查相比，0 ~ 14 岁人口的比重上升 0.14 个百分点，15 ~ 59 岁人口的比重下降 2.86 个百分点，60 岁及以上人口的比重上升 2.72 个百分点，65 岁及以上人口的比重上升 2.58 个百分点。

（3）人口受教育程度。2020 年榕江县 3 岁以上常住人口中，拥有大学（指大专及以上）文化程度的人口为 19 120 人；拥有高中（含中专）文化程度的人口为 23 401 人；拥有初中文化程度的人口为 82 252 人；拥有小学文化程度的人口为 105 728 人（以上各种受教育程度的人包括各类学校的毕业生、肄业生和在校生）。与 2010 年第六次全国人口普查相比，每 10 万人中，拥有大学文化程度的由 2 752 人上升为 6 425 人；拥有高中文化程度的由 5 345 人上升为 7 864 人；拥有初中文化程度的由 25 503 人上升为 27 641 人；拥有小学文化程度的由 44 821 人下降为 35 530 人。与 2010 年第六次全国人口普查相比，全县常住人口中，15 岁及以上人口的平均受教育年限由 6.78 年提高至 7.60 年。

（二）社会文化

民族风情原始古朴，享有“风情浓郁、璞玉浑金、无迹不古、山水独秀”的美称。这里有侗族大歌世界非物质文化遗产，侗族萨玛节、侗族琵琶歌等 9 项国家级非物质文化遗产，拥有天下独一苗王庙、阳开苗寨、29 个中国传统村落，是贵州旅游优先发展区、全国文化先进县和中国侗族语音标准音所在地。

1. 侗族大歌

侗族大歌侗语叫“嘎老”，起源于春秋战国时期，至迄今已有 2 500 多年的历史，是中国侗族地区一种多声部、无指挥、无伴奏、自然和声的民间合唱形式，2009 年 9 月，侗族大歌被列入“世界非物质文化遗产”名录。

2. 侗族萨玛节

侗族萨玛节主要以榕江县车江侗族萨玛节为代表。“萨玛”系侗语，“萨”即祖母，“玛”即大，萨玛可汉译为“大祖母”（又称萨岁），她代表了整个侗族（特别是南部方言地区）共同的祖先神灵的化身。

3. 苗族鼓藏节

苗族鼓藏节是苗族十三年举行一次的最隆重的祭祖仪式。榕江苗族认为，祖先居住在遥远的东方，需敲击木鼓才能把他们召唤前来。因此在鼓藏节中，木鼓自始至终贯穿活动的全程，包括“接鼓”“醒鼓（也叫翻鼓）”“凿鼓”“换鼓”“送鼓”等仪式。“鼓藏头”是鼓藏节的组织者，他会同众多的祭师们共同主导苗族群众完成重大的祭祀盛典。

第二节　产业经济地理

“十三五”期间，榕江县以产业发展为主线，调优结构，做大产业规模，全县地区生产总值从 2015 年的 48.26 亿元增加到 2020 年的 84.62 亿元，城镇居民人均可支配收入从 22 496 元增加到 33 433 元，农村居民人均可支配收入从 6 464 元增加到 10 571 元，年均分别增长 8.2%和 10.2%。2020 年第一、二、三次产业增加值占全县生产总值的比重为 26∶18∶56，县域经济综合实力实现“质”和“量”的双提升。

一、第一产业发展与布局

（一）种植业生产及发展方向

1. 种植业生产

从榕江县地形、气候、水分、土壤的组合条件和经济社会发展的需求来考虑，区内种植业适宜生产优质大米、油料、葛根、中草药、蔬菜及食用菌。该县获评“中国原生态锡利贡米之乡”；车江坝区被评为贵州省现代农业产业园区、首批样板坝区，农业产业结构不断优化，粮经比调整到 31.2∶68.8。全县 2020 年农业总产值 186 162 万元，同比增长 8.7%。

2. 发展方向

今后要立足资源禀赋和产业基础，各乡镇主抓 1～2 个主导产业，不断扩大蔬菜、百香果、草珊瑚、锡利贡米、葛根产业发展规模；加快车江坝区工厂化育苗中心建设，发展种苗经济；推进农业基础设施改造升级，建设高标准农田 1.5 万亩，确保粮食播种面积和总产量只增不减，藏粮于地，藏粮于技，要牢牢把住粮食安全主动权。

（二）林业生产

榕江县森林覆盖率高达 74.18%，被国务院纳入国家重点生态功能区，被水利部连续三年纳入全国水土保持工程建设以奖代补试点县。绿水青山“幸福不动产”持续增值，好生态激发出高质量发展的新动能。林业经济风生水起，大力发展林药、林禽、林蜂等林下产业和油茶产业，林下经济利用森林面积达 13.1 万亩，建成林下经济“百千万”工程基地 279 个。2020 年实现林业总产值 73 486 万元，同比增长 4.5%。

（三）畜牧水产业生产

榕江县依托区内资源环境优势，大力发展山区畜牧业和生态渔业养殖。2020 年畜牧业总产值 86 518 万元，同比增长 3.4%；大力发展生态渔业，实施稻鱼综合种养 10 万亩。2020 年渔业总产值 9 706 万元，同比增长 12.2%。畜牧业和生态渔业的发展，契合了消费市场的需求。

二、第二产业发展与布局

（一）工业产业发展

树立全产业链发展理念，实施工业产业提升行动。深化“两山”试点改革，用好用活国家储备林等政策，整合重组和培育壮大现有木材加工企业，重点聚焦生态板制造、木质房屋制造、中高档家具生产等，优化产能、升级产品、做强品牌，配套发展木工机械、油漆化工、五金配件等产业，集中要素资源，着力打造贵州省林产品加工基地。推进农产品加工产业提质发展。依托“6+3”产业基础，重点聚焦百香果、蔬菜、小香鸡、锡利贡米、葛根、油茶等，推进生态特色食品精深加工，提高转化率，提升附加值。

（二）工业地域组合

榕江工业园区于2011年6月经黔东南州机构编制委员会批准正式成立，坐落于榕江县古州镇车江三村，在榕江县城东侧，南接厦蓉高速公路，北接贵广快速铁路火车站场，与县城紧密连接，形成“产城互动”优势，总规划建设面积16.38平方千米，规划工业用地规划占比70%以上。入园工业企业96家，其中规模以上工业企业26家，企业解决就业人员5 670人（其中，建档立卡贫困户1 500人）。已初步形成以农林产品深加工为主，电子信息、轻纺服装等为辅的工业地域产业体系。在黔东南州16个经济开发区（工业园区）中综合排名第六位。

三、第三产业发展与布局

（一）旅游业发展

1. 优化旅游空间和产品体系

按照“一心三线”旅游布局，重点打造大利宰荡传统村落、三宝侗寨、寨蒿度假区、乐里七十二侗寨景区、茅人河景区等5大景区，树立“苗山侗水，休闲榕江”的旅游总体形象；构建“民族文化、原始生态、休闲体验、养生养老、科普探险”等旅游目的地产品体系。

2. 促进“旅游+”多产业融合发展

围绕“吃什么”，持续加大榕江特色美食策划设计，重点宣传推广“榕江十八菜”，包装培育特色餐馆、饭店，打造风味特色小吃一条街、美食夜市等“窗口”，确保游客“吃得放心”。围绕“住哪里”，规划建设1家四星级酒店，新增培育2家特色民宿，支持精品酒店创优服务，确保游客“住得舒心”。围绕“如何行”，实现旅游线路和旅游景区标识标牌全覆盖，组建1个以上旅游车队，引进1家专业旅行社，用好“一码游贵州”智慧旅游平台，确保游客“行得省心”。围绕“游什么”，重点打造“苗山侗水·醉牛之旅”精品旅游线路，精心打造加宜、大利、宰荡等特色旅游村寨，实现“打点连线扩面”，确保游客“游得开心”。围绕“购什么”，大力扶持民族文化创意设计，重点做大做强旅游商品、伴手礼、家居用品等文创产品品牌，确保游客“购得称心”。围绕“娱什么”，继续办好忠诚苗侗山货大集市等一批主题节庆活动，积极发展红色旅游、研学旅游、体育旅游、亲子旅游，确保游客“娱得欢心”。

3. 加大旅游宣传力度

积极挖掘“中国·榕江萨玛节”、茅人节、鼓藏节、侗年、斗牛等特色民族节庆活动，利用《绣娘》《天使的声音》《嘎老》等电视剧、歌舞剧的拍摄，加大旅游宣传，形成影视带动效应；积极与贵州卫视新媒体中心合作，引进“互联网+全域旅游B2C 平台”建设项目，加大全媒体多方位立体式宣传推介和户外探线工作。组织队伍前往贵阳、桂林、重庆、广州客源市场进行宣传，积极参与省州组织的各类促销活动等。加快与贵州老土旅游开发公司合作，首期开展榕江二日游精品线营销推介工作。

（二）金融业发展

2020 年，榕江县金融机构存贷款余额 213.46 亿元，同比增长 14.2%，其中全县金融机构存款余额 97.18 亿元，同比增长 11.3%；全部贷款余额 116.28 亿元，同比增长 16.7%。全县金融业实现了持续发展的目标。

（三）物流业发展

榕江县县域经济发展需要整合物流资源，健全县乡村三级物流配送体系，推进农村电商、冷链物流发展，建设 1 个农产品集散中心，把榕江打造为黔东南南部现代物流中心。2020 年全县通车里程为 4 170 千米，其中：高速铁路 47 千米，高速公路 3 条 148.7 千米，国道 3 条 213.1 千米，省道 5 条 363 千米，县道 19 条 488.5 千米，乡道 37 条 682.7 千米，村级公路 365 条 1 064.2 千米，通组公路 393 条 1 162.9 千米。全县 30 户以上村民组全部实现通硬化路，农村公路通畅率达 100%。实现电信业务总量 37.58 亿元，比上年增长 38.7%。全年完成邮政业务总量 2 910.39 万元，比上年增长 15.8%。

第三节　城镇化

一、城镇体系概述

榕江县历史悠久，早在新石器时代，境内先民就到此立村建寨。辖地自明朝为军政共辖之地。明洪武年间，为湖广五开卫辖地（军管）；明永乐年间，属新置贵州黎平府辖（政管）。据明《贵州通志·黎平都匀两府志》，县境自宋始有古州之名，凡五开卫属“古州八万生苗”或黎平府属“古州苗”为今榕江县境；清《贵州通志》称：“古州有里、外之分，自宋至元明建寨设州设长官司，皆外古州也，而里古州历代俱为化外生苗。”

榕江县现辖古州镇、忠诚镇、寨蒿镇、朗洞镇、乐里镇、平永镇、栽麻镇、平江镇、八开镇 9 个镇和崇义乡、平阳乡、两汪乡、计划乡、仁里水族乡、三江水族乡、塔石瑶族水族乡、定威水族乡、兴华水族乡和水尾乡 10 个乡。其“中心城区—重点镇——般镇—村庄”四级城乡等级结构渐趋形成。

二、城镇化发展现状

（一）人口城镇化水平较低

根据榕江县第七次全国人口普查结果，2020 年榕江县常住人口中，居住在城镇的人口为 102 099 人，占 34.31%；居住在乡村的人口为 195 473 人，占 65.69%。与 2010 年第六次全国人口普查相比，城镇人口增加 55 489 人，乡村人口减少 44 239 人，城镇人口比重提高 18.03 个百分点。其人口城镇化水平低于全州、全省的平均水平。其城镇化的历史进程大致经历了萌芽、初创、成长和城镇等发展阶段。根据 Northam 城镇化发展的阶段理论，榕江县已进入城镇化发展的加速阶段。

（二）城镇化发展的动力弱

当前榕江县产业发展仍然滞后，工业经济总量小、主体弱，城镇化带动能力不强，基本公共服务水平低；农业发展质量效益不高，农民增收后劲不足，农村自我发展能力弱，巩固拓展脱贫攻坚成果任务仍然很重；县域经济总量依然偏小、综合实力弱，后发赶超的任务仍然艰巨。对外开放程度不高，创新能力较弱，人才支撑不足，制约发展的体制机制障碍还不同程度存在。民生保障、生态环保、社会治理等还存在短板弱项。由于存在以上诸多问题，导致榕江县城镇化发展的吸力和推力不足。

三、城乡融合发展

（一）优化县城空间布局

加强县城中心建设，大力实施县城建设提升行动，一手抓老城区改造提升，一手抓城北新区快速建设，带动城南新区、东一环片区、高铁新区开发，加快古州、忠诚同城化发展，促进工业园区、车江坝区、三宝景区、移民新区与县城区相互支撑、协调发展。实施城市更新行动，加大城镇老旧小区改造，加快棚改续建项目建设。完善县城排水防涝设施，新改扩建城市路网，新增城市绿地、公共停车位。

（二）提升集镇承载能力

小城镇是城乡融合的重要着力点和支撑点。实施强镇工程，提升车民街道和场坝、梨子园社区服务中心政务服务水平；推动古州、忠诚融合发展；重点加快朗洞、乐里、寨蒿、平永、八开等乡镇发展，增强产业支撑和人口吸纳能力。加快农业转移人口市民化。全面落实“三挂钩”政策，进一步完善居住证制度。供给城镇保障性安居工程，加大租赁住房供给，更好解决城市新市民和年轻人住房问题。推进乡村公共服务和基础设施建设提升，打造一批特色乡镇、美丽乡村，着力把榕江县城建成贵州东南部重要支点城市。

（三）加快推进乡村振兴

一是强化乡村建设。实施村庄基础设施改善工程和农村人居环境整治提升行动，推进特色产业配套水利基础设施建设，推动农村生活垃圾收运处置体系行政村全覆盖，生活污水处理率大幅提升，提高卫生厕所普及率。二是大力实施乡村振兴“十百千”示范工程升级版，打造乡村振兴示范村寨，着力提升乡风文明程度。三是加强传统村落和民族特色村寨保护，打造特色田园乡村建设试点。四是推动城乡交通一体化发展，全面开通农村客运公交线路。五是推进农村公共服务体系建设，分类推进村庄规划建设和风貌管控，坚决遏制乱占耕地建房行为。深入推进“三社联建”改革，大力发展村级集体经济。六是加快集体产权制度改革，稳慎推进农村宅基地制度改革，完善利益联结机制。

第十九章 从江县经济地理

从江县位于贵州省东南部，地处东经 108°05′~109°12′，北纬 25°16′~26°05′，与广西壮族自治区接壤，东接广西三江侗族自治县，南邻广西融水苗族自治县和环江毛南族自治县，西连荔波、榕江两县，北靠黎平县，居都柳江中游，距省会贵阳450 千米，距州府凯里 252 千米，距广西柳州 280 千米，距桂林 286 千米，距北海港600 千米。全县面积为 3 244 平方千米，主要民族以苗族、侗族、壮族、瑶族、水族等少数民族为主。

第一节 资源禀赋

一、自然禀赋

（一）地貌与矿产

从江县地处云贵高原向广西丘陵山地过渡地带，地貌类型复杂多样。山川河谷、岩溶地貌造就了从江独特多样的自然地貌。境内不仅风光秀丽，蕴藏着丰富的旅游资源，而且土地肥沃、热量、降水量和光热协调同步，适宜农牧业的发展，被农业农村部认定为“南亚热带作物名优基地”。从江县地处云贵高原东南边缘，苗岭山脉向广西丘陵山地过渡地带。东北部属苗岭宝唐山纵丘山地，东南和西南部属九万大山。全县地势以都柳江横轴两翼递升，都柳江两翼山势的递变轮廓，构成从江县地形骨架。九万大山元头界峰为境内最高峰，海拔 1 670 米。最低为都柳江出境处——平校，海拔 145 米，相对高差 1 525 米。全县山地面积 2 963 平方千米，占总面积的89.87%，坝子面积 64 平方千米，占总面积的 2%，河流滩涂面积约占 4%。从地貌发展史看，属复活山地的地貌类型，直到第三纪晚期，长期相对稳定并遭受剥蚀夷平。新近纪晚期至第四纪早起地壳运动加强并以隆升为主。按地貌成因的类型分为剥蚀地貌区、岩溶地貌区、侵蚀堆积地貌区—河谷地貌。

区内矿产资源较丰富，出露地表的矿化点 40 余处，发现的金属矿和非金属矿 20 余种，其中，金属矿有铜、铅、锌、金、银、钨、锡、锰、铁、铝土矿等；非金属矿有煤、硅石、花岗岩、石灰石、白云石、大理石、辉绿岩等。其中：铜、铅、锌、金、银多金属矿，铝土矿、铁矿、花岗岩、硅石储量较丰富、质量好，开发前景可观。

（二）气候资源

从江县受中至低山，深至浅切的地形地貌的影响，垂直立体气候非常明显，曾有“两地百里，此热彼凉”及“一山九个样，十里不同天”之说。有温热、温暖、温和和温凉等类型小气候，而且山地温度还受坡向的影响，往往是西坡气温比东坡气温高，南坡气温比北坡气温高，形成了复杂的小气候。从江县属中亚热带湿润季风气候区，四季分明、夏无酷暑、冬无严寒。年平均气温 18.5 °C，最热月平均气温为 27.4 °C，最冷月平均气温 7.7 °C，历年极端最高气温 39.2 °C，极端最低气温-4.4 °C。年平均降水量 1 185.9 毫米，年平均无霜期 328 天，年平均日照时数 1 304.9 小时，年平均蒸发量 1 185 毫米，年平均雷暴日数 52 天，气候条件优越。

（三）水资源

境内属珠江流域、柳江水系、地处都柳江中段，由于受地势地貌影响，干流都柳江由北向南横贯全境，全县大小河流 87 条密布境内，流域面积在 20 平方千米，县内河段长为 66 千米。区内水能资源蕴藏量为 27.8705 万千瓦，其中：已开发 19.327 万千瓦，占全县蕴藏量的 69.3%，已出让 3.745 万千瓦，占全县蕴藏量的 13.4%，规划未开发 4.586 万千瓦，占全县蕴藏量的 17.3%。

（四）土地资源

从江县地处黄壤、红壤复合地带，硅铁质风化壳地区，土类以黄壤、红壤为主。土壤的土层较厚、肥力较高，中上等土地较多。有近 70%的土壤尤易成土的泥质板岩、坡积物和第四系黏土等母岩母质发育的硅铁质黏性土壤。全县土壤共分为 8 个土类，29 个亚类，71 个土属，116 个土种。按利用类型分为自然土壤、旱作土壤和水稻土壤。是高氮、高钾、少磷、富有机质的土壤类型，pH 值在 4.5 ~ 6.5。区内因山地多、平地少，人地矛盾非常突出。

（五）生物资源

从江境内植被区系，按全国植被区划，属中亚热带常绿阔叶林植被带。境内植被呈垂直分布。海拔 500 米以下的低山与谷地多生长玉叶地带，生长以润楠属、鹧鸪花、灰毛牧荆、伞花木、大果香园、榕树等为主的喜热植物；海拔 500 米至 1 200 米地带，生长以润楠属、木莲属、含笑属为主的喜温暖湿润植物；海拔在 1 200 米以上地带，以箭竹、水青冈、白辛树、木瓜红、江西木荷等喜湿润与温凉气候植物为主。贴附地表及裸基岩土的植被群落有地皮、苔藓、土马棕等上千种。地层植被群落有各种草本、蕨类；中层植被群落有各种灌木有藤本植物。珍稀植物被国家列为一、二、三级保护的植物有榉木、银杏、秃杉、翠柏、福建柏、穗花杉、喙核桃、水青树、檫木、钟萼木、小叶红豆、金钱槭、马蹄参、白辛树、县果树、石栎、曲果玉兰、尾叶樟、润楠、闽楠、光枝楠、贵州皂荚、伞花木、黑荆树、山茶花树、白栎等 6 类 30 多个品种，全县均有分布，以西部居多。据不完全统计，全县珍稀树种活立木达 1 800 余棵。杉木：杉木是从江的主要用材树种。1981 年 3 月被贵州省人民政府确定为重点林业县后，从江县已成为国家重点建设的商品林基地。林业用地面积 23.5 万公顷，占全县总面积的 73%。2008 年年末，全县共完成世行林 11.2 万亩，有林面积 310 万亩，活立木蓄积量 560 万立方米，森林覆盖率 66%。药用植物：主要有石松、卷柏、海金沙、金毛狗、凤尾蕨、半边旗、茯苓、瓦书、银杏、虎杖、商陆、南无竹、细辛、大血藤、五味子等 300 多种。名贵药材品种有黄连、杜仲、吴茱萸、三七、银耳等。草地：全县有草地面积 2 490 万公顷，其中成千草地 1 216.16 万公顷，零星草地 847.37 万公顷，疏林草地 326.45 万公顷。野生动物：在 20 世纪 60 年代前，从江原始森林较多，人迹罕至，野生鸟兽多达 90 余种。现常见的有猕猴、穿山甲、竹鼠、松鼠、香狸、灌、黑山羊、野猪、刺猬、红腹锦鸡、竹鸡、画眉、白鹭、猫头鹰、乌蛇、眼镜王蛇、蟒蛇等。调查表明，全县到 2008 年底，国家二级保护动物猕猴在从江县境内的存量为 7 群 180 只。主要生活在都柳江支流的加鸠河、翠里河、龙湾潭等沿河陡峭悬崖上和太阳山等几座大山的崇山峻岭之中。分布范围涉及 7 个乡（镇）10 余个村，具体分布在：加鸠乡加少、加能、舍法和夹别等村，1 群 40 只，主要活动在污茂河中游的“螺丝桥”及下游沿河一带；刚边乡宰别村 1 群 20 只，主要活动在狗爬岩沿河一带；庆云乡翠里村、高开村 1 群 14 只，主要活动在翠里大山及其河谷一带；光辉乡党郎村，加牙村 1 群 50 只，主要活动在太阳山和月亮山一带；秀塘乡打格村 1 群 10 只，主要活动在漠海坡的沟谷地带。

二、人文禀赋

（一）人口变化

1. 人口增长

根据从江县第七次全国人口普查结果，2020 年全县常住人口为 313 887 人。同 2010 年第六次全国人口普查的 290 960 人相比，增加 22 927 人，增长 7.88%，年平均增长率为 0.76%。历次人口普查常住人口及年均增长率见表 19-1。

表 19-1　从江县历次人口普查常住人口及年均增长率

普查年份	常住人口/人	年均增长率/%
1990	266 894	1.18
2000	301 513	1.23
2010	290 960	-0.36
2020	313 887	0.76

2. 人口构成

（1）人口性别构成。2020年从江县常住人口中，男性人口为161 953人，占51.6%；女性人口为151 934人，占48.4%。总人口性别比（以女性为100，男性对女性的比例）为106.59，比2010年第六次全国人口普查的111.58下降4.99个百分点。

（2）人口年龄构成。2020年全县常住人口中，0～14岁人口为89 942人，占28.65%；15～59岁人口为176 858人，占56.34%；60岁及以上人口为47 087人，占15.01%，其中65岁及以上人口为37 118人，占11.83%。与2010年第六次全国人口普查相比，0～14岁人口的比重上升4.61个百分点，15～59岁人口的比重下降5.76个百分点，60岁及以上人口的比重上升1.15个百分点，65岁及以上人口的比重上升2.15个百分点。

（3）人口受教育程度。2020年全县3岁以上常住人口中，拥有大学（指大专及以上）文化程度的人口为15 373人；拥有高中（含中专）文化程度的人口为16 398人；拥有初中文化程度的人口为67 827人；拥有小学文化程度的人口为115 912人（以上各种受教育程度的人包括各类学校的毕业生、肄业生和在校生）。与2010年第六次全国人口普查相比，每10万人中，拥有大学文化程度的由2 385人上升为4 898人；拥有高中文化程度的由3 398人上升为5 224人；拥有初中文化程度的由19 288人上升为21 609人；拥有小学文化程度的由49 029人下降为36 928人。与2010年第六次全国人口普查相比，全县常住人口中，15岁及以上人口的平均受教育年限由5.9年上升至6.48年。

（二）民族文化

1. 西山镇顶洞村“水车宴”

“水车宴”是顶洞村独有的一种宴席，也是当地最为隆重的待客礼俗。

2. 丙妹镇岜沙苗寨的“秋千节”

岜沙苗寨的“秋千节”又叫六月“情人节”“吃新节”，每年稻田满栽满插后，在农历六月卯、辰、巳日这3天，村民都要聚亲招友，喝酒祝福稻谷获得好收成，而村中未婚男女，以荡秋千的方式，开始寻找他们的心上人。岜沙秋千节有着与众不同的特点，节日前后持续3～5天，且都是在森林里荡。荡秋千的树有着吉祥的传说，是爱情的象征。

3. 侗族舞蹈之踩歌堂

侗族是我国56个民族之一，主要分布在湘黔桂三省区交界处。侗族人民淳朴、善良，能歌善舞，有着事事以歌对答、以舞寻偶的传统，常以“饭养身、歌养心”而著称。

4. 加勉乡的鼓藏节

苗族鼓藏节是以怀念祖先、祭奠神灵、尊老爱幼、勤劳俭朴、富裕安康的一种祭祀活动。相传在当地苗族祖先中，很久没有得到安抚与饮食，逝去的先人灵魂便到家里来寻求安抚，于是鼓藏头家的个别家人就开始生病，经过就医、看病、吃药等无法治愈，此时鼓藏头家就组织巫师、寨老等到家中来协商破蛋（鸡蛋）定鼓。

第二节 产业经济地理

2020 年从江县全县生产总值 73.7 亿元，比上年增长 5.7%，人均 GDP 实现 24 966 元，比上年增长 1.1%。其中第一产业、第二产业和第三产业增加值占生产总值的比重分别为 29.7%、15.3%和 55.0%，产业结构进一步得到优化。

一、第一产业发展与布局

（一）种植业生产

从从江县地形、气候、水分、土壤的组合条件和经济社会发展的需求来考虑，区内种植业适宜生产粮食、油料、中药材、糖料、蔬菜及食用菌。2020 年该县种植业增加值 11.53 亿元，比上年增长 5.5%。粮食作物种植面积 22 271.7 公顷，比上年上涨 2.24%；主要经济作物种植面积进一步扩大，油料种植面积 7 140.2 公顷，下降 5.93%；中草药材种植面积 4 043.7 公顷，增长 99.68%；蔬菜及食用菌种植面积 10 994.3 公顷，增长 13.94%。全年粮食产量 122 596.06 吨，比上年上涨 0.41%（见表 19-2）。其农业经济运行良好。

表 19-2 2020 年从江县主要农产品产量及其增长速度

产品名称	单位	绝对数	比上年增长/%
粮食产量	吨	122 596.06	0.41
其中：夏粮	吨	8038	15
秋粮	吨	114 558.06	−0.47
油料	吨	13 791.77	−4.35
其中：花生	吨	530.34	−6.63
油菜籽	吨	3657.34	−25.19
油茶籽	吨	8995	8.04
中草药材	公顷	4043.7	99.68
蔬菜及食用菌	公顷	10 994.3	13.94
其中：食用菌	吨	864.04	177.86
糖料	公顷	13.4	0
水果	吨	32 498.89	22.09

（二）林业生产

从江县森林覆盖率达 69.39%，现有林业用地 359.9 万亩，有林地 332.9 万亩。2020 年林业增加值 4.86 亿元，比上年增长 4.2%。森林不仅带给从江大地秀美山川，也成为乡村产业发展振兴的有效依托。

（三）畜牧业生产及发展方向

1. 畜牧业生产

2020 年，从江县畜牧业增加值 4.87 亿元，比上年上涨 2.2%。猪、牛、羊出栏数分别比上年增长 15.94%、10.26%和 29.07%；四类肉总产量 12 538 吨，比上年上涨 12.58%（见表 19-3）。

表 19-3　2020 年从江县主要畜产品产量及牲畜出栏情况

产品名称	单位	绝对数	比上年增长/%
肉类总产量	吨		
其中：猪肉	吨	5 793.08	3.04
牛肉	吨	3 222	17.85
羊肉	吨	387.78	21.56
禽肉	吨	3 135.94	27.32
蜂蜜产量	吨	1.53	
禽蛋产量	吨	8 055.81	2 974.74
猪出栏数	头	79 752	15.94
牛出栏数	头	24 890	10.26
羊出栏数	只	21 466	29.07
家禽出栏数	只	1 796 471	31.92

2. 发展方向

把香猪、柑橘、稻鱼鸭 3 个省级高效农业示范园区建设作为现代山地高效农业发展的主要平台和载体，集中力量、重点打造。按照“1+3+N”产业发展思路，发展一县一业，实现香猪年末存栏 35 万头以上，年出栏 65 万头，订单养殖种猪 3 万头、商品猪 20 万头；继续抓好“稻鱼鸭”示范建设，打好“全球重要农业文化遗产保护地”和“全国重要农业文化保护重点县”两张牌，进一步扩大“稻鱼鸭”工程示范面积，实现带动发展 12 万亩以上。

（四）渔业生产

从区内资源环境的优势出发，从江县大力发展生态稻田渔业综合养殖。2019 年渔业增加值 0.5788 亿元，比上年增长 5.6%。水产品产量 4 912 吨，比上年增长 19.2%。2020 年渔业增加值 0.5987 亿元，比上年增长 4.1%。水产品产量 5 441 吨，比上年增长 16.73%。快速发展的渔业生产，契合了消费市场的需求。

二、第二产业发展与布局

（一）工业经济平稳增长

工业化是城镇化的重要动力。2020 年工业增加值 5.84 亿元，比上年增长 4.5%。其中：规模以上工业增加值 2.85 亿元，比上年上升 17.2%（私营企业增加值 1.52 亿元，同比上升 1.1%）。2020 年规模以上工业企业实现主营业务收入 7.003 亿元，比上年下降 3.3%；应交增值税 0.24 亿元，比上年下降 12.6%；资产总计 18.49 亿元，同比增长 24.4%（见表 19-4）。

表 19-4　2020 年从江县规模以上工业增加值及其增长速度（增速）

指标名称	绝对数/亿元	比上年增长/%
规模以上工业增加值	2.85	17.2
其中：轻工业	0.26	81.3
重工业	2.59	20.4
其中：国有企业	0.6	75.1
私营企业	1.52	1.1

（二）建筑业增长较快

2020 年该县建筑业增加值 5.46 亿元，比上年增长 13%。资质内建筑企业实现建筑业总产值 8.1 亿元，比上年增长 51.17%。房屋施工面积 9.42 万平方米，同比增长 127%；房屋竣工面积 2.31 万平方米，同比增长 102.6%。

三、第三产业发展与布局

（一）旅游业发展

1. 推动旅游产业化大提质

围绕“旅游活县”向“旅游强县”转变，着力提升旅游产业化水平。2021 年要确保通过创建国家全域旅游示范区省级验收，力争实现接待游客 460 万人次，同比增长 20%；旅游综合收入突破 36 亿元，同比增长 20%。用好以侗族大歌为代表的民族文化和以百里梯田为代表的生态环境两大品牌，立足贵广高铁和厦蓉高速，依托从江民族文化、传统村落和山地旅游资源，以乡村客栈、民俗民居为载体，积极发展体验式、度假式旅游，着力构建“快旅慢游”体系，全力打造国内外知名民族文化养心圣地和中国民族乡村旅游“醉”美县，促进旅游发展“井喷式”增长。

2. 着力完善旅游产业体系

围绕“吃”，深入开发从江特色旅游饮食，重点打造“从江美食街区”。围绕“住”，创建一批星级标准酒店，大力发展特色民宿、精品客栈等旅游住宿业态。围绕“行”，改善景区道路通行条件，发展旅游客运，解决游客出入问题。围绕“游”，做好旅游景点串联，丰富和扩展旅游线路。围绕“购”，积极打造从江旅游商品IP，开发民族刺绣、非遗文创产品等旅游商品，统筹资源打造“从江贵礼”。围绕“娱”，丰富文化旅游活动和演出剧目，优化旅游村寨民族风情展演节目，增添旅游娱乐要素。按照5A级景区标准，规划建设加榜梯田、岜沙景区、从江侗文化产业园七星侗寨等旅游景区。扎实推进岜沙景区业态升级，丰富岜沙景区游览项目。强化国家中医药健康旅游示范区创建，实施高华瑶浴谷景区提升工程，依托“从江瑶浴”品牌发展特色医疗、疗养康复、养生保健等健康养生旅游产品。继续抓好大歹景区建设，启动禾仓民宿二期、观景平台、家庭工坊等旅游配套项目建设，增强旅游带动能力。

3. 着力强化旅游宣传推介

在疫情防控可控前提下争取恢复举办侗族大歌节等节庆活动，以“政府+企业”“政府+展会”“政府+媒体”等多种方式，充分运用微信、微博、抖音等多种平台，通过微视频、网络直播、媒体采风等多种形式，开展线上线下体验式宣传营销。继续借助帮扶资源，组织赴杭州萧山、粤港澳大湾区等地开展旅游促销活动，不断拓展“养心圣地·神秘从江”文化旅游品牌影响力。着力提升旅游服务质量。加强旅游酒店、景区、旅行社管理，深入开展旅游服务质量提升活动。推进旅游标准化建设，提高旅游从业人员的服务意识和服务技能。加强旅游人才队伍建设，为全域旅游发展提供人才支撑和保障。出台奖励扶持政策，鼓励旅游相关业态发展，刺激市场迸发活力。

（二）金融业发展

2020年末，从江县金融机构存贷款余额完成143.39亿元，同比增长7.9%；其中，金融机构人民币各项存款余额71.45亿元，同比降低0.42%。金融机构人民币各项贷款余额71.94亿元，同比增长17.61%（见表19-5），全县金融业实现了持续稳定发展。

表19-5　2020年年末从江县金融机构人民币信贷收支情况

指标名称	年末数/亿元	比上年末增加额/亿元
金融机构各项存款余额	71.45	−0.42
其中：广义政府存款	8.66	−3.01
住户存款	51.99	0.45
非金融企业存款	10.78	−2.46
金融机构各项贷款余额	71.94	17.61
其中：住户贷款	40.73	0.3
非金融企业及机关贷款	31.22	4.64

（三）物流业发展

2020 年从江县累计完成公路客运量 11.67 万人，旅客周转量 1 439.72 万人千米，货运量 964.68 万吨，货物周转量 41 748.12 万吨千米。完成公路运输周转量绝对额 4.19 亿吨千米，同比下降 6.7%。发展县域经济需要整合物流资源，健全县乡村三级物流配送体系。

第三节 城镇化

一、城镇体系概述

明洪武三年（1370）置福禄永从长官司，属思州宣慰司；永乐五年（1407）置西山阳洞长官司，属思州宣慰司；六年（1408）增设二长官司吏目；十二年（1414）以福禄永从、西山阳洞二司隶黎平府；正统六年（1441）改福禄永从、西山阳洞蛮夷长官司为永从县，属黎平府。1950 年 12 月 5 日，从江解放。12 月 26 日，从江县人民政府成立，驻丙妹镇，隶属独山专区。1956 年 4 月 28 日，从江县由都匀专区划归黔东南苗族侗族自治州管辖。

从江县现辖丙妹镇、贯洞镇、西山镇、宰便镇、下江镇、洛香镇、停洞镇、往洞镇、加鸠镇、斗里镇、庆云镇、东朗镇、高增乡、加榜乡、谷坪乡、加勉乡、翠里瑶族壮族乡、刚边壮族乡、秀塘壮族乡，共 12 个镇、4 个乡、3 个民族乡。其“中心城区—重点镇——般镇—村庄”四级城乡等级结构渐趋形成。

二、城镇化发展现状

（一）人口城镇化水平低

根据从江县第七次全国人口普查结果，2020 年从江县常住人口为 313 887 人，居住在城镇的常住人口为 72 219 人，占 23.01%；居住在乡村的常住人口为 241 668 人，占 76.99%。与 2010 年第六次全国人口普查相比，城镇常住人口增加 32 284 人，乡村常住人口减少 9 337 人，城镇常住人口比重提高 9.28 个百分点。其人口城镇化远低于全州、全省的平均水平。其城镇化的历史进程大致经历了萌芽、初创、成长和城镇扩展等发展阶段。根据 Northam 城镇化发展的阶段理论，从江县尚处在城镇化发展初始阶段的后期。

（二）城镇生态持续向好

该县城镇生态环境持续向好，县城空气质量优良天数比例达 100%，县城及乡镇千人以上集中式饮用水源地水质达标率 100%，都柳江出境断面水质优良率稳定在100%，森林覆盖率提高到 69.39%，生态环境质量指数稳居全省前列。环保基础设施能力显著提升，建制乡镇生活污水处理、垃圾转运设施实现全覆盖，县城生活污水处理率从 75%提高到 86.96%。生态工程成效明显，完成水土流失治理 102.93 平方千米，矿山恢复治理 43.02 万平方米，易地扶贫搬迁复垦复绿 19.51 万平方米，人居环境整治拆旧复垦复绿 42.1 万平方米，实施单株碳汇精准扶贫项目 6 616 户占全省的67.3%。2016 年获批国家重点生态功能区并稳定获得专项转移支付，全面实行河长制，完善生态环境监测评价制度，执行生态环境损害终身责任追究制。好生态激发出高质量发展的新活力。

（三）城镇基础设施和社会保障不断完善

物质基础设施建设是必备的城镇化步骤，是不能跨越的城镇化发展阶段。“十三五”时期，从江县新增高速公路、国省干道 304.8 千米，农村公路 1 532.95 千米。全县公路里程增加到 3 593 千米，路网密度从全省末位提升到第 28 位。新建成 4 座中小型水库，城镇新增工程供水能力 4 031.97 万立方米；建成生活污水处理厂 11 个，提标改造 2 个。完成新一轮农网改造，农村供电可靠率达 100%。天然气“县县通”工程稳步推进，县城城市燃气管道完成铺设 21.4 千米。30 户以上村寨 4G 网络实现全覆盖，5G 站点建设迅速铺开。基础设施的重大突破，为从江后发赶超提供了强力支撑。城乡社会保障体系不断完善，低保实现应保尽保，惠及全民的社会保险制度基本实现全覆盖。

三、城乡融合发展

（一）坚持以人为本，推进新型城镇化发展

统筹推进城乡协调发展，打造一批特色小镇、美丽乡村，提高城镇化发展水平，着力提升常住人口城镇化率。加快老城区提质，启动实施老城区棚户区综合整治，加快推进老城区二期污水管网工程，启动实施老城区一期防洪排水工程，着力缓解县城区污水乱排和洪涝积水排放不畅的问题。加快县城老城区、江东、南下和北上片区背街小巷损坏道路、路灯、雨污混流等进行综合治理，加快酒厂平步桥建设、老旧小区改造等项目建设，启动实施江东江滨路、老城区环城路延长线等项目。全面改善城镇居民生活和出行环境。加快智慧城市建设，建设和完善县城区数字监控系统，促进城市管理提质升档。推动新城区提速，加速推进县城“东扩”，以基础设施互联互通为抓手，以产业发展协同配套为牵引，以促进丙妹—高增—贯洞、丙梅—丙妹—西山、贯洞—洛香—庆云三条连接新老城区重要城镇纽带一体化发展为目标，有序推动产业、人口、资源等要素向新城区聚集。加快完善新城区基础设施和现代城市服务体系，加强城镇经济发展，促进工业园区与城镇建设相互支撑，协调

发展，加速推进产城一体化。

（二）提升中心城镇的辐射功能

从江县要主动融入“一带一路”、长江经济带、粤港澳大湾区、贵广高铁经济带等国家、省级规划，借力发展。同时强化中心集镇提效，依托区位条件、发展基础和比较优势，大力推动各类要素向下江镇、宰便镇、西山镇三个中心镇聚集，加强中心镇新区规划，推进中心镇新区建设，拓展中心镇发展空间，将三个中心镇打造成带动周边乡镇发展的增长极，发挥带动力、辐射力。大力支持镇区基础设施建设，持续提升镇区市政设施水平，重点加快市政道路、污水处理、垃圾收运、路灯等市政设施建设，改善镇区风貌。

（三）大力实施乡村振兴工程

要积极抢抓国家集中支持乡村振兴重点帮扶县机遇，用好五年过渡期政策，推动巩固拓展脱贫攻坚成果同乡村振兴有效衔接。严格落实“四个不摘”要求，健全易返贫致贫人口常态化监测机制，巩固“3+1”保障成果，继续精准施策，坚决防止发生规模性返贫。深化易地扶贫搬迁后续扶持“五个体系”建设，确保搬迁群众稳得住、有就业、逐步能致富。

从江县要重点从以下几个方面推进实施乡村振兴。① 扎实抓好脱贫人口稳岗就业，确保有劳动力家庭实现 1 户 1 人以上就业。坚持和完善东西部扶贫协作、定点帮扶、社会力量参与帮扶机制。② 纵深推进农村产业革命。按照市场化方式发展生态鸡、食用菌、百香果和蔬菜四大产业，持续推动油茶、椪柑等传统产业，提高农业标准化规模化品牌化水平，大力发展生态畜牧业，培育饲料产业。全力推进以铁皮石斛、淫羊藿、瑶浴、板蓝根等中药材为主的林下经济，持续推动林下食用菌、林下养鸡、林下养蜂、林下种苗、油茶、林木种苗等林业产业发展壮大。③ 推进农业基础设施改造升级，建设高标准农田 1.6 万亩，落实粮食播种面积 33.41 万亩，产量达到 12.26 万吨以上，确保粮食播种面积和总产量只增不减。④ 加快推进农村公路和省界接边连通公路。加快实施乡村建设行动。进一步提升基础设施供给质量和建设，启动实施“四好农村公路”。⑤ 建成翠里、刚边、秀塘、加榜、谷坪等 5 个乡镇驻地生活污水处理工程。⑥ 加快农村文化服务供给，完成天鹅山书院项目建设。

第三篇 专 论

第二十章 黔东南的主要区域问题

黔东南州自然条件复杂、地理环境特殊，自古就是自然灾害频发之地。其地理位置处于云贵高原东南边缘，沟壑纵横、地形起伏较大，石漠化问题也比较突出，生态环境脆弱，在自然灾害面前表现出较弱的抵抗能力。且当地经济发展落后，社会灾害意识淡薄，一旦发生灾害，造成的经济社会影响极其严重。

第一节 频繁的自然灾害

自然灾害是自然界发生的灾害现象，是由自然事件或力量为主因造成的生命伤亡和人类社会财产损失的事件，是自然和社会综合作用的产物。黔东南州生态较脆弱、环境敏感、防灾减灾能力不足，往往受多种致灾因子影响，各影响因子相互影响，相互促发，易形成灾害链，对区内社会经济系统可持续发展威胁较大。

一、自然灾害的类型

（一）气象灾害

黔东南州地处云贵高原东侧斜坡上，地形复杂，垂直落差大，气象灾害种类多、发生频繁、影响范围广、损失重。常见有春旱、夏旱、洪涝、冰雹、倒春寒、秋风、秋绵雨等，这些气象灾害都不同程度影响着黔东南的工、农、林业生产，并时时危及人民生命财产安全。

1. 干旱

黔东南州一年四季均有干旱发生，危害严重的是夏旱，其次是春旱。春旱发生在 4—5 月，正是小麦灌浆、油菜结荚、水稻播种和移栽季节。1985—2005 年的 21 年中，州内发生春旱有 1986 年、1987 年、1988 年、1989 年和 1991 年共 5 年，其频率为 24%。

夏旱出现在 6—8 月，正是黔东南大秋作物生长期，如水稻分蘖、拔节、孕穗，玉米拔节、抽雄、成熟等，遇见“洗手干”或伏旱，危害极大。1985—2005 年的 21 年中，州内出现干旱有 1985 年、1989 年、1992 年、2003 年、2005 年共 5 年，频率为 24%，1985 年 7 月上旬后期到 8 月中旬，各地出现了约 40 年的少雨干旱天气，给黔东南水稻生产造成极大损失，因其干旱时段主要出现在黔东南水稻生长的拔节孕穗需水量最大的时候。

2. 暴雨洪涝

暴雨洪涝对黔东南的影响程度仅次于干旱。洪涝的产生是由暴雨引起的，尤其是大暴雨或特大暴雨所产生的洪涝危害极大。黔东南各地年平均暴雨日数为 2.3 ~ 3.9 天。研究表明，暴雨洪涝与同期受旱面积呈明显的反相关关系。

3. 冰雹

全州各地年平均冰雹日数为 0.3 ~ 1.5 天，以黎平的 1.5 天为最多，丹寨的 0.3 天为最少。冰雹发源于黔东南境外，向境内移动，以西北往东或东南方向移动为主，由于地形及热力条件的影响，冰雹降落点在其移动路径上呈跳跃或斑状分布。

4. 倒春寒

倒春寒是黔东南州春播期间常造成烂秧的灾害天气之一。海拔越高，倒春寒出现次数越多且危害越重。

5. 凝冻

凝冻又名雨凇，是黔东南州冬季最为严重的灾害性天气，它阻塞交通、压断电线、电杆、树木，对小麦、油菜、蔬菜等生产造成冻害。黔东南年平均凝冻日数为 0.1 ~ 8.2 天，低海拔的榕江、从江较少，仅为 0.1 天，而麻江、黄平、黎平、三穗、丹寨、雷山年平均在 3.5 天以上，麻江 8.2 天为最多。一年之中，凝冻一般出现于 12 月至次年 3 月，以 1 月份次数最多，占全年 40%左右。凝冻天气可持续几天或十几天不等，一般海拔越高，雨凇日数相对越多，危害越严重。

6. 霜冻

黔东南州各地年平均霜冻日数为 3.5 ~ 16.7 天，以三穗的 16.7 天为最多，从江的 3.5 天为最少，平均初霜出现在 11 月下旬。一年之中，霜日一般出现于 11 月下旬至次年 3 月，10 月和 4 月偶见。

7. 雷暴

黔东南州年平均雷暴日数 44.2 ~ 54.1 天，最少是黎平为 44.2 天，最多是榕江为 54.1 天，雷暴日数以夏季最多，春季次之，秋季第三，冬季最少。一年之中，雷暴日数 4—8 月出现最多，12 月最少。

（二）地质灾害

1. 滑坡地质灾害

从滑坡地质灾害规模来看，滑坡地质灾害按滑体的体积来衡量的话，可分为巨型滑坡（大于 1 000 万立方米）、大型滑坡（100 万 ~ 1 000 万立方米）、中型滑坡（10 万 ~ 100 万立方米）和小型滑坡（小于 10 万立方米）。从全州 16 个县市中的 13 个县的调查情况来看，黔东南州滑坡地质灾害主要以中小型为主。小型滑坡多达633个，占滑坡的78%，中型滑坡146个，占滑坡的18%，大型滑坡32个，占滑坡的4%。小型滑坡在全州各地所占比例相对较高。从滑坡地质灾害类型看，主要是土质滑坡、岩质滑坡和碎块石土滑坡，其中以土质滑坡较为常见。

2. 崩塌地质灾害

调查显示，按物质成分划分崩塌地质灾害类型的话，一般分为土质、岩质、碎石块及土质。黔东南州以岩质崩塌地质灾害居多。

3. 泥石流地质灾害

调查表明，按物质成分可把泥石流地质灾害分为泥石流、水石流和泥流三种类型。黔东南州以泥石流为主。

4. 不稳定斜坡地质灾害

不稳定斜坡是造成地质灾害的最大隐患，是形成地质灾害的前兆。据调查统计，黔东南州不稳定斜坡地质灾害占灾害点总数的20%。

5. 地面塌陷地质灾害

在自然或人为因素作用下，地表发生的下沉或陷落现象就形成了地面塌陷地质灾害。据统计，黔东南州的地面塌陷地质灾害以采空塌陷为主，即人为型为主。

二、自然灾害的影响

据黔东南州民政局统计资料显示，以2009—2011年为例，黔东南州先后遭受低温雨雪冰冻、风雹、洪涝、山洪、滑坡和泥石流、干旱、农作物病虫害等自然灾害。其中2009年4月中下旬部分地方的洪涝灾害、7月至9月的旱灾、2010年罕见的夏接秋连旱叠加冬春旱的特大旱灾、2011年1月份的间歇性低温雨雪冰冻灾害和7月以后的持续旱灾给人民群众的生命财产造成了重大损失（见表20-1）。

表20-1 2009—2011年黔东南州受灾情况统计表

类型	2009年	2010年	2011年
受灾人口（万人）	189.67	279.6	332
紧急转移安置人口（万人）	3.15	1.8658	9.198
农作物受灾面积（万公顷）	6.2293	22.02	23.1
农作物成灾面积（万公顷）	3.1502	14.3	13.4
饮水困难（万人）	31.7	147	40
死亡大牲畜（头）	73	91	1752
倒塌房屋（间）	1 309	4 810	2 299
损坏房屋（间）	16 081	23 929	10 208
直接经济损失（亿元）	3.986	19.2	22.1654

三、自然灾害的特点

（一）灾害类型多

黔东南州自然灾害类型较多，其中突发性自然灾害容易产生较大危害，集中表现为低温雨雪冰冻、风雹、洪涝、山洪、滑坡和泥石流、干旱、农作物病虫害等。2011 年全州共发现 1 023 处地质灾害隐患点，危及 11 400 户 52 873 名群众和 49 所学校 27 947 名师生安全；在气象部门发布的 2 500 余次气象预警信息中，有干旱预警 1 350 余次、暴雨预警 120 余次、高温预警 370 余次，大雾预警 100 余次、道路结冰预警 400 余次。种类繁多的自然灾害不仅威胁当地人民的生命安全，而且造成巨大的经济损失，对地方经济发展和社会稳定构成严重影响。

（二）旱灾持续时间长、影响范围广

在诸多灾害种类中，对黔东南州危害最大的是干旱、洪涝、滑坡和泥石流，严重影响了经济社会的快速发展。尤其是旱灾，黔东南州历来是一个干旱易发的地区，旱情波及全州 16 个县市。由于特殊的气候、地理条件，黔东南州降水量和水资源地区分布不均匀，表现出地域分布、时间分布十分不均匀的特点。有关资料显示，黔东南州平均 15 年就会出现 1 个特重旱年,平均 3 年就会出现 1 个重旱年或特重旱年，而且每年均会有不同程度的干旱天气发生，并且黔东南州干旱年容易持续发生。

（三）救灾难度大

黔东南州属于全国相对贫困地区，相对贫困人口多、相对贫困范围广、相对贫困程度深。而自然灾害多发生在山区，这些地区多为少数民族聚居区和贫困地区，经济社会发展水平低、水利基础设施落后、蓄水保水能力弱。加之道路通达状况差，通信装备落后，开展救灾工作难度大，救灾救济困难重重。

第二节　脆弱的生态环境

一、生态环境概述

生态系统及其服务功能对人类经济社会发展发挥着基础性支撑作用，我国政府一直高度重视生态保护与生态建设，启动了退耕还林、天然林保护、生态公益林建设等多项重大生态保护与建设工程，取得了一定成效，为遏制我国生态系统退化发挥了重要作用，也为经济社会的快速发展提供了生态环境基础和保障。

黔东南州位于我国西南喀斯特地貌分布区，地形地貌素有“八山一水一分田”“地

无三里平”之谓，相较于贵州省其他地区，黔东南州石漠化面积最小，石漠化等级程度较低，但人地矛盾比较突出。且据2005年统计，黔东南州喀斯特地区有25%已经发生石漠化，加之境内沟壑纵横、地形起伏较大，山地面积比重高达72.8%，大于25°的坡地面积达31.2%，土层易被雨水冲走，造成水土流失，其生态环境十分脆弱。生态问题不仅是经济发展问题，而且也是一个极为重要的社会问题。2020年之前黔东南州大部分县市均属于集中连片特殊困难地区内的国家扶贫开发工作重点县，生产方式相对落后，产业结构不合理，区域生态经济系统生产力低下。正如世界环境与发展委员会（WCED）所指出的："贫困是生态及其他灾难的根源。"

二、生态屏障建设

黔东南州地处长江、珠江上游，是全国“两屏三带”生态屏障中南方丘陵地带的重要组成部分，生态区位重要。黔东南州16县市中有8个县被纳入国家重点生态功能区县。国家实施的多项生态保护建设工程在黔东南州均有所覆盖：全州除从江县外已全部纳入天然林保护工程范围；退耕还林（草）工程自2000年开始试点，至2006年年底结束，在全州范围内均有所分布；目前全州公益林区划界定面积92.4万公顷，其中国家级公益林55.2万公顷、地方公益林面积37.2万公顷，涉及全州16个县市和雷公山国家级自然保护区，国家级公益林主要分布在清水江、都柳江、㵲阳河两岸的第一层山脊，以凯里为中心辐射周边县的石漠化区域和雷公山国家级自然保护区；同时在石漠化治理和清水江流域水污染治理等方面黔东南州也有较大投入。

绿水青山就是金山银山。良好生态环境既是自然财富，也是经济财富，关系经济社会发展潜力和后劲。我们要加快形成绿色发展方式，促进经济发展和环境保护双赢。因此，黔东南州应科学兼顾生态保护与经济发展，充分利用三省交界的地理区位优势及民族文化特色旅游资源优势，加快推进产业结构调整和产业布局更新，在避免过度开发对生态环境造成破坏的前提下，大力发展生态旅游，科学规划生态旅游扶贫，形成农文旅融合的大旅游产业体系。通过积极调整和改善土地利用类型结构，增加生态系统服务价值与功能，这对黔东南州脆弱生态环境区的生态文明建设具有非常重要的现实意义。

第二十一章　新时期黔东南区域经济发展战略研究

新时期，黔东南州以经济高质量发展统揽全局，牢牢守好发展和生态两条底线，全面实施乡村振兴、大数据、大生态三大战略行动，大力推动新型工业化、新型城镇化、农业现代化、旅游产业化“四个轮子”一起转，充分发挥工业的驱动作用、城镇的带动作用、农业的推动作用和旅游的拉动作用，奋力开创百姓富、生态美的锦绣黔东南新未来。

第一节　优化工业布局，推动新型工业化发展

工业园区作为推进新型工业化的重要载体，黔东南州通过实施园区空间整合提升行动，打造凯里、黔东、南部三大工业集聚区，探索片区一体化链条化发展模式，强化产业要素集聚配套，推动产业集群化发展，加快发展特色优质产业，培育壮大新兴产业，统筹推进区域工业经济发展。

一、促进工业园区提质增效

（一）高质量建设凯里工业集聚区

凯里工业集聚区，是以黔东南高新技术产业开发区和炉碧工业园区为重点，加强周边园区资源要素整合，优化产业结构和布局，建立区域协同发展机制。其中黔东南高新技术产业开发区重点发展电子信息、健康医药、民族工艺品等产业。炉碧经济开发区重点发展玻璃新材料、铝及铝加工等产业。台江工业园区重点发展新能源电池、精细化工等产业。丹寨工业园区重点发展民族医药、酒等生态特色食品产业。凯里炉碧、丹寨金钟、台江革一集聚发展，探索以凯里为中心的工业集聚发展管理模式。在凯里工业集聚区构建铝加工、玻璃、新能源电池、电子信息、中医药、民族工艺品六大产业集群。规划到 2025 年，凯里工业集聚区工业经济占全州 50%，实现工业总产值 500 亿元以上。

（二）加快推进黔东工业集聚区建设

黔东工业集聚区，是以黔东一体化为核心，依托岑巩、镇远黔东、三穗、天柱

等园区，探索黔东一体化融合发展管理模式，优化产业分工，推进产业集聚，促进产业合理布局、错位发展，形成区域特色产业优势。其中镇远重点发展电子信息、酒等生态特色食品产业。岑巩重点发展生态特色食品、碳产业等产业。三穗重点发展服装服饰、鸭等生态特色食品产业。天柱工业园区重点发展钡化工、黄金等产业。在黔东工业集聚区打造钡化工、优势轻工、电子信息三大产业集群。规划到2025年，黔东片区工业经济占全州30%，实现工业总产值300亿元以上。

（三）发展南部工业集聚区

南部工业集聚区，应强化从江、黎平、榕江和锦屏等园区联动，充分利用区域内木材、石材、油茶、茶叶、果蔬、畜禽等优势资源，加强资源开发利用，加大本土企业培育，承接珠三角、粤港澳大湾区产业转移，打造贵州南部承接产业转移示范区。其中黎平重点发展生态特色食品和中药材加工、电子信息等产业，黎平经济开发区调区、扩区。支持从江发展大健康产业、以香猪为代表的生态特色食品产业。榕江重点发展木材精深加工、生态特色食品等产业。实施“黔石保护与利用”工程，锦屏重点发展石材、木材等新型建材，鹅、石斛等生态特色食品，推动锦屏石材产业园发展。在南部工业集聚区打造生态特色食品、木材加工两大产业集群。规划到2025年，南部片区工业经济占全州20%，实现工业总产值200亿元以上。

二、加快发展特色优质产业

（一）实现优势资源型产业高端化发展

黔东南州要依托铝土矿、石英砂、重晶石、木材等优势资源和产业发展基础，重点培育铝加工、玻璃制造、钡化工、新能源电池、木材加工5个百亿级优势资源型产业集群（具体见专栏1）。

专栏1：优势资源型产业发展培育工程
重点培育企业：贵州其亚铝业有限公司、黄平富城实业有限公司、凯里凯荣玻璃有限公司、贵州黔玻永太新材料有限公司、凯里海生玻璃有限公司、贵州宏泰钡业有限公司、天柱化工有限责任公司、贵州宏凯化工有限公司、天柱化工矿业开发有限责任公司、天柱晶盛实业有限公司、天能集团（贵州）能源科技有限公司、贵州火麒麟能源科技有限公司、贵州宏宇金属电源科技有限公司、贵州兴锂新能源科技有限公司、贵州万航电能科技有限公司、剑河园方林业投资开发有限公司、贵州凯欣产业投资股份有限公司、贵州永盛木业有限责任公司、贵州鸿辉木业有限公司、黎平鑫兴钢化玻璃有限公司、天柱天弘矿业股份有限公司、从江明达水泥有限公司。 重点项目：凯里新增年开采100万吨铝土矿、凯里10台33 000 kVA矿热炉生产线、

凯里年产10万吨铝深加工生产线、贵州其亚铝业新增50万吨氧化铝项目、华鑫公司年产6万吨莫来石生产项目、贵州炫峰磨料有限公司特种磨料技术改造、凯里炉碧锂离子电池电解液及相应辅材研发制造、贵州黔玻节能镀膜及玻璃制品、凯里海生玻璃产业园、天柱化工搬迁入园改造项目、贵州宏泰有限公司2期技改项目，天柱晶盛实业有限公司技术改造项目、天能集团（贵州）能源科技有限公司二期建设项目、贵州凯欣产业投资股份有限公司新增产能500套苗侗木质民居工厂化制造项目、榕江香杉产业园、贵州鸿辉木业有限公司年产400万张生态板加工项目、凯里炉碧工业园区陶艺工艺品生产项目、凯里炉碧工业园区新能源锂离子电池电解极相应辅材的研发制造、锦屏木材产业园、天柱钡盐研发和交易中心、岑巩装配式建筑生产项目、黔东南石墨烯深加工项目、岑巩县年产30万吨预焙阳极块环保节能项目、台江麒臻年产10万吨再生铅建设项目、凯里赤泥综合利用、天柱钡渣综合利用项目。

资料来源：《黔东南州国民经济和社会发展第十四个五年规划和二〇三五年远景目标纲要》

（二）促进民族工艺品产业特色化

黔东南州要依托苗、侗等民族文化资源优势，即凯里、雷山、丹寨、台江、黎平等县市要大力发展以银饰、刺绣、蜡染等为重点的民族工艺品、旅游商品加工业，推动特色旅游商品规模化、本土化、产业化、品牌化发展，培育一批知名品牌，积极拓展营销渠道，加大专业人才培育，全面提升民族民间工艺品产业的市场影响力，打造民族工艺品集散地。力争将民族工艺品产业培育成百亿级产业，形成民族工艺品产业集群（具体见专栏2）。

专栏2：民族工艺品产业发展重大工程

重点培育企业：施秉㵲水云台旅游商品发展有限公司、丹寨国春银饰发展有限公司、贵州印象苗族银饰刺绣有限公司、贵州古苗疆刺绣工贸有限公司、丹寨晟世锦绣民族文化投资有限公司、台江吉玉鸟文化产业有限责任公司、台江喜悦祥银饰有限公司、台江锦绣图腾工艺品有限公司、凯里鑫田民族服饰工艺品发展有限公司、贵州苗人匠心文化创意产业有限责任公司、黎平侗品源旅游商品服务有限责任公司、从江祖英刺绣有限公司。

重点推进项目：贵州（凯里）民族民间工艺品交易基地、施秉㵲水云台旅游商品发展有限公司基地建设、丹寨国春银饰有限公司技改扩能建设、台江喜悦祥银饰有限公司技改扩能建设、台江水姑娘民族工艺品有限公司技改投资项目、三穗民族民间工艺品加工项目、岑巩县思州砚文化产业园、从江祖英刺绣技改扩建工程、丹寨石桥黔山古法造纸专业合作社、台江芳佤银饰刺绣公司、丹寨宁航蜡染有限公司。

资料来源：《黔东南州国民经济和社会发展第十四个五年规划和二〇三五年远景目标纲要》

三、培育壮大新兴产业

（一）做强做优电子信息产业

推动数字产业化和产业数字化，大力发展电子信息制造业和软件信息技术服务业，加快数字经济和实体经济深度融合。依托黔东南高新技术产业开发区大数据产业园、黔东经济开发区电子信息产业园等平台，重点培育引进电子元器件、电子材料、集成电路、人工智能、智能终端等大数据企业，重点发展电子信息制造业，形成电子信息产业集群（具体见专栏 3）。到 2025 年，力争大数据电子信息产业实现产值 100 亿元，形成以凯里为中心的新兴电子工业城市。

专栏 3：电子信息产业发展培育工程
重点培育企业：贵州振华华联电子有限公司、贵州瑞讯科技有限公司、贵州大通电子科技有限公司、贵州中昊电子有限公司、黎平卓豪智造实业有限公司、贵州安兴电子科技有限公司、贵州云睿电子科技有限公司、贵州冠坤电子科技有限公司、贵州磊鑫电子科技有限公司、贵州亚博银电子科技有限责任公司。 重点推进项目：凯里经济开发区大数据产业园三期、黔东经济开发区电子产业园、贵州振华华联电子有限公司检测试验能力建设项目、黎平卓豪智造实业有限公司智有家居、智能穿戴设备生产项目、贵州安兴电子科技有限公司液态铝电解电容器生产项目、云睿液态铝电解电容生产线项目（二期）、锦屏 LED 大功率光敏半导体生产项目、贵州冠坤电子有限公司电容器生产项目。

资料来源：《黔东南州国民经济和社会发展第十四个五年规划和二〇三五年远景目标纲要》

（二）培育壮大民族医药产业

依托太子参、头花蓼、白及、何首乌、钩藤等地道中药材优势和民族医药资源，以凯里大健康医药产业园、贵州侗乡大健康医药产业园、施秉台湾大健康产业园等为重点，强化科技创新，延伸产业链条，加快推进中医药产业发展，发展中药材精深加工，加强民族医药研发，开发中医药提取、制剂、饮片、膏方、保健品等产品，推动民族医药产业做大做强，培育发展生物医药，全面提升健康医药产业发展水平，力争将民族医药产业培育成百亿级产业（具体见专栏 4）。

专栏 4：中医药产业发展培育工程
重点培育企业。国药集团贵州血液制品有限公司、贵州飞云岭药业股份有限公司、贵州同源中药发展有限公司、贵州三泓药业股份有限公司、贵州苗仁堂制药有限责任公司、贵州奥特药业有限公司、昌昊金煌（贵州）中药发展有限公司、贵州欣紫鸿药用辅料有限公司、贵州苗珍堂生物科技有限公司、贵州厚德丰华药业有限公司、黎平青江天麻有限责任公司。

重点项目。黔东南高新区民族医药产业园、凯里中成药生产基地、杭州华东医药集团贵州中药发展有限公司中药饮片生产项目、国药集团贵州血液制品有限公司血浆站建设项目、昌昊金煌（贵州）中药有限公司中药基地及产业化建设项目、黔东南高新区银杏种植提取和保健食品生产、凯里市中药化妆品项目、雷山天麻药品及保健品生产。

资料来源：《黔东南州国民经济和社会发展第十四个五年规划和二〇三五年远景目标纲要》

四、优化工业发展环境

（一）探索完善园区体制机制

创新开展合作建园。加强与对口协作城市、单位合作建设“飞地园区”，探索与杭州、佛山共建共管合作园区。积极打破行政区划限制，加强对区域相邻、资源相近、产业互补园区的统筹整合，鼓励相邻县（市）共建园区。探索州内限制开发区与黔东南高新技术产业开发区等合作共建“飞地园区”模式，探索税收分成、土地指标共享、资源优势互补的发展新模式。探索科研及孵化前台在杭州、佛山、澳门等先进发达地区，生产转化后台在黔东南的“双飞地”发展模式。推广“东部企业、市场、总部、研发+黔东南资源、产品、基地、制造”的“4+”合作机制。加快构建优质企业梯度培育体系，加大企业上市扶持力度，推动企业转型升级，打造一批竞争力强、具有自主创新能力的五十亿级、百亿级行业领军企业。

（二）优化工业发展营商环境

以服务企业需求为导向，不断强化服务理念，增强服务意识，提高服务品质，通过优化政务服务体系、提高项目审批效率、完善配套服务机制等措施，营造优质高效的工业发展营商环境。优化政务服务环境。打造园区“放管服”改革示范窗口，对招商引资项目实行“保姆式”代办制，从正式签约到开工建设实行全程跟踪服务。紧扣企业全生命周期“经常性”需求事项，通过“搭平台、创模式、设场景”，重点聚焦融资、纳税、通关、合同、投标、用工、供地等企业运营服务优化，提升企业经常性事项的服务质效。

积极推进园区投资项目审批制度改革，全面梳理州直、县直各职能部门审批权力目录，按照“授权为原则、不授权为例外”的要求，进一步将更多的州直、县直部门权限赋予园区。各园区要依法做好下放权限的承接落实工作，健全工作机制，全面梳理、编制工业园区权力、责任、审批流程“三张清单”，并及时向社会公布。探索推行园区投资项目建立双向承诺机制、容缺审批机制、容错免责机制。

（三）提升园区生产要素保障能力

黔东南州内各园区要聚焦主导优势产业，建立工业发展要素保障服务机制，实现要素保障与产业发展相匹配，推动资金、土地、人才等各类资源要素向重点工业园区、优势产业聚集。

要加大争取国家地方专项债、省级工业和信息化专项资金、省工业发展基金、十大千亿级工业产业培育资金力度，促进园区工业经济发展。建立稳定的工业发展投入机制，进一步扩大工业发展基金规模，充分发挥州级工业产业发展基金和财政工业专项资金的引导、撬动作用，搭建政银企合作平台，努力争取更多资金支持工业经济发展。深化工业用地市场化配置改革，健全长期租赁、先租后让、弹性年期供应、作价出资（入股）等工业用地市场供应体系。在符合国土空间规划和用途管制要求前提下，调整完善产业用地政策，推动不同产业用地类型合理转换。要建立工业发展要素保障服务机制，推动各类资源要素向重点工业园区、重点优势产业集聚。加强成品油、煤炭、天然气、电力、水力等资源储备和调度，建立高效、便捷、实惠的物流体系，降低企业物流成本，提升园区生产要素保障能力。

第二节 发展山地特色新型城镇化，提升城镇的内涵品质

推进以人为核心的新型城镇化，构建以凯里为核心，东部、南部区域中心城市为重点，县城为载体，黔边城市带、特色小城镇和特色小镇为支撑的新型城镇化空间格局，提升城镇的品质和功能，建设一批山水城市、田园小镇、美丽乡村，探索山地特色新型城镇化发展新路。

一、构建新型城镇化空间新格局

（一）提升凯里城市首位度

凯里市要围绕建设“国际旅游城市、国家生态园林城市、国家创新型城市”的目标，重点增强中心城市的经济活力、创新能力与开放包容性，有序推进城市有机更新和优化城市空间结构，加快推进凯里中心城市拓展，全力实施凯里城区西进“扩容”和凯里新城建设，以凯都大道沿线的下司镇铜鼓片区和龙里片区作为凯里新区建设核心范围，合理规划布局凯里新区功能，促进凯里城市发展能级进一步提升，把凯里新区打造成为绿色生态宜居新城，产城旅互动融合发展示范区，有效拓展凯里城市经济增长新空间。通过依托凯里都市圈、凯都一体化发展进一步提升城市能级，形成新老城区“一体两翼”发展格局。

全面推动凯里主城区和新区在产业功能、城市功能、生态功能等方面融为一体，推动两城协调发展，提升凯里城市竞争力和首位度。到 2025 年，力争全市集聚人口达 100 万人以上，生产总值占全州的比重达到 30%，城市经营管理水平明显提升，

基本达到“1234”区域中心城市标准，其中，“1”是区域中心城市国土面积占区域国土面积的10%以上；“2”是区域中心城市人口占区域内总人口的20%以上；“3”是区域中心城市GDP占区域内地区生产总值的30%以上；“4”是区域中心城市服务业占区域内服务业的40%以上。从而促进凯里“主核”首位度大幅提升，增强其辐射带动能力。

（二）推进凯里都市圈发展

加快推动凯里都市圈发展，以凯麻同城化为基础，以丹寨、雷山、台江、剑河、黄平县城为支撑，充分发挥凯里中心城市的集聚与辐射作用，通过中心城市和周边县之间的基础设施和公共服务共建共享、产业专业化分工和区域共同市场建设实现同城化发展，形成以中心城市带动周边地区快速发展的都市圈城镇化模式。到2025年，将凯里都市圈建设成为引领黔东南州新型城镇化发展的新引擎，使其打造成黔中经济区重要增长极，成为支撑带动州域发展的中心平台。

（三）推进黔东片区一体化发展

加快推动黔东片区形成“三穗、镇远、岑巩一体化核心区+施秉、天柱”城镇组群。按照“区域一体、跨域转型、县域协同”的发展理念，大力推进镇远—三穗—岑巩同城化发展，打造东部区域中心城市，辐射带动施秉、天柱等县发展，立足黔东5县的区域优势和资源禀赋，加快推进黔东城镇集群协调和抱团发展。积极推进岑巩—玉屏一体化发展。到2025年，力争打造成为贵州东部传统优势工业产业发展集聚区、商贸冷链物流区域中心、文化旅游示范区。

（四）推进南部黔边城市带发展

加快推进以黎平、榕江、从江、锦屏四县为重点区域的黔边城市带发展，积极发掘区位交通优势，加强跨省域的生态、产业、交通协作，加快推进黎平—榕江黔边城市带核心区建设，加快建设产城一体化互动的南部区域中心，带动从江、锦屏加快发展。依托交通节点和枢纽，支持榕江打造成为区域性支点城市。支持将侗乡大健康示范区打造成为贵广高铁、厦蓉高速进入贵州第一站、第一城、第一区，以及贵州融入粤港澳大湾区的前沿阵地。

二、打造“多极多点”县域城镇经济

（一）培育发展县域特色城市

优化完善各县（市）城市功能，按照“多规合一”的要求完成新一轮城市总体规划修编，充分发挥县城的生产要素聚集和辐射带动作用，培育发展县域特色城市。依托县域区位、功能、产业等比较优势，打造一批定位清晰的县域特色城市。支持雷山定位全域旅游示范县、台江打造苗疆风情特色山水园林旅游城市，升级打造镇远历史文化名城，支持黎平按照长征国家文化公园定位发展，支持三穗乡村振兴示范县、麻江农村产业融合发展示范县定位发展，支持黎平、榕江按照黔边城市带定位发展。充分发挥县城中心城市在吸纳农业转移人口和产业发展中的作用，提升县城中心城市的产业支撑能力和人口集聚能力，打造一批各具特色的骨干城市，增强县城对城镇化发展的支撑作用（具体见专栏 5）。

专栏 5：特色县域经济发展
黎平县。湘黔桂交汇区域特色中心城市，打造山地特色高效农业示范区、绿色轻工业示范区，建成长征国家文化公园。到 2025 年，地区生产总值达到 150 亿元以上，城镇常住人口达到 30 万人以上。 镇远县。国内知名人文休闲度假旅游目的地、长江经济带（㵲阳河）绿色发展先导区、国家生态农业发展示范区、承接中东部产业转移新高地。国家历史文化名城，休闲旅游目的地和新型工业化城市，创建国家全域旅游示范区。到 2025 年，地区生产总值达到 100 亿元以上，城镇常住人口达到 13.5 万人以上。 天柱县。黔东湘西接边中心城市，全国钡化工产业基地，到 2025 年，地区生产总值达到 150 亿元以上，城镇常住人口达到 18 万人以上。 榕江县。贵州省延边城市，国家体育示范先进县，打造面向粤港澳大湾区的人物流集散地。到 2025 年，地区生产总值达到 150 亿元以上，城镇常住人口达到 22 万人以上。 三穗县。建设省级乡村振兴示范县，打造黔东区域中心城区，承接东中部产业梯度转移先导区、黔东商贸物流集聚区。到 2025 年，地区生产总值达到 80 亿元以上，城镇常住人口达到 11 万人以上。 岑巩县。国家级现代农业发展示范区、国家级优质粮油生产基地、贵州东部承接产业转移示范区、区域高质量教育高地，贵州东部大型粮油和应急救灾物资储备中心，打造生态特色食品加工和碳产业基地，到 2025 年地区生产总值达到 100 亿元以上，城镇常住人口达到 8 万人以上。 麻江县。建设成凯麻同城化和凯都一体化的现代山地特色高效农业产业集聚区、特色食品加工产业集聚区、旅游休闲度假产业集聚区和健康养老产业集聚区。到 2025 年，地区生产总值达到 72.73 亿元以上，城镇常住人口达到 5.7 万人以上。 施秉县。中国漂城，贵州东线旅游重要城市，山水特色生态园林城市。到 2025 年，地区生产总值达到 73 亿元以上，城镇常住人口达到 12 万人以上。 雷山县。打造全州旅游重要枢纽、贵州省生态产品价值实现机制示范县、全国苗族文化旅游首选地。到 2025 年，地区生产总值达到 67 亿元以上，城镇常住人口达到 7 万人以上。 台江县。苗疆风情特色山水园林旅游城市。到 2025 年，地区生产总值达到 70 亿元以上，城镇常住人口达到 7 万人以上。

剑河县。宜居宜业绿色滨湖园林旅游城市、中国苗侗文化温泉康养城。到2025年，地区生产总值达到85亿元以上，城镇常住人口达到10万人以上。

黄平县。黔中康养胜地、全国知名的文化体验型旅游目的地、全国高质量发展示范县、产业融合示范县，初步建成民族文化生态旅游县，到2025年，地区生产总值达到100亿元以上，城镇常住人口达到18万人以上。

锦屏县。“杉木之乡，有机锦屏”，国内外木商文化旅游目的地，中国近野生铁皮石斛之乡，全国林下经济产业示范县。到2025年，地区生产总值达到100亿元以上，城镇常住人口达到13万人以上。

从江县。贵广高铁经济带和黔南桂北毗邻地区节点城市，贵州东南部重要旅游目的地。到2025年，地区生产总值达到113亿元以上，城镇常住人口达到16万人以上。

丹寨县。云上宜居山城，产城融合新型小城市。到2025年，地区生产总值达到65亿元以上，城镇常住人口达到9.6万人以上。

资料来源：《黔东南州国民经济和社会发展第十四个五年规划和二〇三五年远景目标纲要》

（二）建设特色小镇和特色小城镇

以特色小镇和特色小城镇建设作为推进新型城镇化发展的重要支撑，依托产业为基础谋划并做强特色小镇产业，积极推进以山水风光、民族风情、地方风物为特色的示范小城镇建设，构建“多极多点”的新型城镇化体系。到2025年，形成一批小而精、小而美、小而富、小而特的特色小镇，成功打造国家级特色小镇3个以上，省级特色小镇10个以上（具体见专栏6）。

专栏6：特色小镇和特色小城镇培育工程

民族文化小镇。台江施洞非遗小镇、丹寨排调锦绣小镇、雷山大塘短裙苗文化风情特色小镇、凯里非遗博物馆聚落小镇、凯里青曼苗艺文创小镇、麻江枫香蜡染特色小镇、黄平重安历史文化苗佯风俗特色小镇、镇远报京北侗民族风情小镇、锦屏茅坪千家木商古镇、黄平谷陇银饰小镇、麻江县后坝民族民俗文化商贸小镇等。

文化旅游小镇。雷山西江千户苗寨文化旅游特色小镇、丹寨万达小镇、剑河柳川湖滨旅游小镇、雷山郎德历史文化旅游产业特色小镇、锦屏隆里古城文旅小镇、施秉龙文化小镇、施秉水车小镇、从江岜沙苗文化小镇、黎平肇兴侗文化小镇等。

特色美食小镇。榕江牛瘪小镇、凯里碧波酸汤小镇、天柱远口豆品小镇等。

工业小镇。锦屏敦寨羽毛球小镇、凯里炉山工业小镇、镇远青溪工业小镇、西湖-镇远电子产业小镇、雷山旅游产品加工特色小镇、麻江龙山蓝莓加工小镇、岑巩碳产业小镇、台江革一工业小镇、天柱工贸特色小镇等。

农业小镇。施秉牛大场医药小镇、三穗台烈农业小镇、麻江宣威蓝莓小镇、丹寨卡拉乌笼小镇、丹寨兴仁药材小镇、锦屏大同石斛小镇、台江老屯农耕小镇等。

康养小镇。麻江药谷江村医药养生小镇、黄平浪洞“温泉蘑菇”特色小镇、施秉㵲阳湖乐百年康旅小镇、剑河仰阿莎温泉小镇、雷山陶尧温泉康养特色小镇、镇远柏秧坪温泉康养小镇等。

体育小镇。凯里下司体育康养小镇、黄平旧州镇航空飞行小镇、榕江乐里斗牛特色小镇、镇远高过河森林康养山地体育运动小镇等。

城郊休闲小镇。丹寨石桥古法造纸小镇、麻江宣威蓝莓小镇、麻江高枧状元研学小镇、凯里舟溪嘎醉河风情小镇、剑河华润小镇、凯里龙井寨瓦乐活小镇、镇远铺田玫瑰小镇等。

资料来源:《黔东南州国民经济和社会发展第十四个五年规划和二〇三五年远景目标纲要》

（三）构建统筹协调的城乡融合发展模式

首先，以基础设施一体化和基本公共服务均等化为抓手，统筹城乡规划建设，建立健全促进城乡融合发展的体制机制，推动人才、资本等要素在城乡之间双向流动和平等交换；建立健全均等可及的基本公共服务体系，加快补齐基本服务公共短板，推进城乡服务内容、服务标准统一衔接，提升农村地区基本公共服务质量。推动形成工农互促、城乡互补、全面融合、共同繁荣的新型城乡发展格局。

其次，要着力抓好全国传统村落示范州建设，推进传统村落集中连片保护利用示范建设，按照乡村振兴战略目标，坚持以保护优先、传承利用为原则，突出乡村整体、综合性发展，整合农村人居环境整治、美丽乡村建设等各种资源，发展旅游、休闲、康养等产业，推动实现区域乡村面貌全面改善，实现城乡融合可持续发展。

三、提升城镇的品质和功能

（一）完善城镇功能，提升品质品位

按照城市景区化、建筑特色化、道路景观化、管理智慧化要求建设宜居宜业宜游城市。着力提升城市文化品质。积极开展国家文明城市、国家卫生城市等创建，促进城市功能、环境、内涵提升。强化历史文化名城、名镇、街区、建筑的保护利用，建设一批有文化特色的文化馆、博物馆、民族团结广场、街区。重点打造以苗族文化为特色的凯里都市圈城市风貌品牌、以历史文化和徽派建筑为特色的黔东片区城市风貌品牌，以侗族文化为特色的南部片区城市风貌品牌，塑造城市风貌，展示城市“魅力形象”。推进城市生态修复，提升城镇绿色品质。建设一批环城林带、街头绿地、城市公园、城市湿地、打造山水城市、园林城市，创建一批“美丽城市”和“城市体检”建设试点。

加快完善城市功能。实施城镇路网优化提升、城镇供水安全保障、城镇供电供气、城镇住房保障、城镇污水垃圾处理、城镇基本公共服务保障、城镇智慧化水平

提升、城镇生态环境提升、城镇地下空间开发利用、城镇安全保障十大工程，加快城市更新。提升基础设施品质。实施“断头路”畅通工程和“瓶颈路”拓宽工程，统筹合理布局电力、燃气、通信、广电、给排水等地下管网，强化规划执行，严防随意开挖形成“拉链马路”。完善城乡生活垃圾收运处置设施和体系。加强城镇老旧小区和社区改造。抓好海绵城市、韧性城市建设。提升公共服务品质。抓好学校、医院、养老院、停车场、公园等设施建设，推进基本公共服务常住人口全覆盖。创新社区管理，抓好物业规范化管理服务。有效增加保障性住房供给，促进房地产市场平衡健康发展。提升城市治理品质。加强城市常态化综合管理，建立网格化管理机制。整治城镇“两违”。运用大数据广泛开展“智慧城市”“智慧社区”建设。

（二）优化城镇化发展要素

推进城乡要素合理配置。加大农业转移人口市民化奖补资金支持力度，加大新增城镇建设用地计划指标与吸纳农业转移人口数量挂钩，城镇建设用地指标向农业转移人口较多县（市）倾斜。加快推进基本养老保险和基本医疗保险参保人跨制度、跨区域转移接续，加快完善医保异地即时结算制度。建立城镇人才、科技、资本下乡激励机制，稳步推进农村“三变”改革，探索允许农村集体经营性建设用地入市制度。在凯里等地探索建立迁出农村人口原有宅基地复垦复绿补助与城乡建设增减挂钩相结合的机制。加快推进农村产权制度改革，维护进城落户农民土地承包权、宅基地使用权、集体收益分配权。支持在凯里、三穗等条件好的县（市）开展“标准地”和混合用地改革试点。

实现城镇化融资多元化。鼓励各类商业银行创新金融产品优先支持城镇化项目融资。充分利用国开行、农发行等政策性银行机构融资利率低、额度大和期限长的特点，争取更多的金融资源向城镇化项目倾斜，重点支持城镇基础设施、特色小城镇、燃气管网、地下综合管廊等项目建设。探索多种融资工具，鼓励通过发行地方政府债券、企业债券、PPP、REITS（不动产信托投资基金）等方式运作，拓宽融资渠道，扩大融资规模，为黔东南州新型城镇化项目建设提供资金保障。

四、实施以人为核心的新型城镇化

（一）促进农村转移人口落户城镇

实行城镇落户零门槛政策，加快推动城镇稳定就业和生活的农业转移人口、租赁房屋的常住人口、居住证持有人在城镇应落尽落。全面实施黔东南州农村户籍大中专院校学生“来去自由”的户口迁移政策。健全以居住证为主要依据的农业转移人口公共服务同等待遇政策，扩大公租房覆盖常住人口范围。加强流动人口管理和服务，建立流动人口资源数据库，与省流动人口资源数据库接轨，保障流入人口的公共服务有效接驳，吸纳流入人口落户本州。

（二）推动易地移民搬迁人口融入城镇

按照“人户一致、应迁尽迁”的要求，完善易地扶贫搬迁人口进城落户程序，持续强化易地扶贫搬迁基本公共服务、培训和就业服务、文化服务、社区治理和基层党建等“五个体系”后续扶持，促进搬迁群众增强自我发展能力，尽快融入安置地生产生活。加快推动生态功能区人口有序向城镇转移，积极引导受地质灾害影响的农户搬迁安置，探索以城乡建设用地增减挂钩强力推进地质灾害避险搬迁。

（三）积极引导农村转移人口就近就地创业

加快创业园区和创业孵化基地建设，实施农民工职业技能培训、就业、创业提升计划，确保有需求的家庭享有职业技能培训补贴的创业小额担保贷款贴息，促进大众创业、万众创新，实现农业转移人口就近就地创业就业。

第三节 实施乡村振兴战略，推进农业农村现代化发展

坚持农业农村优先发展，深入实施乡村振兴战略，全面巩固脱贫攻坚成果，深入推进农村产业革命，切实深化农业结构调整，优化农业产业布局，持续推动优势特色农业产业规模效益提升，保障粮食安全，推动农村产业融合，全力打造现代山地特色高效农业产业体系，强化以工补农、以城带乡，加快推进农业农村现代化。

一、推进山地特色农业高效化规模化发展

（一）构建“四带百园多点”农业产业发展格局

按照因地制宜、分类施策的原则，聚焦“一县一业”“多县一带”培育壮大主导产业，重点推动油茶、茶、食用菌、中药材、精品水果、蔬菜、烤烟、牛羊、猪、生态家禽、生态渔业等特色优势产业跨行政区域聚集，推动形成一批现代山地特色农业生态化高效化规模化产业集群。到2025年，建设一批富有特色、规模适中、带动力强的农业产业集聚区，农业产业发展布局基本成型，形成“四带百园多点”的农业产业发展新格局（具体见专栏7）。

专栏7：县域特色产业发展计划
现代高效农业百园培育工程。加快推进凯里云谷田园、施秉博士后智谷有机农业、从江现代生态农业、岑巩杂稻制种、天柱油茶、剑河钩藤、黎平生态茶叶、榕江现代蔬菜、麻江蓝莓、丹寨绿海蓝星、黄平旧州、三穗颇洞等现代高效农业园区建设，到2025年，力争建成省、州级现代高效农业示范园区100个左右，培育国家级农业产业园1个以上。

“一县一业”“多县一带”发展计划。大力发展酸系原料、中药材等特色优势产业，做优做强茶叶、精品水果、食用菌、生态禽、香猪、优质肉牛、优质稻制种、稻鱼、冷水鱼等区域特色明显的产业。支持凯里、榕江商品蔬菜，小香鸡，麻江、丹寨蓝莓，雷山茶叶和天麻，黎平油茶和茶叶，黄平肉牛，镇远花卉，施秉中药材，三穗鸭，岑巩杂稻制种，天柱土鸡，锦屏鹅、铁皮石斛，从江香猪、百香果，剑河、台江食用菌发展。

建设“一村一品”示范村镇。依托资源优势，选择主导产业，建设一批“小而精、特而美”的“一村一品”示范村镇，形成一（村）镇带数村、多村连成片的发展格局。到 2025 年，培育一批产值超 100 万的特色产业村。

资料来源：《黔东南州国民经济和社会发展第十四个五年规划和二〇三五年远景目标纲要》

（二）高效培育优质种植业

将坝区打造成推进农业现代化的重要窗口，对照样板坝区、达标坝区创建指标，完善设施、积聚要素、融合产业，为发展现代农业、设施农业、高效农业打牢基础。进一步完善坝区产业发展组织方式，推动坝区土地集中流转，培育和引进优强农业市场主体。因地制宜推广“一年多季”“一田多收”的生产方式，打造“样板田、科技田、效益田”（具体见专栏 8）。到 2025 年，全州种植业产值达到 300 亿元。

专栏 8：种植业发展布局

蔬菜。规划以低海拔河谷流域富热资源为依托，建设榕江、从江、黎平、锦屏、天柱、黄平、镇远、岑巩等为主的“冬春蔬菜种植区”。以交通区位优势为基础，建设凯里、麻江、黄平、台江等为主的“保供蔬菜种植区”。以较高海拔区温凉气候和坝区耕地资源为依托，建设麻江—丹寨—雷山、黎平—锦屏—天柱、三穗—黄平等为主的“夏秋蔬菜种植区”。到 2025 年，蔬菜种植面积达 250 万亩，总产量达 400 万吨。

食用菌。规划形成“三大食用菌产业区”，布局清水江流域的剑河、台江、锦屏、天柱、三穗、凯里、雷山、麻江等县（市）食用菌产业区，都柳江流域的榕江、从江、黎平、丹寨等县食用菌产业区。㵲阳河流域的黄平、施秉、镇远、岑巩等食用菌产业区。推进食用菌一体化生产管理、鲜贮包装、产品加工、冷链物流、农资配送、市场开发、品牌运营的食用菌全产业链，到 2025 年，全州食用菌种植面积达 8 万亩以上，鲜品产量达 30 万吨。

精品水果。规划形成“两区五带”的产业发展格局。“两区”指以麻江、丹寨、黄平、凯里等县（市）为重点的蓝莓产业化种植区和榕江、从江等县为重点的百香果产业化种植区。“五带”指以㵲阳河流域（黄平、施秉、镇远、岑巩）历史文化与山水风光自驾游线路、都柳江流域（榕江、从江）农业观光通道、清水江流域（麻江、凯里、台江、剑河、锦屏、天柱）木商文化体验带、苗疆西施百里生态观光走廊、黎从榕侗乡文化度假区为重点的时令水果观光带。到 2025 年，全州精品水果种植面积达 140 万亩，投产面积达 100 万亩，总产量达 100 万吨。

中药材。布局以施秉、黄平为中心的太子参产业区、以岑巩为中心的黄精产业区和以榕江为中心的草珊瑚产业区。布局以雷山—镇远—黎平为中心的天麻产业区、以剑河—锦屏—黎平为中心的钩藤产业区、以锦屏—从江—黎平为中心的现代化仿野生石斛产业区和以从江—锦屏为中心的箭叶淫羊藿产业区。支持榕江打造优质草珊瑚基地，支持黎平打造中国侗药谷、从江打造瑶药基地。到 2025 年，中药材种植面积达 120 万亩，总产量达万 45 吨。

茶叶。规划形成“两大特色产业区”的发展格局。布局以雷山县为核心区域，以雷公山茶系列品牌建设为重点，打造苗乡优质茶产业带。以黎平县为核心区域，以黎平茶系列品牌建设为重点，打造侗乡优质茶产业带。到 2025 年，茶叶种植面积达 100 万亩，茶叶投产面积达 65 万亩，总产量达 3.5 万吨。

辣椒。以凯里、丹寨、雷山、施秉、天柱、岑巩、镇远等县（市）为重点，加快发展辣椒产业。推进集约化育苗，利用闲置大棚、改造原有大棚或新建育苗大棚等建立集约育苗点 50 个以上。全州建成规模化、标准化基地 10 万亩以上，力争创办省级示范点 10 个、州级示范点 20 个，县（市）创办集中连片 300 亩以上示范基地 50 个。到 2025 年，辣椒种植面积达 40 万亩，总产量达 60 万吨。

花卉。规划形成以锦屏—黎平—从江—榕江—雷山—剑河—台江为核心的药食同源花卉产业区。以岑巩—三穗—天柱为核心的花卉苗木产业区和以镇远—施秉—黄平—凯里—麻江—丹寨为核心的花卉观光产业区。以镇远、三穗等县为重点，打造 30 个以上集花卉种子（种苗、种球）繁育基地、高档花卉生产基地、花园中心、科普培训中心和休闲观光等于一体的农业花卉示范园区，推进建设 5 个以上花卉产业风情小镇、花卉主题公园。推进“花卉+旅游+休闲农业+美丽乡村+健康养生”等业态发展。到 2025 年花卉种植面积达 15 万亩。

烤烟。以岑巩、镇远、施秉、黄平等县为重点，优化烟地布局、稳定烟草种植规模，打造区域优势烟叶经济，支持施秉等县现代烟草示范园区建设。到 2025 年，烟叶种植面积达 25 万亩，生产规模达 28 万担。

资料来源：《黔东南州国民经济和社会发展第十四个五年规划和二〇三五年远景目标纲要》

（三）发展规模化优质养殖业

大力推进生猪、牛、羊、生态家禽（小香鸡、鸭、鹅）、生态渔业（“稻+”养殖模式、湖库生态渔业等）、蜜蜂等养殖业发展，建设一批高标准的养殖基地。到 2025 年，全州特色养殖业基本实现规模化产业化，养殖业总产值达到 134 亿元以上。

二、发展壮大林下经济

（一）优化林业产业布局

围绕创建国家级林下经济试验示范区，发展壮大现代林业经济，聚焦林下产业高质量发展，全面优化林下经济供给结构、产业链条，协同推进生态保护和绿色富民，促进“产业生态化、生态产业化”。要优化林业产业布局，围绕菌材林、蜜源林、国储林发展需求，开展林种结构调整，加快推进用材林更新改造经济林，重点种植油茶等高效树种，推进林业特色产业发展。围绕“两茶”、林菌、林药、林蜂开展大规模林种结构调整，推进油茶、菌材林等林种面积扩大。到 2025 年，完成林种结构调整 500 万亩。

（二）打造林下经济工程

以创建国家级林下经济试验示范区为目标，将大力发展林下经济作为林业经济高质量发展主攻方向，以推进林下产业规模化、标准化、品牌化发展为重要抓手，加快实施林下经济“五大”工程（具体见专栏 9）。到 2025 年，实现林下经济种植养殖利用森林面积达 150 万亩，年产值达 20 亿元以上。

专栏 9：林下经济五大工程
林药发展工程。重点在剑河、黎平、从江、榕江、丹寨、岑巩、黄平、镇远、锦屏等县布局发展钩藤、石斛、天麻、黄精、草珊瑚等，争取打造建成药食同源试点。到 2025 年，林下中药材种植达 100 万亩，总产值达 18 亿元。 林菌发展工程。重点在剑河、三穗、凯里、雷山、台江、岑巩等县（市）布局以香菇、木耳、茶树菇、猴头菇等为主的林菌产业规模化发展。加快开展仿野生栽培试验，探索创建黔东南特色的乡土生态食用菌品牌。到 2025 年，林下菌（食用菌）达到 5 万亩，总产值达 1 亿元。 林禽发展工程。重点在天柱、黄平、榕江、从江、凯里、锦屏等县（市）布局林下养鸡、养鹅产业。坚持全程使用生态饲料开展林禽养殖，打造黔东南州林禽养殖生态产业大品牌，提高林禽产品市场竞争力。到 2025 年，林下鸡年出栏 1 500 万羽，总产值达 11 亿元。 林蜂发展工程。重点在黄平、施秉、麻江、台江、雷山、黎平布局林蜂产业。主要以蓝莓、油茶、桂花等乡土特色木本植物为依托，拓宽蜜源植物种类和种植范围，推出不同品种、不同时令的特色林蜂产品，到 2025 年，林下养蜂 30 万箱，总产值达 2 亿元。 林果发展工程。重点在麻江、丹寨、黄平、凯里发展蓝莓，在榕江、从江、黎平、天柱、锦屏等县为重点的百香果产业化种植区。改造和建设柑桔、葡萄、猕猴桃等生态精品水果产业基地 50 万亩。

资料来源：《黔东南州国民经济和社会发展第十四个五年规划和二〇三五年远景目标纲要》

三、创新农业发展模式

（一）建设高效产业融合农业园区

充分挖掘地域特色、农业产业基础和区位优势，培育农业农村新产业新业态。

围绕农业内部融合、产业链延伸、功能拓展、多业态复合等类型，加快推进农村一二三产业融合，提升改造传统农业，推动各类要素向农业渗透，提高农业“接二连三”效益，培育农业终端型、体验型、循环型、智慧型“四型”新业态和新产业。到 2025 年，力争创建国家农村产业融合发展示范园区 5 个左右。

（二）培育“苗侗山珍”农产品品牌

走品牌强农之路，以绿色、有机、地理标志等优特农产品为重点，创建黔东南小香鸡、茶叶、优质米、蓝莓、红酸汤、侗乡油茶、中药材、香猪、食用菌、天麻、太子参、铁皮石斛、三穗鸭、思州柚等地方品牌，集中打造“苗侗山珍”区域公用品牌系列高端产品，树立黔东南州优秀农产品“金名片”。到 2025 年，打造“苗侗山珍”区域性公共农产品品牌达到 16 个，优质农产品品牌 50 个（具体见专栏 10）。

专栏 10：“苗侗山珍”品牌
生态渔业品牌。建设“清水江有机鱼”“黔东南稻花鱼”“苗岭山泉冷水鱼”等品牌，做大做强“凯里酸汤鱼”产业。 生态家禽品牌。打造三穗鸭、黔东南小香鸡、从江香猪等区域性公共品牌和国家地理标志保护与证明商标，培育“千里山”“粤黔”“翼宇”“山农”等企业品牌和商标 28 个。 茶品牌。打造“雷公山茶（绿茶）”“黎平茶（红茶）”黔东南品牌，做大做强“雷公山银球茶”“黎平茶”“丹寨锌硒茶”等著名茶品牌。 粮油品牌。推广优质高产水稻品种，利用稻鱼鸭绿色生产技术模式发展优质稻米生产，打造全州优质米品牌。巩固提升锡利贡米、九潮红米、“九芗”牌从江香禾糯、“玉馥冠”麻江锌硒米、思州水晶米等优质品牌。发展以丹寨硒锌米、从江九芗香禾糯、锡利贡米、地方红米为代表的地方特色优质稻。发展以侗乡油茶等为代表的粮油品牌建设。 果蔬品牌。巩固提升蓝莓优质农产品品牌，着力创建百香果、思州柚、金秋梨等优质农产品品牌。

资料来源：《黔东南州国民经济和社会发展第十四个五年规划和二〇三五年远景目标纲要》

（三）提升农业现代化服务水平

聚集现代生产要素，提升农业现代化服务水平，以推进良种繁育、农业机械化、科技创新支撑、动植物防疫和保护、产销对接等为重点，加快形成以农户家庭经营为基础、合作社与龙头企业为纽带、社会化服务为支撑的立体式复合型现代农业经营体系，切实加强农业现代化发展的基础支撑能力。创新农业组织形式，大力推广“龙头企业+合作社+农户”“现代龙头企业+家庭农场”等模式。提升州内农产品营销公共服务平台建设，构建特色农产品营销体系，推动“黔货出山·风行天下”。

四、聚焦乡村振兴，激发乡村发展新动能

（一）打造生态宜居美丽乡村

实施生态宜居（地质灾害避险）移民工程、农村人居环境整治整县推进工程，开展村庄清洁和绿化行动。因地制宜推进农村“厕所革命”、生活垃圾处理和污水处理，改善村容村貌，推进乡村绿色发展。建立农村发展合理用地需求和农村村民合理建房需求机制，严格农房建设管理。分类推进传统村落、少数民族特色村寨保护发展，保持乡土风貌，确保农村住房经济、节能、美观、安全、实用。

（二）推动乡村文化振兴

加强农村思想道德和精神文明建设，推动基本公共文化服务向乡村延伸。持续加强农村文化建设，做好文物古迹、传统村落、少数民族特色村寨和传统建筑保护。实施农耕文化传承保护工程，加大农业文化遗产宣传力度，推进基层综合性文化服务中心建设，2025 年实现全覆盖。开展民族团结进步示范、少数民族特色村寨保护与发展、乡村传统工艺振兴、新时代农民讲习所、文明村镇创建等一系列的文化振兴工程。深入推动农村移风易俗，引导群众革除陈规陋习。

（三）推动乡村组织振兴

创新农村管理体制机制，建立健全党组织领导的自治、法治、德治相结合的现代乡村社会治理体系。推进党支部标准化、规范化建设，加快农村社区综合服务站建设，实现行政村全覆盖。坚持完善州县乡村书记一起抓巩固脱贫攻坚成果的领导机制，持续压实压紧责任，继续选派驻村第一书记，优化农村基层干部队伍结构，增强农村基层党组织巩固脱贫攻坚成果推进乡村振兴的能力。加强农村党组织带头人队伍建设，开展农村带头人整体优化提升行动。开展农村社会治安防控体系建设，实现农村公共区域视频监控系统全覆盖。开展基层先进党组织创建，力争到 2025 年示范创建率达到 50%以上。

（四）推动乡村人才振兴

加大乡村岗位开发力度，培育打造各类人才队伍，鼓励支持吸引人才向乡村基层一线流动。全面建立职业农民制度，开展职业农民培训、乡村干部集中轮训、乡土人才培育等计划，每年至少培训 5 000 名新型职业农民，对基层干部轮训不少于 2 轮，培育一批“土专家”“田秀才”、产业发展带头人和农村电商人才，提高农民科技文化素质。开展万名专家服务“三农”行动。实施“三区”人才支持、高校毕业生“三支一扶”、大学生志愿服务西部计划。

（五）加快推进农村改革

围绕人、地、钱、农业经营主体和村集体经济等各要素，深入推进农业供给侧结构性改革和农村“三变”改革，以发展集体经济、促进农民增收、强化基层治理为根本目的，推动城乡要素流动，促进适度规模经营，激发农村发展动能。以现有规模较大的中心村和一般村庄为重点，完善农村集体产权制度改革，发展新型农村集体经济。

总之，通过实施乡村建设行动，不断推动农村基础设施提档升级，强化农村文化建设、完善乡村治理体系，健全城乡融合发展体制机制，激发农村发展新动能。到 2025 年，乡村振兴战略扎实推进，取得重要进展，制度框架和政策体系基本形成。

第四节　实施全域旅游战略，推动旅游产业转型升级

以国内外知名民族文化旅游目的地为战略定位，充分发挥“两个宝贝”优势，持续提升“民族原生态 · 锦绣黔东南”旅游品牌影响力，优化旅游空间布局，打造全国乡村旅游样板地，着力推进旅游设施、产品、品牌、配套服务“四个体系”建设，全力推动旅游要素集成、产业融合和业态创新，创建国家全域旅游示范区（见专栏 11），促进旅游强州战略目标的实现。

一、优化旅游空间布局，高质量建设全域旅游体系

（一）增强凯里旅游中心的功能

进一步完善凯里城市旅游功能布局，突出凯里全域旅游贵州东南部区域集散中心功能定位，着力巩固提升下司古镇、云谷田园 2 个 4A 级景区和苗侗风情园、民族文化园、南花苗寨、碧波花诗园、乡村振兴产业示范博览园、桃李荷田 · 生态洛棉、千年岩寨 7 个 3A 级景区。加快完善凯里景区交通、餐饮、住宿、购物等基础和配套设施，打造一批特色鲜明的国家级旅游休闲集聚区和街区，改造提升一批步行街、商业综合体和夜间文旅消费集聚区，创建文化旅游消费试点（示范）城市。提升旅游品牌质量和接待能力，持续完善和提升旅游公共服务水平，进一步丰富旅游商品和旅游城市功能。重点推进以下司古镇为依托的黔东南州大旅游集散中心建设，提升凯里对全州旅游的统筹、辐射和集散功能，把凯里打造成区域旅游综合服务区、休闲度假城市和区域旅游集散中心、旅游产品展示和交易中心，打造成为贵州东南部文化旅游区域集散中心和国际旅游城市。

（二）加快“三山三江”旅游区建设

1. 促进“三山”旅游区提质增效

提升发展环雷公山旅游区，进一步整合雷山、台江、剑河等县丰厚的民族文化旅游资源，充分发挥雷公山国家级自然保护区和国家级森林公园、仰阿莎国家森林公园、台江国家森林公园、苗岭国家地质公园、台江翁你河国家湿地公园的自然生态优势，提升郎德苗寨、万达小镇 2 个 4A 级景区和大塘、石桥 2 个 3A 级景区，高质量建设西江千户苗寨 5A 级景区和雷山国家全域旅游示范县，打造以苗族文化、自然风光为代表的休闲度假、乡村旅游、森林康养旅游区。

大力发展月亮山旅游区，进一步整合从江、榕江、黎平等县丰厚的侗族文化旅游资源，充分利用榕江苗山侗水和黎平侗乡国家级风景名胜区、从江加榜梯田国家湿地公园自然资源优势，着力提升肇兴、翘街、岜沙 3 个 4A 级景区和八舟河、黄岗侗寨、大利侗寨、小丹江等 12 个 3A 级景区，打造侗族文化、自然风光融合发展的旅游区。

大力发展云台山旅游区，充分利用施秉云台山世界自然遗产地品牌效应，联动镇远古城 5A 级景区和㵲阳河国家级风景区，进一步提升施秉云台山、杉木河 2 个 4A 级景区和施秉都市森林康养基地、高碑田园旅游 2 个 3A 级景区品质，创建云台山 5A 级景区，着力打造中国喀斯特旅游新标杆。

2. 整合提升“三江”旅游区

整合提升清水江流域麻江、凯里、台江、剑河、锦屏、天柱等县（市）文化旅游资源，充分发挥仰阿莎国家森林公园、台江国家森林公园、苗岭国家地质公园、台江翁你河国家湿地公园的自然生态优势，提升麻江蓝莓生态旅游区、下司古镇、云谷田园、剑河温泉、隆里古城 5 个 4A 级景区和夏同龢状元府、施洞、红阳万亩草场、三门塘等 16 个 3A 级景区，挖掘清水江沿线木商文化、家祠文化、民族文化的潜力，打造滨江、临水休闲度假示范带。

整合提升都柳江流域榕江、从江等县民族文化旅游资源，充分发挥榕江苗山侗水国家级风景名胜区、从江加榜梯田国家湿地公园自然生态优势，提升从江岜沙 4A 级景区和七星侗寨、大利侗寨、小丹江、七十二寨斗牛城、高华瑶浴谷、四联侗寨 6 个 3A 级景区，打造大健康和文化旅游深度融合示范带。

提升发展㵲阳河旅游区，整合提升黄平、施秉、镇远、岑巩、三穗等县文化旅游资源，充分发挥㵲阳河国家级风景名胜区、㵲阳河国家森林公园自然生态优势，进一步提升镇远古城 5A 级景区、旧州古城、云台山、杉木河、下㵲阳河 4 个 4A 级景区和野洞河、施秉都市森林康养基地、青龙洞、高过河、颇洞等 10 个 3A 级景区品质，打造“游名山、逛名城、观名水”区域旅游品牌，打造国内外知名的古城古镇、自然山水融合发展示范带。

专栏 11：旅游发展定位：创建国家全域旅游示范区
全域旅游示范区。以国家全域旅游示范区创建单位为重点，按照产业集聚、要素集约、产城融合、功能集成、社会共建共享要求，推动旅游业由“景区旅游”向“全域旅游”发展模式转变，推进以旅游业为优势产业的发展模式创新，成功创建国家全域旅游示范区。 国家中医药健康旅游示范区。依托资源禀赋，聚焦民族医药、中医药健康旅游、健康养生养老、健康运动、健康食品等重点领域构建大健康产业体系，加强大健康产业发展平台建设，强化制度供给，到 2025 年，大健康产业成为支柱产业，打响健康黔东南靓丽品牌，高标准创建国家中医药健康旅游示范区。 国内一流康养旅游圣地。依托黔东南州丰富的康养旅游资源、秀美的自然山水、厚重的民族文化底蕴，构建以康养旅游产业为纽带的关联型生态经济体系，促进生态优势转化为经济优势、发展优势，打造国内一流康养旅游圣地。推进施秉县云台山康体养生旅游度假区建设。 全国乡村旅游样板地。充分发挥黔东南州传统村落和少数民族特色村寨均居全国各市州之首的资源优势，依托丰富的民族文化、自然田园风光等资源，大力发展休闲度假、旅游观光、农耕体验等旅游业态，推动打造一批乡村类旅游 A 级景区，打造全国乡村旅游样板地。

资料来源：《黔东南州国民经济和社会发展第十四个五年规划和二〇三五年远景目标纲要》

（三）打造精品旅游景区旅游线路

重点打造南部原生态侗族文化精品旅游景区、㵲阳河自然风光和历史文化精品旅游景区、环雷公山原生态苗族文化精品旅游景区，推进镇远和西江 5A 级景区提升工程，云台山 5A 级景区创建工程，榕江、台江、岑巩、三穗、天柱 5 县 4A 级景区创建全覆盖工程，以及 3A 级景区提质增效工程。推进“景区+传统村落”“景区+特色城镇”等“景区+”工程，实施旅游产业集聚区发展工程，实现景区与周边地区的联动发展，提升景区辐射带动能力。

打造一批特色主题旅游。依托丰富的温泉资源，打造岑巩、剑河、雷山、凯里、黄平、镇远等县（市）温泉项目开发建设，形成百里温泉带，大力发展温泉康养主题旅游。依托国家级风景名胜区、世界自然遗产地等景区景点打造休闲观光主题旅游。依托绚丽多姿的乡村民族文化打造乡村度假主题旅游。依托红色文化资源，以建设长征国家文化公园黎平会议会址核心展示园为抓手，发展红色主题旅游。依托苗年、侗年、姊妹节等民俗节庆资源，大力发展民俗节庆游。充分利用非物质文化遗产发展非遗研学主题旅游。大力发展自驾旅游。

打造旅游精品路线。着力打造苗乡侗寨旅游精品路线，重点打造环雷公山百里苗族文化、都柳江百里侗族文化、㵲阳河百里山水历史文化、清水江百里田园文化、月亮山百里梯田农耕文化，充分挖掘黔东南州民族文化、历史文化、红色文化、生态文化等资源优势，打造一批红色之旅、康养之旅、人文之旅、生态之旅、神秘之旅等精品旅游路线（见专栏 12）。高质量发展跨省精品旅游线路，向北加强与铜仁、湘西等地合作，联合梵净山、张家界等景区打造跨省跨市（州）无障碍精品旅游线路。向南继续深入开展与桂林、广州等地合作，借助桂林国际旅游城市资源推动形成国际旅游精品线路。向西加强与重庆、成都、昆明等地合作，打造跨区域自驾游精品线路。

专栏 12：黔东南旅游精品线路
魅力黔东南钻石线路。凯里—西江千户苗寨—云台山—镇远古城—肇兴侗寨—岜沙苗寨—加榜梯田 乡村旅游深度游线路。从江站—肇兴侗寨—黄岗侗寨—岜沙苗寨—加榜梯田—高华瑶族村落—小黄侗寨—三宝侗寨—月亮山梯田—万达小镇—麻江蓝莓生态园—云谷田园—西江千户苗寨—剑河温泉城—舞洞生态园—铁溪景区—镇远古城 城市休闲—阳光郊野生态观光精品旅游线路。云谷田园—民族风情园—下司古镇—麻江蓝莓生态园—石桥古法造纸—万达小镇—旧州古城—施秉高碑望城—镇远古城—镇远高过河 山水风光—历史文化精品旅游线路。凯里—旧州古镇—飞云崖古驿站—杉木河漂流—云台山—㵲阳河—镇远古镇—黔东南大峡谷—马家寨景区—三门塘—舞洞生态园—剑河温泉城 黔东南州康养旅游精品线路。凯里市—下司古镇—西江千户苗寨—剑河温泉城—镇远古城—隆里古城—肇兴侗寨—侗族大歌体验—岜沙苗寨—榕江萨玛节—万达小镇—凯里云谷汤泉 黔东南民俗节庆赶集游推广线路。 苗年线路：凯里高铁南站—雷山（苗年）—西江千户苗寨—台江姊妹节—剑河温泉城—万达小镇—凯里高铁南站 侗年线路：从江站—肇兴侗寨—黎平（侗年）—从江小黄侗寨—榕江（侗年）—榕江站 侗族大歌—百里侗寨画廊精品旅游线路：从江站—榕江三宝侗寨—榕江大利侗寨—肇兴侗寨—堂安侗寨—四寨—黄岗侗寨—小黄侗寨—岜沙苗寨—加榜梯田—地扪侗寨—黎平会议会址—隆里古城—黎平机场或从江站 红色旅游精品线路。 1. 北线：红色文化+康养旅游为主题。黔东南州民族博物馆—中共凯里小组活动遗址—下司古镇张先培纪念馆—黄平旧州革命遗址群—施秉黑冲战斗遗址—施秉云台山—镇远和平村—周达文故居 2. 中线：红色文化+苗族文化+自然生态为主题。黔东南州民族博物馆—麻江历史文

化陈列馆—中共凯里小组活动遗址—凯里党史陈列馆—下司古镇张先培纪念馆—西江千户苗寨—台江施洞中央红军军委纵队驻地旧址—施洞红军渡口—三穗杨至成将军纪念馆—天柱高酿抗日阵亡将士纪念碑

3. 南线：红色文化+侗族文化+自然生态为主题。隆里古城—龙大道故居—红七军军部旧址—红七军历史陈列馆—黎平会议会址纪念馆—毛主席住址—红军街（翘街）—八舟河红军桥—肇兴侗寨—岜沙苗寨—加榜梯田

非遗研学精品旅游线路：

黔东南州博物馆初识黔东南非遗—下司古镇—万达小镇—西江千户苗寨—施洞非遗小镇—剑河温泉城—镇远古城—肇兴侗寨—黄岗侗寨—从江

资料来源：《黔东南州国民经济和社会发展第十四个五年规划和二〇三五年远景目标纲要》

二、推进黔东南旅游产业提档升级

（一）完善旅游设施支撑体系

提升旅游基础设施建设。加快实现4A级以上景区二级以上公路全覆盖。围绕重点景区景点，加快建设一批旅游公路，重点打通景区连接高速公路的断头路、主要景区之间的连接线。加快构建以凯里为中心、极核引领、片区联动、全方位延伸和扩展的旅游公路运输网络体系。加快实施一批旅游厕所、停车场、旅游引导标识体系等基础设施项目，推动环保、卫生、急救、体育、安全、消防等各类旅游配套设施建设。

完善旅游公共服务设施。打造四级文化旅游集散体系，构筑黔东南州文化旅游集散格局，围绕重要交通集散枢纽、主要旅游通道关键节点，合理规划设立游客集散中心、分中心和信息咨询中心，加强游客中转站、服务中心、标牌标识等建设，重点建设完善旅游交通标识、行人导向、旅游服务导向和景区内外部标识四大旅游标识系统。加快“智慧旅游”建设。实现机场、高铁站、4A级以上景区等重点涉旅场所5G网络全覆盖。推动旅游营销信息发布及旅游服务在线预定平台建设，加快智慧旅游OTO上线运营建设。推广“互联网+”旅游服务，培育一批智慧景区、智慧酒店、智慧旅行社、智慧交通。全面连接全省智慧旅游平台和全域智慧旅游系统，引导景区景点、文化娱乐等场所广泛应用，增强旅游便捷度。

（二）丰富旅游产品体系

丰富旅游产品链条，做精做细传统文化旅游业态。以凯里和县城为重点，相对集中布局旅游要素产业项目，形成旅游休闲度假、旅游商业、旅游文化、旅游金融、旅游地产等旅游产业集群，以丰富与完善旅游产品体系。重点发展一批特色医疗、疗养康复、养生保健等健康养生旅游产品，大力发展研学旅游、文创旅游、亲子旅

游、红色旅游、养生养老旅游、营地旅游、运动休闲旅游、特色民宿旅游、传统村落旅游和户外体验等旅游产品。

围绕“吃”，开发酸汤、蓝莓、香猪、麻鸭等生态特色旅游食品，推动建设一批特色美食街区、餐饮中心和高品质夜市，提升黔东南餐饮吸引力。围绕“住”，力争在凯里、镇远、雷山、施秉等重点旅游县（市）建设一批五星级酒店，实现县县有四星级以上酒店；加快发展特色民宿、精品客栈、汽车旅馆和山地露营等旅游住宿业态。围绕“行”，加强与国内重要城市的航班培育，完善“快旅慢游”交通服务体系，推广景区直通车，实现重点景区城际间无障碍交通。围绕“游”，建设提升镇远古城、西江千户苗寨、肇兴侗寨、云台山等一批历史文化、民族文化和自然山水旅游景点景区，丰富和扩展景区、景点业态。围绕“购”，培育发展一批文化旅游综合体和特色旅游商品专卖店、体验馆，推进文化旅游商品线上线下融合发展。围绕“娱”，提升西江盛典等大型实景演出、民间节庆演出节目层次，引进知名企业建设大型旅游娱乐设施，丰富各景区、景点娱乐要素。

（三）创新旅游品牌营销体系

创响“民族原生态·锦绣黔东南”旅游品牌，坚持“政府主导、企业主体、市场运作、统一营销”的原则，整合资源，提升黔东南文化旅游知名度、美誉度和影响力。办好苗年节、侗年节、姊妹节、民族民间工艺品博览会、国际芦笙节等特色节庆，用好国家和省级系列重大活动平台，加强文化旅游宣传推介。

创新旅游营销模式。以“政府+企业”模式，“政府+旅游产品推介会”“政府+研究机构”“政府+媒体”多方式进行营销，开展针对性强的旅游营销。依据旅游大数据，建立智慧旅游营销系统。细分客源市场。紧盯国内外主要客源市场，组织开展旅游营销促销专题活动，加强与长江三角洲、珠江三角洲、长株潭和成渝等主要客源地交流合作，建立文化旅游市场引导互惠机制，引导旅游营销战场从上海、广州等一线城市，延伸到海外市场及周边城市，客源主体从城市人群扩散到有着巨大市场潜力的乡镇居民以及海外人群。

（四）提升旅游配套服务体系

加快旅游标准建设。以游客满意度为基准，着力实施旅游标准化建设，开展旅游标准化示范创建，全面贯彻实施国家标准、行业标准，建立完善地方标准，启动中国传统村落旅游等标准化工作，探索制定智慧景区、智慧酒店、汽车营地、研学旅行基地、康体旅游、农业休闲园的地方标准。加强旅游从业人员的服务意识教育和服务技能培训，提升旅游服务质量，推进旅游服务标准化建设。

加强旅游人才队伍建设。培养和建立一支相对稳定、管理高效且具有较强全局观的旅游行政管理人才队伍。加强旅游教育培训，加大导游讲解、景区规划、市场营销、酒店管理和旅游新业态发展的紧缺专业人才的培养和引进。加强导游队伍管理，建立导游服务管理公司，培养一批高素质旅游从业人员。

三、促进旅游产业融合创新发展

（一）实现旅游业与文化产业融合

实施少数民族特色村寨和传统村落保护、传承人培养、民族建筑保护等工程。开展民族文化、非遗资源普查。做好侗族大歌、苗族飞歌等非物质文化遗产的生产性保护，保护和传承农耕文化、节庆文化，保护民居、民风、民俗、民歌、民技及民众医药文化等非物质文化遗产，推进非遗资源品牌化、资产化，推出非遗文化旅游精品，助推文化旅游融合发展。

依托民族文化资源，积极培育文艺展演、体育赛事等新型文化业态，进一步提升旅游演艺节目品牌，推动传统技艺、非遗项目展示、文化演艺活动、体育赛事进重点旅游景区、旅游度假区，做大做强文化旅游产业。推动博物馆、文化馆、非遗馆、陈列馆等一批场馆参照 A 级景区、度假区标准规划、建设和管理，并有序推向旅游市场，做大做强《西江盛典》《布谷催春》《侗寨琴声》《银绣》等民族文化演艺项目。

（二）促进旅游业与康养产业融合

以创建国家中医药健康旅游示范区为目标，创建黔东南国家级医养结合试点，重点培育和发展中医药观光、中医药文化体验、中医药养生体验、中医药特色医疗、中医药疗养康复、中医药美容保健、中医药购物、传统医疗体育、中医药科普教育、中医药会展节庆等十大“中医药+”健康旅游产业，实施中药材种植倍增计划，到 2025 年，全州中药材种植面积达 200 万亩，实施“定制药园”培育计划，争创省级“定制药园”建设示范单位 5 家以上，发展壮大“中医药+”健康旅游产业集群，推进旅游与医药健康全面融合发展。

大力发展生态型健康养生产业。依托麻江蓝梦谷蓝莓国家森林康养基地和黎平侗乡、从江加榜梯田、施秉云台山康体养生旅游度假区等一批森林康养基地等资源优势，大力发展森林康养旅游产业。整合雷山、剑河、台江、黄平、岑巩、镇远等温泉资源，打造百里温泉产业带，大力发展温泉养生养老产业。提升重点发展和提升温泉疗养、森林疗养、饮食疗养、中医药养生、打造居旅和谐、幸福共享的一流的养生养老基地。依托镇远古城、西江千户苗寨、黎平肇兴侗寨、施秉云台山等文化旅游资源，着力开发精品休闲度假康养旅游线路，大力发展休闲度假养生养老旅游产业。加快推进侗乡大健康产业示范区建设，建成一批集休闲旅游、度假养生、康体养老于一体的健康养老小镇。

推进发展旅游与健康运动融合。依托黔东南州自然资源禀赋和生态资源优势，大力发展漂流、攀岩、山地自行车、定向越野、露营、徒步穿越、龙舟比赛、低空飞行等健康运动业态，加快推进森林步道、城市绿道、登山步道、交通驿站等运动休闲设施建设。培育打造黔东南特色康养运动品牌，重点打造“贵州环雷公山超100公里跑国际挑战赛”、“雷公山之巅·巴拉河之夏”全国山地自行车赛、锦绣黔东南国际徒步活动、全国皮划艇冠军赛等品牌赛事。争创体育旅游示范区。

（三）促进旅游业与传统村落融合

充分挖掘传统村落、少数民族特色村寨历史文化资源丰厚和原生态环境良好的资源优势，大力推进“传统村落+旅游”“少数民族特色村寨+旅游”融合发展，做好传统村落集中连片保护利用示范工作，重点实施基础设施建设、人居环境改善、文物保护利用、非物质文化保护、特色产业发展、消防设施等十大示范工程，提升打造黎平堂安村、黄岗村、四寨村，从江占里村，榕江大利村，凯里南花村，雷山龙塘村等一批传统村落，进一步提升完善传统村落、少数民族特色村寨旅游标识牌、旅游公厕、农家乐、精品客栈等旅游配套服务设施。将少数民族特色村寨资源优势变为旅游产业优势和经济优势，助推乡村振兴。

（四）促进旅游业与现代农业融合

推进农业景区建设。依托州内62个省级现代高效农业示范园区，大力发展旅游农业、生态农业和品牌农业，按照景区标准进一步提升推进农业园区基础设施和服务设施建设，提升农业园区旅游服务水平，做大做强“美丽乡村”旅游，连片引导发展农家乐、乡村旅游客栈、农业观光园等乡村旅游休闲项目，实现农业与旅游深度融合，大力发展城市农业、旅游农业、生态农业、扶贫农业和品牌农业。推进农特产品成为旅游商品，以茶叶、油茶、水果、蔬菜等优势生态产品为基础，培育和发展有机食品、绿色食品、保健食品等生态农特产品成为旅游商品。

四、深化旅游管理体制改革

（一）深化管理体制机制改革

深化国有旅游企业产权制度改革，加快建立现代企业制度。以资产和要素重组为突破口，培育跨地区、跨行业、跨所有制的龙头旅游企业集团，采取“行政划拨”的方式注入州级涉旅国有企业，壮大州级涉旅国有企业资产规模、增强运营实力。强化其在旅游产品开发、重要旅游线路策划和重大旅游项目投资开发建设的作用，积极谋划并承担重点旅游公共服务项目。抓住证监会支持贫困地区上市绿色通道的政策机遇，推动州级涉旅龙头企业整合旅游资产上市。

推进景区管理体制改革。坚持有利推进建设的原则，进一步完善激励机制，大胆创新景区管理体制，坚决打破部门分割、条块分割、区划分割的藩篱，解决景区多头管理问题，在法律许可的前提下，积极稳妥地推进景区所有权、管理权和经营权分离，调动各方开发建设的积极性，推进旅游产业、项目、企业快速发展。推动景区企业化经营、市场化运作，催生一批符合现代企业制度的经营实体和市场主体。

（二）完善旅游监管体系

完善旅游市场综合监管，健全旅游监管和服务体系，畅通游客诉求渠道，加强旅游执法，保障旅客合法权益。加强部门间联合执法，严厉打击非法经营旅游业务、价格欺诈、欺客宰客、追客赶客等各类违法行为，消除无序恶性竞争现象。加强旅游商品质量监管，禁止假冒伪劣产品进入市场。强化旅游安全保障，落实旅游安全保障责任，保障广大游客生命财产安全。

开展诚信旅游创建活动，制订旅游从业人员诚信服务准则，建立旅行社、旅游购物店信用等级制度。加快完善旅游相关企业和从业人员诚信记录，出台诚信企业星级评定等相关制度。建立违法企业“黑名单”制度，完善违法信息共享机制，严惩违法行为。开展文明旅游宣传引导主题活动和旅游行业文明单位创建活动，强化导游、领队和旅游一线服务人员文明旅游宣传引导职责，倡导旅游者学习和遵守国际通行的礼仪，培养社会民众的环保意识和人文品质。

第五节　践行“两山”理论，构筑生态文明新家园

以建设生态文明示范州为目标，坚持生态优先、绿色发展，突出生态环境比较优势，完善生态文明体制机制，探索建立生态产品价值实现机制，把生态优势转化为经济发展红利，促进经济发展与生态环境保护协同共进，实现经济增长与生态趋优“双赢”发展模式，促进经济社会发展全面绿色转型，打造践行“两山”理论黔东南新样板，高质量创建“绿水青山就是金山银山”创新实践区，构筑生态文明新家园。

一、加强修复生态环境

要以生态文明示范州为目标，筑牢“一屏三带”两江上游生态安全长廊，坚持在开发中保护、在保护中开发，发展绿色经济，坚持推动生态产业化、产业生态化，实施绿色生态产业多业态发展，加速释放生态红利。通过建设绿色家园、完善绿色制度、培育绿色文化，推动生态优势转变为经济优势，国土空间开发保护格局不断优化。“十四五”全州森林覆盖率达到70%左右，绿色经济占GDP的比重达到50%（见表21-1），把黔东南的绿水青山实实在在转变成金山银山，引领黔东南州走出一条生产发展、生活富裕、生态优美的绿色发展之路。

（一）筑牢“两江”上游生态安全屏障

建设雷公山自然保护区生态屏障和清水江、都柳江、㵲阳河生态保护带，发挥区域内自然保护区（国家级1个、省级1个）、风景名胜区（国家级3个、省级7个）、森林公园（国家级5个、省级6个）、地质公园（国家级1个）等涵养水源、水土保持、生态屏障等生态功能，构建以生态系统良性循环和环境风险有效防控为重点的生态安全体系，着力构筑“一屏三带”长江、珠江上游生态安全屏障。

表21-1　黔东南州“十四五”绿色生态发展指标

类别	序号	指标名称	2020年	2025年	属性
绿色生态	1	森林覆盖率（%）	68	70左右	约束性
	2	单位地区生产总值能源消耗降低（%）	控制在省下达的目标范围内	控制在省下达的目标范围内	约束性
	3	单位地区生产总值二氧化碳排放降低（%）	控制在省下达的目标范围内	控制在省下达的目标范围内	约束性
	4	县级以上城市空气质量优良天数比率（%）	99.7	98左右	约束性
	5	地表水达到或好于Ⅲ类水体比例（%）	100	100	约束性
	6	绿色经济占地区生产总值比重（%）	36	≥50	预期性

资料来源:《黔东南州国民经济和社会发展第十四个五年规划和二〇三五年远景目标纲要》

（二）强化生态空间用途管控

以主体功能区为基础，着力开展资源环境承载能力和国土空间开发适宜性评价，优化调整划定落实生态保护红线、永久基本农田、城镇开发边界三条控制线，逐步形成城市化地区、农产品主产区、生态功能区三大空间格局。对州域内山水林田湖草等国土空间进行分区分类用途管控，强化山地和地下空间开发利用，进一步提升全州国土利用空间和功能。

（三）提升生态环境质量

一是持续改善生态环境质量，落实国家和省大气、水、土壤污染防治工作部署，持续开展蓝天、碧水、净土保卫战，实施蓝天、碧水、净土三大工程，推进跨区域污染防治、环境监管和应急处置联动，完善环境保护、节能减排约束性指标管理，着力解决突出生态环境问题，改善和提升生态环境治理水平。到2025年，城市（县城）空气质量优良天数比率稳定在98%左右；凯里城市建成区、15个县城、建制镇生活污水处理率分别达到100%、95%和75%，县城以上集中式饮用水源地水质达标率控制在100%；城乡（镇）生活垃圾处理率达90%以上。

二是大力实施山水林田湖草生态保护和修复工程。实施以自然恢复为主、科学合理人工措施为辅的受损自然生态系统修复工程。推进绿色生态廊道建设，增强城乡绿地生态功能。推行草原森林河流湖泊休养生息，健全耕地休耕轮作制度。对易地扶贫搬迁迁出地实施生态修复，推进历史遗留矿山生态修复。到 2025 年，森林覆盖率达到 70%左右。积极推进雷公山国家级自然保护区为核心的大苗岭国家公园申建工作。

二、强化生态文明改革

深化生态文明体制机制改革，建立和完善产权清晰、多元参与、激励约束并重、系统完整的生态文明制度体系，进一步提高资源利用效率。实施雷山国家生态综合补偿试点工作，充分利用国家将生态保护与建设中央预算内投资将试点县作为安排重点以及国开行、农发行、亚行、世行等国内、国际金融机构推广产业链金融模式，加大对特色产业发展的信贷支持等政策，多措并举在创新森林生态效益补偿制度、流域补偿机制、发展生态优势特色产业、推动生态保护补偿工作制度化等方面开展有益探索，争取形成可推广可复制的先进经验。

三、探索生态产品价值实现路径，促进经济社会可持续发展

践行“两山”理念，探索建立生态产品价值核算体系，探索建立生态产品直接实现和间接实现的不同方式，不断完善政府购买、市场交易等直接实现方式和价值转换等间接实现方式，探索多元化的实现路径（见图 21-1）。立足黔东南州的生态资源特点，以提高生态资源的保护和利用水平、优化生态产业结构为出发点，以基地建设为载体，整合优势资源，紧紧围绕主导产业和优势特色产业，推动一二三产深度融合发展，推进生态产业价值的市场化实现。到 2025 年，绿色经济占 GDP 比重达 50%。

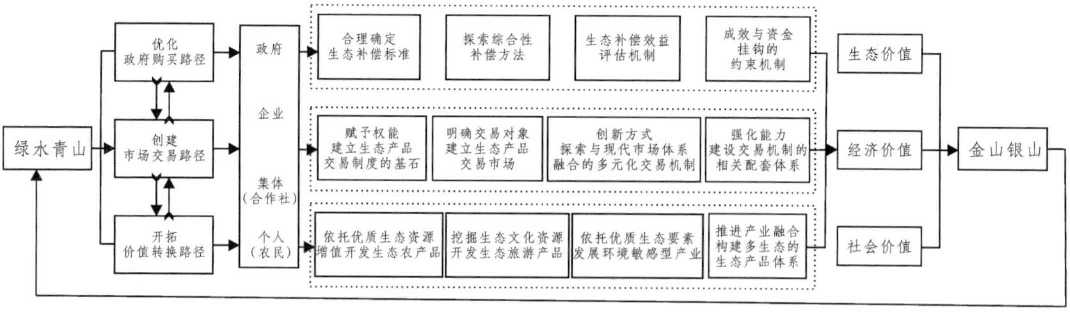

图 21-1 生态产品价值实现多元化路径图

第六节　借力“一带一路”倡议，推动区域经济开放型发展

积极融入国家重大战略，借力“一带一路”倡议，全力参与新时代西部大开发，参与长江经济带建设，深化与长江经济带沿线城市绿色发展交流合作。加强与粤港澳大湾区协作，加快构建连接北部湾的出海大通道，联通“一带”和“一路”，提升区域对外开放水平。

一、“一带一路”倡议概述

习近平总书记 2013 年 9 月和 10 月出访中亚和东南亚国家期间，先后提出共建“丝绸之路经济带”和“21 世纪海上丝绸之路”的重大倡议。“一带一路”，即丝绸之路经济带、海上丝绸之路，是中国与欧亚非各国之间形成的巨型经济合作空间，大致分布在古丝绸之路陆路和海上通道轴线辐射区间。“一带一路”建设是顺应世界多极化、经济全球化、文化多样化、社会信息化潮流的倡议，旨在促进经济要素有序自由流动、资源高效配置和市场深度融合，推动沿线各国实现经济政策协调，开展更大范围、更高水平、更深层次的区域合作，共同打造开放、包容、均衡、普惠的区域经济合作架构。共建“一带一路”倡议的核心内涵，就是坚持共商、共建、共享原则，促进基础设施建设和互联互通，加强经济政策协调和发展战略对接，促进协调联动发展，实现共同繁荣，共同构建人类命运共同体。具体来说，就是在“共商、共建、共享”原则指导下，在共建“一带一路”国家推动政策沟通、设施联通、贸易畅通、资金融通以及民心相通，共同打造政治互信、经济融合、文化包容的利益共同体、责任共同体和命运共同体。

二、借力“一带一路”倡议，助推区域经济开放型发展

“一路一带”倡议，为中国少数民族地区对外开放开启了新的篇章，中国少数民族地区（一般是指民族自治地方，包括 5 个自治区、30 个民族自治州、120 个民族自治县和贵州、云南、青海三个多民族省份。）与“一带一路”倡议有着深厚历史渊源，它在“一带一路”倡议框架中具有举足轻重的地位和重要的发展机遇。丝路经济带形成了三大经济轴线及其辐射经济空间：北线从环渤海经济圈出发，经过内蒙古和新疆，再从阿勒泰地区穿越哈萨克斯坦厄斯克门，经俄罗斯鄂木斯克和莫斯科，抵波罗的海沿岸；中线起自长三角，经西安、兰州，穿越新疆哈密、吐鲁番、乌鲁木齐、精河、霍城，再经过中亚的哈萨克斯坦阿拉木图、乌兹别克斯坦塔什干、土库曼斯坦捷詹，通过伊朗马什哈德和德黑兰、亚美尼亚埃里温、土耳其安卡拉、德

国，止于法国巴黎—勒阿弗尔大西洋海岸沿线；南线始于珠三角，经长沙、怀化、重庆、成都，再经青海和新疆南疆，抵达巴基斯坦的印度洋沿岸。

从黔东南州的经济区位和交通区位来看，这里是西南出海大通道交通枢纽的重要支点之一，她可北连“渝新欧”铁路的起点成渝线，对接欧亚大陆桥，融入丝路经济带南线；向南能够连接海上丝绸之路的起点北部湾、广州港，联通“一带”和“一路”。因此，黔东南州应借力北部湾经济区发展优势，成为面向南亚、东南亚的经济辐射区域，构筑对外开放的新格局。通过借助博鳌亚洲论坛、欧亚经济论坛、中国—东盟博览会、中国—亚欧博览会、中国—南亚博览会、“生态文明贵阳国际论坛”等载体和平台，促进黔东南州参与世界经济合作。从黔东南州的产业发展现状和潜力条件来看，在融入“一带一路”倡议中，黔东南州应大力发展电子信息产业、医药养生产业、现代山地高效农业、文化旅游业、新型建筑建材五大新兴优势产业，促进产业发展和产能融合，以此来大力提升黔东南州对外开放的成效、经济文化的发展和对外影响力。

结束语

自 2000 年我国实施西部大开发战略以来，黔东南州区域经济增长速度较快，经济质量得到稳步提升。但这里曾经是贵州省贫困人口多、贫困程度深、贫困面大及贫困发生率最高的民族地区。作为贵州脱贫攻坚主战场的黔东南州，截至 2020 年年底，实现了 130.19 万贫困人口脱贫，1 853 个贫困村脱贫出列，15 个贫困县脱贫摘帽，如期完成脱贫攻坚目标任务，实现了现行标准下农村贫困人口全部脱贫、贫困县全部摘帽。从此，黔东南延续千百年的绝对贫困问题得到全面解决，创造了举世瞩目的奇迹。

但是，在新的发展征程上，黔东南州依然需要面对县域经济总量小、综合实力弱，与全省发展的差距还在拉大，赶超突围任务十分艰巨；产业发展基础落后，尤其是工业经济总量小、市场主体弱；县域人口少，县小县弱问题十分突出，城镇经济带动能力不强，人口城镇化水平偏低；基本公共服务水平低，城乡居民收入差距仍然很大，巩固拓展脱贫攻坚成果任务艰巨；对外开放程度仍然不高，营商环境有待进一步改善，创新能力较弱，人才支撑不足，制约发展的体制机制障碍还不同程度存在；防范化解风险压力依然较大，发展面临诸多新情况新问题等诸多的挑战。因此在新的发展时期，黔东南州需要立足“两个宝贝”的区域优势，践行“两山”理念，牢牢坚守生态和发展两条底线，精准发力，奋力开创百姓富生态美锦绣黔东南新未来！

参考文献

一、资料类

[1] 黔东南州国民经济和社会发展第十四个五年规划和二〇三五年远景目标纲要.
[2] 黔东南苗族侗族自治州16县市人民政府门户网站.
[3] 黔东南苗族侗族自治州统计年鉴（2015年—2019年）.
[4] 黔东南苗族侗族自治州国民经济和社会发展统计公报（2015年—2019年）.

二、著作类

[1] 黔东南苗族侗族自治州志编撰委员会. 黔东南苗族侗族自治州志·地理志[M]. 贵阳：贵州人民出版社，1990.
[2] 耿生茂. 原生态黔东南[M]. 贵阳：贵州民族出版社，2008.
[3] 王贵生. 黔东南方言概论[M]. 成都：电子科技大学出版社，2009.
[4] 欧阳贤. 黔东南苗族侗族自治州志[M]. 贵阳：贵州人民出版社，1990.
[5] 何侍昌，刘开华，吴黎围，等. 涪陵经济地理[M]. 北京：中国经济出版社，2019.
[6] 殷红梅，安裕伦. 贵州地理[M]. 北京：北京师范大学出版集团，2018.
[7] 郑长德，钟海燕，曹正忠. 四川经济地理[M]. 北京：经济管理出版社，2016.
[8] 陈才. 区域经济地理学[M]. 2版. 北京：科学出版社，2009.
[9] 李小建，李国平，曾刚. 经济地理学[M]. 3版. 北京：高等教育出版社，2018.
[10] 贺智. 施秉县志[M]. 北京：方志出版社，1997.
[11] 镇远县史志办. 镇远年鉴[M]. 昆明：云南人民出版社，2015.
[12] 杨秀金. 镇远县志[M]. 贵阳：贵州人民出版社，1992.

三、论文类

[1] 李仁贵. 西方区域发展理论的主要流派及其演进[J]. 经济评论，2005（6）：57-62.
[2] 阙森，舒莞香. 因地制宜抓好产业发展授好“鱼”和“渔”—浅谈凯里市农业产业发展的优势、短板及建议[J]. 理论与当代，2019（4）：35-37.
[3] 潘燕. 凯里市林业产业现状及发展对策探讨[J]. 绿色科技，2010（11）：102-103.
[4] 乜玉丽，蒲学栋，刘丽，等. 贵州凯里市现代高效生态畜牧业示范园区建设经

验[J]. 养殖与饲养，2016（3）：65-66.
[5] 张健翎. 新型城镇化凯里实践研究[J]. 中共贵州省委党校学报，2015（2）：57-60.
[6] 潘万春. 凯里市信息化与城镇化协调发展研究[J]. 农业开发与装备，2015（6）：55-57.
[7] 甘强. 麻江县森林资源现状分析及可持续发展对策[J]. 中国林业经济，2018（5）：84-85.
[8] 文家彪. 麻江县域经济发展定位及理论思考[J]. 中共贵州省委党校学报，2010（1）：78-80.
[9] 杜闪，李颖颖. PPP模式在贵州扶贫项目中的应用探析——以丹寨县“特色小镇”为例[J]. 农村经济与科技，2021，32（14）：196-198.
[10] 陈贵旭，刘世会，黄立祥. 丹寨县多措并举助力乡村振兴战略实施[J]. 当代农村财经，2018（5）：23-24.
[11] 陈贵旭，董泽方. 贵州丹寨：整合财政资金 巩固脱贫成效[J]. 财政监督，2021（8）：78-79.
[12] 徐新. 贵州省县域经开区投融资规划研究——以丹寨县金钟经济区为例[J]. 商讯，2019（31）：22-23.
[13] 谢玉梅，王芳，包兴林. 精准扶贫小额信贷创新个案研究——以贵州省雷山县为例[J]. 贵州社会科学，2016（10）：24-29.
[14] 陈香香. 雷山县朗德镇旅游产业融合发展思考[J]. 中国集体经济，2019（24）：125-126.
[15] 许乾郎，罗蓉，王志凌. 民营企业参与扶贫攻坚衔接乡村振兴的路径研究——以贵州省大方县和丹寨县为例[J]. 热带农业工程，2021，45（2）：114-117.
[16] 吴礼庆，李秀丽. 民族地区资金互助与产业发展共生融合的扶贫机制研究——以丹寨县交圭村为例[J]. 经济研究导刊，2020（35）：23-25.
[17] 杨兮，陈志永. 西南山地旅游业与农业融合发展路径找寻——以贵州雷山县为例[J]. 贵州师范学院学报，2018，34（2）：6-12.
[18] 朱梅梅. 乡村旅游产业发展困境及提升路径分析——以贵州省雷山县为例[J]. 旅游纵览，2021（5）：134-136.
[19] 彭林. 台江县苗族古歌传承与保护解析[N]. 贵州民族报，2021-09-10（B02）.
[20] 杨礼旦，陈应强，杨学成. 贵州台江县野生木本油料植物资源特征分析[J/OL]. 中国油脂：1-15[2021-10-10]. https://doi.org/10.19902/j.cnki.zgyz.1003-7969. 210247.
[21] 张圆圆. 台江苗族刺绣文化特征在现代女装设计中的应用研究[D]. 成都：四川师范大学，2021.
[22] 高向华，杨珍珍. 文化节日化视域下民族节庆经济研究——以贵州黔东南州台江县苗族姊妹节为例[J]. 边疆经济与文化，2021（5）：27-31.
[23] 石青青，李南星，欧阳章杰. 剑河：工业园区筑巢引凤[J]. 当代贵州，2021（13）：

61.
[24] 吴会俊. 剑河县钩藤产业的发展研究[J]. 农村实用技术，2019（12）：87-89.
[25] 朱士鹏，杨胜锋. 剑河县旅游业发展对策研究[J]. 农村经济与科技，2019，30（19）：75-76+235.
[26] 吴雪. 剑河县食用菌产业发展现状及提升对策研究[J]. 中国食用菌，2019，38（9）：74-77+81.
[27] 吴雪，张辉. 剑河县乡村旅游发展策略研究[J]. 旅游纵览（下半月），2019（14）：111-112.
[28] 陈传敏，徐勇. 剑河县中药材产业发展现状及对策探究[J]. 南方农业，2020，14（17）：101-103.
[29] 曾德根. 林业生态工程管理存在的问题及对策——以剑河县为例[J]. 江西农业，2018（14）：111.
[30] 吴佳妮. 民族文化资源开发与旅游文化产业发展水平提升探求——以贵州省剑河县为例[J]. 旅游纵览（下半月），2016（4）：128-129+131.
[31] 彭文贵，姚远. 县里有了“大产业”——剑河县生态产业发展观察[J]. 当代贵州，2016（17）：38-39.
[32] 龙建华. 县域经济发展研究—兼论剑河县经济社会发展[J]. 山西农经，2016（8）：13-14.
[33] 胡明琦，张祖荻. 乡村振兴背景下生态旅游脱贫问题与对策分析——以贵州省剑河县为例[J]. 山西农经，2021（8）：118-119.
[34] 杨洋. 贵州黄平枫香寨僅家人“踩亲节”乐舞形态调研[D]. 贵阳：贵州民族大学，2021.
[35] 潘丽英，苏世奇. 黔东南州黄平县新州镇苗族酒歌的传承现状调研[J]. 艺术评鉴，2020（21）：14-16.
[36] 杨洋. 贵州省黄平县苗族飞歌“游方情歌”的演唱内容及其特点[J]. 艺术品鉴，2020（30）：54-55.
[37] 刘一萍，王光跃. 黄平苗族刺绣的纹样与工艺研究[J]. 武汉纺织大学学报，2020，33（3）：56-60.
[38] 张桂花. 大数据下关于旅游扶贫模式的开发——以贵州省黔东南黄平县为例[J]. 区域治理，2019（29）：60-62.
[39] 万宗藩. 贵州施秉县重晶石矿产资源及开发利用初步论证[J]. 贵州地质，1988（1）：82-87.
[40] 彭世平. 统筹城乡谋发展加快推进一体化——关于施秉县推进城乡一体化改革试验试点工作的调研[J]. 中共贵州省委党校学报，2011（5）：43-45.
[41] 徐宁，汤燕良，项顺子. 黔东南苗族侗族自治州城镇化规划策略[J]. 规划师，2018，34（4）：118-123.

[42] 张福平，林家栋，陈眷华，等. 贵州三穗县鸭产业发展现状及对策[J]. 贵州畜牧兽医，2010，34（4）：8-9.
[43] 蒋鸿琪，欧阳可林，毛兆庭，等. 三穗县产业融合“四色”鲜亮[N]. 贵州日报，2021-06-30（T62）.
[44] 姚本祥. 三穗县：“四个突破”推进农村产业革命[J]. 理论与当代，2019（7）：45.
[45] 毛国栋，王水怒，王堂东，等. 三穗县稻田养鱼扶贫效果（上）[J]. 科学养鱼，2018（9）：90.
[46] 顾永江. 优良地方鸭品种——三穗鸭[J]. 农村百事通，2019（3）：36.
[47] 郑军，谌琼. 岑巩县桑蚕产业发展现状和对策[J]. 农技服务，2021，38（1）：159-160.
[48] 吴艳，高应攀，龙汉广. 岑巩县畜牧产业在精准扶贫中的作用及发展建议[J]. 贵州畜牧兽医，2020，44（4）：15-17.
[49] 石成远，周作梅. 传统村落保护发展规划—以贵州省岑巩县凯空组为例[J]. 城市建设理论研究（电子版），2017（25）：208+184.
[50] 吴菊音. 天柱县辣椒产业发展的现状及存在问题与对策[J]. 农技服务，2021，38（5）：89-91.
[51] 安纳. 文化生态学视角下近郊区人居环境改善研究——以贵州省黔东南州天柱县为例[A]//中国城市科学研究会，江苏省住房和城乡建设厅，苏州市人民政府. 2018 城市发展与规划论文集[C]. 中国城市科学研究会、江苏省住房和城乡建设厅、苏州市人民政府、北京邦蒂会务有限公司，2018：6.
[52] 王婷. 生态文明视域下贵州省美丽乡村建设研究[D]. 武汉：华中师范大学，2018.
[53] 潘丽凤. 侗族礼俗对乡村治理的价值研究[D]. 贵阳：贵州民族大学，2017.
[54] 吴绘，陈正山，吴位远. 黔东南州天柱县硐腊溪金矿地质特征及找矿方向[J]. 现代矿业，2014，30（10）：75-77.
[55] 黄江，吴雪. 贵州省锦屏县油茶发展现状及可持续利用对策[J]. 西部林业科学，2021，50（1）：172-175.
[56] 许欢. 多维思考下的小城镇总体规划——以锦屏县茅坪镇总体规划为例[J]. 建材与装饰，2020（7）：83-84.
[57] 刘明文. 锦屏县隆里古城文化产业发展研究[D]. 贵阳：贵州民族大学，2019.
[58] 范生姣. 传统村落保护与发展面临的问题及对策思考——以锦屏县隆里所村为例[J]. 原生态民族文化学刊，2016，8（2）：114-119.
[59] 龙柳仙，石含开. 产业有声色 脱贫底气足——锦屏县产业发展跑出脱贫增收加速度[J]. 当代贵州，2019（47）：70-71.
[60] 许欢. 多维思考下的小城镇总体规划——以锦屏县茅坪镇总体规划为例[J]. 建材与装饰，2020（7）：83-84.

[61] 崔艳萍. 贵州省黎平县堂安侗寨农业经济调查[J]. 营销界，2020（37）：60-61.
[62] 陈明华，胡仁发，邓毅，等. 贵州省黎平县田园综合体发展思路分析[J]. 旅游纵览，2021（1）：45-47.
[63] 吴秋英. 贵州省黎平县文体旅产业融合发展路径的调研与分析[J]. 中国集体经济，2020（22）：130-132.
[64] 曾荣荣，吴涛. 黎平县林下经济发展现状及对策[J]. 现代农业科技，2021（11）：147-148.
[65] 吴开勇，杨启东，姜再忠. 黎平县油茶产业建设现状及对策[J]. 现代农业科技，2020（15）：242-243.
[66] 潘应东，杨恒，杨承霞，等. 黎平县竹产业发展现状分析及对策研究[J]. 绿色科技，2021，23（13）：122-123+126.
[67] 李坚. 贵州银行帮扶榕江 创新扶贫思路 飞地产业大提升[J]. 当代贵州，2020（42）：21.
[68] 杨秀全，黄胜先，杨青华，杨露. 榕江县草珊瑚产业发展现状及对策分析[J]. 贵州农业科学，2020，48（6）：162-164.
[69] 钟秀来，李桂莲，文林宏，等. 榕江县蔬菜产业科技扶贫“321 模式”示范效果[J]. 农技服务，2019，36（9）：60-61.
[70] 潘小童. 论苗族传统婚俗中的礼物交换——基于榕江高扒村的个案分析[J]. 贵州师范学院学报，2018，34（10）：30-33.
[71] 吴平，杨秋萍，淳于步. 藏在深山中的蜡花——榕江苗族蜡染[J]. 原生态民族文化学刊，2017，9（4）：2.
[72] 李福明，李健. 从江县柑橘产业推动乡村振兴战略实施的对策探索[J]. 种子科技，2021，39（1）：135-136.
[73] 许邵庭. 从江：苗岭夜校灯火明[J]. 当代贵州，2020（31）：28.
[74] 李田清，李正清. 从江县加强扬尘污染整治 迎接省旅发大会召开[J]. 理论与当代，2018（7）：39.
[75] 张磊.“一带一路”战略与中国少数民族地区社会经济发展[J]. 中央民族大学学报（哲学社会科学版），2016，43（4）：70-77.
[76] 李雪梅，闫海龙，王伯礼. 丝绸之路经济带：新疆的布局和策略[J]. 开放导报，2014（2）：29-30.
[77] 刘良平，谢俊英，袁芳菊，等. 黔东南州气象灾害发生规律及影响分析[J]. 贵州气象，2008，32（2）：10-12.
[78] 池再香，胡跃文，罗顺祯. 黔东南州近半个世纪夏季干旱气候变化分析及预测方法[J]. 贵州气象，2005，29（3）：7.
[79] 宋荣君. 贵州省黔东南州 13 个县市地质灾害类型和其特征调查研究[J]. 河南科技，2019，39（4）：1407-1415.

[80] 邹梓颖，肖燚，欧阳志云，等. 黔东南苗族侗族自治州生态保护成效评估[J]. 生态学报，2014（2）：174-175.

[81] 吴文仙，毕文君. 保护古城建新城——镇远县以“一城两区”推进新型城镇化建设[J]. 当代贵州，2021（35）：50-51.

[82] 李秀萍，韩剑萍，师钦燕. 四川省民族地区县域新型城镇化动力及矛盾约束[J]. 绵阳师范学院学报，2019，38（9）：50-56.

[83] Barro R J, Sala-i-Martin X. Convergence[J]. Journal of political Economy, 1992, 100(2): 223-251.

[84] Rosenstein-Rodan P N. Problems of industrialisation of eastern and south -eastern Europe[J]. The economic journal, 1943, 53(210 /211): 202-211.

[85] Isard W. The general theory of location and space-economy[J]. Quarterly Journal of Economics, 1949, 63(4): 476-506.